自閉症教材教法(上冊)

——行為問題處理與社交技巧篇

王大延　策畫主編

王大延、李　珣、李雅琳、林淑娟、林嘉齊
林慧甄、許惠媚、塗秋薇、塗國欽、楊馥如
雷雅萍、賴月汝、賴盈如、譚艾倫、蘇日俊　著

李佳錫　繪圖

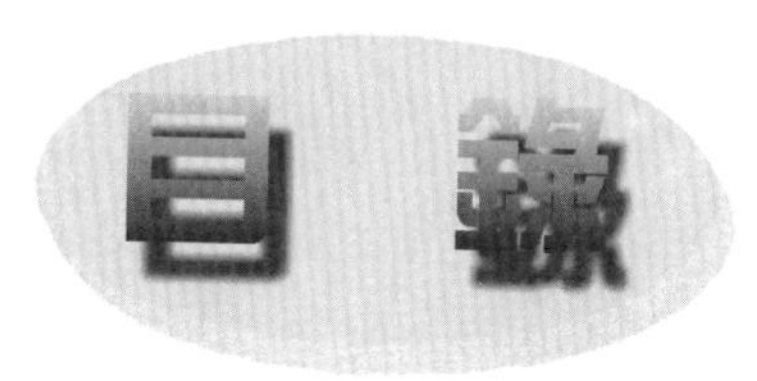

第一部分 行為問題處理

第二部分　社交技巧

策畫主編簡介

王大延

學歷➢國立台灣師範大學教育研究所碩士
美國北科羅拉多大學特教博士

經歷➢台北市立教育大學助教、講師、副教授、教授，及學務長、所長、主任
明道大學教授兼副校長暨教務長
明道大學教授兼課程與教學研究所所長
明道大學教授兼人文學院院長

現職➢嶺南師範學院教授

作者簡介

王大延

參見策畫主編簡介

李　珣

學　　歷☞國立台東師院學士後特教師資班結業

李雅琳

學　　歷☞明新工專工管科
現　　職☞宜蘭縣公館國小啟智班教師助理員

林淑娟

學　　歷☞東吳大學英文系畢
　　　　　國立花蓮師院特殊教育學分班結業
　　　　　佛光大學生命與宗教學系碩士班畢
現　　職☞宜蘭縣員山國中特教班教師

林嘉齊

學　　歷☞國立嘉義師院特教系畢
　　　　國立東華大學身心障礙與輔助科技研究所畢
現　　職☞宜蘭縣冬山國小啟智班教師

林慧甄

學　　歷☞國立花蓮師院幼教暨特教系畢
現　　職☞宜蘭縣中山國小聽障巡迴輔導班教師

許惠娟

學　　歷☞國立新竹師院學士後特教師資班結業
現　　職☞宜蘭縣公館國小巡輔班教師

塗秋薇

學　　歷☞國立台南師院特教系畢
　　　　台北市立教育大學身心障礙教學碩士班畢
現　　職☞宜蘭縣學進國小資源班教師

塗國欽

學　　歷☞國立台中師院特教系畢
現　　職☞宜蘭縣公館國小啟智班教師

楊馥如

學　　歷☞國立台東師院特教系畢
現　　職☞高雄市莒光國小資源班教師

雷雅萍

學　　歷☞國立台東師院特教系畢

現　　職☞宜蘭縣四結國小資源班教師

賴月汝

學　　歷☞國立嘉義師院學士後特教師資班結業

現　　職☞宜蘭縣宜蘭國小普通班教師

賴盈如

學　　歷☞國立花蓮師院特教系畢

　　　　國立東華大學身心障礙與輔助科技研究所畢

現　　職☞宜蘭縣冬山國小資源班教師

譚艾倫

學　　歷☞國立台東師院特教系畢

現　　職☞彰化縣北斗國小在家教育巡輔班教師

蘇日俊

學　　歷☞國立台灣師範大學教育學系畢／特殊教育輔系

現　　職☞宜蘭縣利澤國中資源班教師

序

本書旨在為特殊教育教師、特教專業人員暨家長編寫自閉症之教材與教法。參與編寫之作者皆為從事多年的特殊教育之教師，尤其在自閉症領域，無論實務經驗或理論皆深入體驗，作者群曾花費一年的時間，每兩星期齊聚一堂與本人共同研議討論，並且要求每一篇章每一單元，皆融入理論與教學實務，讓在第一線從事特殊教育工作者，閱讀本書之後，可立即應用在教育現場，印證並解決教學疑難問題。本書寫作過程可稱十分嚴謹，大部分章節都是作者群教學實際之案例，相信本書之出版，對自閉症領域之教學與介入必有實質之助益。

全書分為上、下兩冊，上冊共有兩部分：行為問題處理與社交技巧；下冊分為三部分：溝通訓練、休閒教育與職業訓練。行為問題處理章節涵括各種不同的儀式行為、自我刺激、異常飲食、自傷行為、拔髮症、如廁訓練、固持行為等之介入處理。社交技巧篇章主題包括：打招呼、問話、會話、傾聽、等候、分享、禮儀、遊戲、情緒處理、合作、協調。本書下冊溝通訓練重心在於增進自閉症者接受性語言與自發性語言之能力，至於內容則遍及回應他人問話、辨別、要求、接納、日常生活溝通。休閒教育項目包括大肌肉活動、音樂、律動、影片欣賞。職業訓練則包括配對、組合、包裝、分類、辦公室事務。

本書各篇章皆彰顯自閉症者的特徵與療育：社會互動困難、語言溝通障礙與行為偏異。教材與教法則融合了行為的功能性評量、功能性的溝通訓練、圖片兌換溝通訓練、社會故事、以溝通為本位的教學、心智理論、自我管理、正向行為的支持等理論。編寫的原則基於個人尊嚴，增加學習機會，激發潛能，改變個人不喜歡的行為型態，提高生活品質，在各單元的介入策略方面，基於個人喜歡的型態使用功能分析，多重介入，發展支持策略以贏得自閉症者的信賴，最終的目標在於改善個人的行為、充實學習活動、豐富生活、社會化與參與社區生活。

本書之出版，除了感謝共同寫作的教師群之外，許惠媚老師擔任校對、聯絡，備極辛勞，李佳錫先生繪圖頗具創意，獨樹一格，又能符合自閉症教學原則，充分的應用視覺線索。其次，更要感謝心理出版社林敬堯總編輯的支持，讓本書得以順利出版，最後要感謝我的內人陳櫻桃主任，兒子樂成、識敦勉力督促。本書之出版至付梓之日仍做最後修正，訛誤之處在所難免，敬請讀者方家不吝匡正。

王大延　謹序

2009 年仲秋於明道大學

導言一

習慣性倒返行爲——拔髮症之介入策略探討

王大延

習慣性倒返是1970年代之後評估與處遇行為問題的方法之一。基本上，此方法的理論基礎根源於認知行為學派的自我管理與自我監控等策略，此派的學者認為，個體對外界主觀的認知，先於個體的行為（Craighead, Kagdin, & Mahoney, 1994），當個體自發性的動機朝向某一目標時，可能傾全力去完成它。習慣性倒返應用認知行為的理論處遇臨床的習慣性行為問題，如神經質習慣（nervous habits）、痙攣（tics）、口吃、酗酒、遺尿、攻擊行為、擾亂（disruptive）行為等。

1970年代至1980年代，習慣性倒返策略已成功的用來處遇習慣性行為，如神經質習慣、痙攣與口吃等。許多研究者採用認知行為的理論，應用包裹（package）策略在處理習慣性行為介入的過程中，同時使用多種方法達到減少目標行為出現的頻率（Clarke, Bray, Kehle, & Truscott, 2001）。近年來，研究者從不同的研究方向，發展有效的包裹介入的方法，處遇的對象包括不同的臨床患者，許多研究文獻已經證明有良好的效果，以下擬就習慣性倒返相關的文獻做深入探討。

一、習慣性行為的分類

習慣性倒返是處遇習慣性行為（habit behaviors）的方法。習慣性行為眾說紛紜無一致性的定義，通常指個體反覆不停或刻板行為（stereotyped behavior），嚴重者，甚至傷害身體，引起社會互動困難（Miltenberger, Fuqua, & Woods, 1998; Woods & Miltenberger, 1996）。過去處遇習慣性行為，著眼於行為的形勢（topography）而非探討其功能，目前有些學者主張，解決習慣性倒返行為終究應該先評估個體行為的功能性，才能改善個體的行為（Carr, 1993），以下分別敘述習慣性行為的類型。

㈠神經質的習慣

此習慣性行為包括拔髮、咬指甲、吮吸、含手、磨牙、抓、操弄物品等。個體出現神經質的習慣可能影響軀體與社會適應，例如，拔髮症者傷害毛囊，咬指甲會傷害皮膚組織更可能得到傳染病，吮吸手指者可能引發牙齒病變或中毒。研究文獻發現，神經質的習慣帶來負面的社會性後果，例如，拔髮症者與吮吸手指者常遭同儕排斥（Boudjouk, Woods, Miltenberger, & Long, 1998）。近年來的研究指出，神經質的習慣可能源於焦慮，長期性的拔髮症可能起因於感官刺激誘發自發性正、負增強（Rapp, Miltenberger, Long, Elliott, & Lumley, 1998），然而有學者認為神經質的行為是因為社會性增強而得到維持（Miltenberger et al., 1998），亦有學者主張神經質的行為是時距誘發（schedule-induced）或附加行為（adjunctive behavior）的呈現而產生的副作用，例如，固定比例、固定時間的增強，造成個體的刻板行為。

㈡痙攣異常

痙攣異常包括動作的痙攣、聲音的痙攣（vocal tics）和妥瑞異常（Tourette disorder）。動作痙攣指軀體的某部分肌肉反覆不停的跳動，非因身體顫抖或舞蹈症所導致的結果。此異常包括做鬼臉、眨眼、聳肩、脖子與手臂跳動、扭曲身體等。聲音的痙攣指反覆不停的、無節律、刻板的聲音（APA, 1994），含括咕嚕聲、嗤鼻聲、咳嗽聲、喉聲等，非因疾病引起之異常聲音，且不具溝通的意義。個人因痙攣而導致生理上的傷害，例如肢體、喉部受損，心理上也會因反覆不停的動作造成人際互動困難（Boudjouk et al., 1998; Shimberg, 1995）。探討痙攣的成因可分述如下：1.可能來自於個體緊張意圖消除刺激；2.軀體創傷而導致肌肉緊張，傷癒之後痙攣仍持續發生；3.為減少心理社會環境事件不愉快，而發生痙攣；4.自發性的負增強（automatic negative reinforcement）；5.社會性增強（Carr, Taylor, Wallander, & Reiss, 1996; Romaniuk, Miltenberger, & Deaver, 2003; Scotti, Schulman, & Hojnacki, 1994; Shimberg, 1995）。

㈢口吃

此習慣性倒返意指口語不順暢，包括不斷反覆字詞、聲音延宕或說話遲疑不決。不流暢的聲音常導致口語節奏的品質受影響，個案甚至奮力掙扎，希望發出流暢的對話，在說話的過程中，個體減少眼神接觸，臉部扭曲，扭動頭部、軀幹和四肢（Miltenberger & Woods, 1998）。大部分的口吃個案不需治療就可恢復正常，但是在個案患病期間難免遭受嘲笑、戲弄而貶低自尊，充滿消極自我概念（Leung & Robson, 1990）。口吃的成因，一般認為係因為焦慮所引起，然而許多學者認為，口吃乃是因為說話時氣流受阻增加發音器官的肌肉組織緊張，因此，口吃至少有部分係因為受到自發性的負增強所維持（Miltenberger et al., 1998），處遇時應考慮或排除社會性增強的可能性。

二、評估習慣性倒返

習慣性倒返的評估是處遇行為之前置步驟。評估方法極多，大都以行為改變技術，認知行為學派或認知學派的理論為基礎，發展不同的評估方法，較常被使用的評估習慣性倒返包括功能性分析、行為評估以及觀察記錄，以下分別敘述之。

㈠功能性分析

近年來行為的功能性分析備受注意。儘管過去探討習慣性倒返行為的研究重視多重原因之間的共變關係，但是傾向於非功能的研究，1990年代之後行為的功能性分析盛行，許多學者開始從行為的功能性觀點分析研究此行為，頗有取代此行為的形勢（topography）介入的研究設計，而且研究成效良好。學者Woods等人（1996）研究各種不同的倒返行為，藉著操弄前事（antecedent）觀察、焦慮、煩躁與習慣性倒返行為之間的關係，結果顯示在獨處的情境之下，受試者可能出現習慣性行為。部分研究者亦強調痙攣、拔髮與吮吸手指的功能，雖然研究設計不盡相同，研究結果一致性的指出，引起注意和逃避要求是習慣性倒返的主要功能，此結果顯示社會性增強成為受試者行為的成因，然而亦有研究者認為，獨處時自發性的增強亦是可能的原因之一（Rapp, Miltenberger, Galensky,

Roberts, & Ellingson, 1999; Romaniuk, Miltenberger, & Deaver, 2003; Woods, Fuqua, Siah, Murray, Welch, Blackman, & Seif, 2001）。聲音的痙攣亦是許多學者的研究興趣所在，Carr 等人（1996）發現，學童出現習慣性的聲音痙攣功能來自於要求與引起注意，但是此結果很難解釋由焦慮導致的行為是因為要獲得注意與要求的結果，然而，大多數研究都支持聲音的痙攣功能源於社會的正、負增強的後效（contingencies）或社會性增強與自發性多重原因（Miltenberger et al., 1998）。

社會性增強來自於個體與他人的社會互動。此增強的功能係指引起注意、逃避、獲得（Carr, 1993）等三個因素，然而有些學者認為，除了社會性增強之外，個體的正、負自發性增強亦可能是習慣性倒返的功能之一，而此自發性增強即是軀體自身的感官刺激（Miltenberger et al., 1998; Rapp et al., 1998），例如 Rapp 等人（1998）研究智障者的拔髮行為，結果指出，拔髮發生的頻率最高的時候，是在受試者獨處的狀態下發生，研究者更進一步分析其功能，當受試者被戴上手套時，拔髮的行為即停止，接著研究者開始將頭髮撒在白上衣，結果受試者不但停止拔髮的行為，而且開始玩置於白上衣的頭髮，此研究結果說明，受試者操弄拔髮的行為是為了玩髮而引起觸覺的感官刺激。

習慣性倒返行為的功能性分析研究已獲得許多成效，但是仍需更多的研究佐證始能克盡其功。過去行為的功能性分析朝向於社會性增強，Carr（1993）明確指出行為的功能源於引起注意、逃避、獲得；以及軀體的自發性增強，亦即感官的自我刺激，如個體本身的觸覺、聽覺、視覺、嗅覺、動覺等。然而亦有研究結果指出，吮吸手指的行為並非屬於社會性增強所引發的功能，亦非個體本身的感官自我刺激，而是父母或其他成人不在場時，出現的偏異行為（Miltenberger et al., 1998）。此研究結果說明習慣性倒返行為的原因，可能涉及其他更多的因素，如社會認知因素（Kaplan, 2000）等。總而言之，習慣性倒返行為的原因十分複雜，目前探討其功能，固然有發現一些行為導正的功能的例子，但是未來似乎需更進一步的探討其功能。

㈡行為評估和觀察記錄

直接觀察是應用行為分析方法之一。目的是用來了解受試者的行為原因，部分研究習慣性倒返者，亦兼採此方法，原因在於習慣性行為常常是隱藏的，而且易受到社會性懲罰，甚至於當拔髮、吮吸手指的行為發生時，為了規避研究人員面對面注視其行為，個體不免刻意減少反覆不停的動作或隱藏行為的真正原因，因此，不易從行為的功能觀點了解行為（Scotti et al., 1994）。在這種限制之下，直接觀察評估行為或教導個案自我監控（self-monitoring），不失為獲得寶貴資料的方法，以下就此二部分論述。

直接觀察習慣性倒返最常使用的工具是錄影。在觀察的現場將行為攝影之後再觀看錄影帶，其優點在於：錄製以後的資料可永久保存，重複觀看錄影紀錄不受時間與複製現場的限制；其次，研究者觀看時可以暫停畫面記錄資料深入觀察習慣性行為；再其次，在自然的情境下，研究人員只要架設好錄影機，不需要在現場觀察即能錄製資料，減少受試者自我防衛，所獲得的是最真實的資料；最後，錄影的過程中，從開始到結束，可仔細觀察習慣行為有無其他共變的因素，或處遇的方法是否正確。例如，Rapp 等人（1998）應用錄影觀察三個受試者包括注意力缺陷過動症、憂鬱症的國小十二歲學童，在他人面前，受試者並無拔髮行為，但是回到家裡獨處時，因為沒有人看到，受試者即不斷出現拔髮行為，而錄影機所捕捉到的鏡頭即是最自然的習慣性行為資料。當直接觀察或錄影機觀察的研究方式不可行時，受試者自我監控與父母記錄同時並行，亦可蒐集資料，例如 Allen（1998）曾用習慣性倒返程序減少粗暴的行為，研究過程中要求受試者自我監控，父母亦同時參與記錄行為，結果二者記錄的資料具有極高的一致性。

三、習慣性倒返實施程序

1970 年代許多研究者應用認知行為學派處遇習慣性倒返行為。這是心理學派系統介入此種行為的濫觴。例如，Azrin 和 Peterson（1988）將處遇神經質的習慣與痙攣異常分為四個階段：覺識訓練（awareness training）、對抗性反應訓練（competing response training）、動機階段（motivation procedures）和類化階段（generalization procedures），藉以提高受試者自我覺識，區別每一次習慣性行為的發生。在覺識訓練的過程中，幫助個案知覺行為將發生，亦即在前事事件階段教導個案預測習慣行為；在對抗性階段，個案不斷練習不兩立行為，當行為發生時個案進行 3 分鐘的對抗（不兩立行為）。總括而言，成功的完成覺識訓練在於事先能偵測出習慣行為的發生和使用對抗性反應，並且給予受試者增強，讚美其正確的反應；其次，在公共場所，鼓勵受試者在行為可能發生時，練習對抗性的反應，要求不斷反覆練習，讓受試者想像自己能成功的控制習慣性行為；最後階段，治療者教導個案應用對抗性反應在任何其他情境（Long, Miltenberger, & Rapp, 1999）。

習慣性倒返實驗研究，已有許多成功的例子。Long 等人（1999）介入六歲女童吮吸手指的行為，應用簡單化的習慣性倒返介入，在覺識階段，受試者自發性的伸手入口腔時，治療者即抓住受試者的手臂，協助其覺識自己的行為，在處遇的過程中，提供受試者遊戲的機會作為正增強物，本階段共持續 20 分鐘的時間；其次對抗性訓練階段，當受試者出現吮吸行為時，要求受試者進行對抗性的行為，包括屁股坐在雙臂上，或將手置於口袋內，持續 20 分鐘，社會性的支持階段，受試者不再吮吸手指時，父母即給予正增強（讚美），假使吮吸手指發生，則提示受試者再次使用對抗行為，本階段持續 30 分鐘，研究結果顯示，受試者明顯改善行為。習慣性倒返是一種包裹處理的方法，迄今仍無法確定哪些階段是必需的。有些研究者希望能簡單化包裹內容，以及實施的程序，這些研究者認為覺識訓練與對抗訓練已足以有效處遇痙攣的行為（Rapp et al., 1999; Woods et al., 1996），另外有一些研究結果建議，只要實施覺識訓練與自我監控兩個步驟，即足以有效處遇痙攣與其他習慣性行為，但是仍有研究者認為，習慣性行為類型很多，每一類型應用包裹處理的步驟應有不同，例如處遇口吃行為，社會支持就是一個重要關鍵。不少學者建議，覺識訓練、對抗訓練與社會支持等四個階段缺一不可，惟每一階段的步驟可以減化（Rapp et al., 1998; Shimberg, 1995）。總之，習慣性倒返處遇各種習慣行為似乎有其實效，惟處遇的過程以及所需的步驟是

否需按部就班，抑是實施過程可以簡單化，研究的結果並不一致，因此，仍是一個無法結論的研究。

四、拔髮行為相關研究

拔髮行為是習慣性倒返行為之一。意指個體以手指拔除身上各處的毛髮，藉著拔髮的過程，個體經驗到歡娛、快慰與釋放的感覺，降低焦慮和煩憂（APA, 1994）。一般研究著重在減敏感情緒訓練，消除緊張狀態等內在狀況，惟因為無法觀察，不易量化驗證，其成效仍然存疑。近年來許多研究文獻應用習慣性倒返包裹處遇，並進行行為的功能性分析，以及感官消弱或替代行為等研究方法，頗有不錯之成果，以下分別論述。

行為的功能性分析是一般研究經常使用的方法。Deaver和Miltenberger（2001）取樣二歲五個月的幼童，研究設計採單一實驗設計ABAB型態，實驗過程中發現受試者拔髮之前，先將頭扭轉，用手指纏繞在頭髮上才拔下頭髮，扭轉頭與纏髮動作成為拔髮之前兆。行為的功能分析結果發現，受試者單獨躺在床上，拔髮行為便發生。處遇的過程，研究者使用露指手套，減少扭轉頭髮的機會，受試者的拔髮行為終於完全去除。Borrero、Vollmer、Wright、Lerman和Kelley（2002）取樣八歲及三十五歲智障者，行為功能性分析結果顯示，在獨處的狀態下，受試者出現拔髮的行為比例最高，研究者認為可能是自發性增強的緣故，進入處遇的階段，治療者要求受試者頭部戴膠盔及手指上綁紗布，進行感官消弱，最後拔髮行為終於減至最低。Rapp等人（1999）研究一位十九歲智能不足的婦女拔髮的行為，功能性分析的結果顯示：在獨處的狀況下拔髮的情形最嚴重，而拔髮的行為不是因焦慮與緊張所引起，而是受試者在手指上玩弄頭髮以滿足觸覺刺激，因此產生軀體的自發性增強。

習慣性倒返處遇拔髮的個案一直是研究人員喜愛的介入方法之一，其處遇的過程已如本文第三部分所述。Romaniuk等人（2003）曾介入十一歲男童拔除眉毛的嚴重行為，簡易的習慣性倒返包裹處遇包括覺識訓練、對抗性訓練與社會支持，此過程似乎可降低行為的出現率，惟無法完全去除拔髮行為，最後以錄影觀察發現行為的原因之後再行介入，終於去除拔髮行為。Long、Miltenberger和Rapp（1999）研究六歲女童的拔髮行為，研究者使用簡單的習慣性倒返加上逐步報告行為的步驟：覺識訓練、對抗性訓練與社會支持，處遇的過程中發現吮吸手指與拔髮具有共變的效果。Rapp 等人（1998）研究拔髮行為，以簡單的習慣性倒返步驟即覺識訓練、對抗性訓練與社會支持介入，結果顯示，介入不久拔髮行為立即消失，維持階段持續至二十七週，仍然有效。

五、結語

綜上所述，習慣性行為類型包括神經質的習慣、痙攣異常、口吃等行為，本文所指的拔髮行為係屬於神經質的習慣，結語如下：

1. 有關拔髮行為的相關研究，國內尚無此研究文獻；國外的研究資料豐富，值得借鏡。
2. 習慣性的拔髮行為，功能性分析的結果大都在獨處的狀態下發生，拔髮的功能可能來自於感官的自我刺激行為，而非逃避厭感刺激，或引起注意的行為。介入時採用感官消弱替代，效果較佳。
3. 習慣性的拔髮行為，採用認知學派的處遇方式，進行的階段包括：覺識訓練、對抗性訓練與社會支持。研究的階段與步驟大同小異，成效良好。
4. 習慣性倒返的介入雖然有效，但是如能進行行為的功能性分析，了解行為的功能之後，再以習慣性倒返與感官消弱同時進行，成效可能更佳。

參考文獻

Allen, K. D. (1988). The use of an enhanced simplified habit-reversal procedure to reduce disruptive outbursts during athletic performance. *Journal of Applied Behavior Analysis, 31,* 489-492.

American Psychiatric Association (APA) (1994). *Diagnostic and statistical manual of mental disorders* (4th ed.). Washington, D. C.: Author.

Azrin, N. H. & Peterson, A. L. (1988). Habit reversal for the treatment of Tourette syndrome. *Behavior Research and Therapy, 26,* 347-351.

Boudjouk, P. J., Woods, D. W., Miltenberger, R. G., & Long, E. S. (1998). Social perceptions of habit disorders among adolescents. *Journal of Applied of Be-*

havior Analysis, 4, 552-561.

Borrero, J. C., Vollmer, T. R., Wright, C. S., Lerman, D. C., & Kelley, L. M. (2002). Further evaluation of the role of protective equipment in the functional analysis of self-injurious behavior. *Journal of Applied Behavior Analysis, 35,* 69-72.

Carr, E. G. (1993). Behavior analysis is not ultimately about behavior. *The Behavior Analyst, 16,* 47-49.

Carr, J. E., Taylor, C. C., Wallander, R. J., & Reiss, M. L. (1996). A functional-analytic approach to the diagnosis of a transient tic disorder. *Journal of Behavior Therapy and Experimental Psychiatry, 27,* 291-297.

Clarke, M. A., Bray, M. A., Kehle, T. J., & Truscott, S. D. (2001). A school-bases intervention designed to reduce the frequency of tics in children with Tourette's Syndrome. *The School Psychology Review, 30,* 11-22.

Craighead, L. W., Kagdin, A. E., & Mahoney, M. L. (1994). *Cognitive and behavioral intervention.* Massachusetts: Needham Heights.

Deaver, C. M. & Miltenberger, R. G. (2001). Functional analysis and treatment of hair twirling in a young child. *Journal of Applied Behavior Analysis, 34,* 535-538.

Kaplan, J. S. (2000). *Beyond functional assessment: A social-cognitive approach to the evaluation of behavior problems in children and youth.* Austin, Texas: pro.ed.

Leung, A. & Robson, W. L. (1990). Stuttering. *Clinical Pediatrics, 29,* 498-502.

Long, E. S., Miltenberger, R. G., & Rapp, J. T. (1999). Simplified habit reversal plus adjunct contingencies in the treatment of thumb sucking and hair pulling in a young child. *Child & Family Behavior Therapy, 21*(4), 45-58.

Miltenberger, R. G., Fuqua, R. W., & Wood, D. E. (1998). Applying behavior analysis to clinical problems: Review and analysis of habit reversal. *Journal of Applied Behavior Analysis, 31*(3), 447-469.

Miltenberger, R. G., Long, E. S., Rapp, J. T., Lumley, V. A., & Elliott, A. J. (1998). Evaluating the function of hair pulling. *Behavior Therapy, 29,* 211-219.

Miltenberger, R. G. & Woods, D. W. (1998). Speech disfluencies. In Watson, T. S. & Gresham, F. (Eds.), *Handbook of child behavior therapy* (pp. 127-142). New York: Plenum.

Rapp, J. T., Miltenberger, R. G., Galensky, T. L., Roberts, J., & Ellingson, S. A. (1999). Brief functional analysis and simplified habit reversal treatment of thumb sucking in fraternal twin brothers. *Child & Family Behavior Therapy, 21*(2), 1-17.

Rapp, J. T., Miltenberger, R. G., Long, E. S., Elliott, A. J., & Lumley, V. A. (1998). Simplified habit reversal treatment for chronic hair pulling in three adolescents: Clinical replication with direct observation. *Journal of Applied Behavior Analysis, 31,* 299-302.

Romaniuk, C., Miltenberger, R. G., & Deaver, C. (2003). Long-term maintenance following habit reversal and adjunct treatment for trichotillomania. *Child & Family Behavior Therapy, 25*(2), 45-59.

Scotti, J. R., Schulman, D. E., & Hojnacki, R. M. (1994). Functional analysis and unsuccessful treatment of Tourette's syndrome in a man with mental retardation. *Behavior Therapy, 25,* 721-738.

Shimberg, E. F. (1995). *Living with Tourette syndrome.* New York: Simon & Schuster.

Woods, D. W., Fuqua, R. W., Siah, A., Murray, L. K., Welch, M., Blackman, E., & Seif, T. (2001). Understanding habits: A preliminary investigation of nail biting function in children. *Education & Treatment of Children, 24*(2), 199-216.

Woods, D. W. & Miltenberger, R. G. (1996). Are persons with nervous habits nervous? A preliminary examination of habit function in a nonreferred population. *Journal of Applied Behavior Analysis, 29,* 259-261.

Woods, D. W., Miltenberger, R. G., & Lumley, V. A. (1996). Sequential application of major habit-reversal components to treat motor tics in children. *Journal of Applied Behavior Analysis, 29,* 483-493.

導言二

介入與處遇自閉症者的自傷行為

王大延

一、前言

自閉症者的自傷行為（self-injurious behavior）是一種持久性的行為，常引發立即性的軀體外傷或心理的創傷。在各類發展性的障礙之中，自閉症者的自傷行為可視為十分嚴重且令人驚駭的異常行為（Howlin, 1998）。障礙類型者的自傷行為三歲之前就已出現，障礙愈嚴重者，患有自傷行為愈普遍，同樣的，安置於機構之殘障者比其他障礙者容易發生嚴重自傷行為，因此機構化的殘障者自傷的比例偏高（Harris, 1992）。在不同部位的自傷行為中，頭部的自傷行為出現的年齡最早，大約在出生後五至十一個月，症狀就相當明確，而且所占的比率高達自傷行為比例的 44%，僅次於以口咬的自傷行為（約占 45%）（Rojahn, 1986）。非殘障類型的幼童其頭部自傷行為大部分持續兩年半至三年即中止，只有少數的個案可持續至十二歲，或更長（Johnson & Watson, 1992）。伴隨有自傷行為的自閉症者，經年累月的重複毆擊頭部，很難有效的處遇，因此常困擾著特殊班教師、專業人員或家長，成為棘手的問題。

介入自傷行為的研究如雨後春筍般的出現。大多數研究採用行為的功能性分析，探討自傷行為的目的之後，應用行為改變技術，如消弱（extinction）、過度糾正（overcorrection）、懲罰、感官消弱、區別增強（differential reinforcement）等方法，效果良好（Lerman, Iwata, Shore, & Deleon, 1997）。但是除了區別增強屬於非厭感制約之外，其餘方法皆為厭感制約，這些介入方法與近年來提倡之正向行為的支持（Positive Behavior Support, PBS），以正增強、替代行為、溝通、改變生活型態（lifestyle）介入、減少對個體的傷害，達到改變行為的目標的觀念不符（Keogel, Keogel, & Dunlap, 1996）。Shirley、Iwata、Kahng、Mazaleski 和 Lerman

（1997）曾應用功能性溝通訓練（Functional Communication Training, FCT），成功的介入三個極重度智障成人的頭部和咬手的自傷行為。介入的過程中，研究者訓練三人使用手語與他人溝通替代自傷行為。隨後許多研究者相繼使用FCT介入重度障礙者自傷、破壞、攻擊等行為，使用的替代性溝通的方法包括手語、卡片、舉手，以及鼓勵障礙者使用簡單的自發性語言，介入的效果相當良好（Derby, Wacker, Berg, DeRaad, Ulrich, Asmus, Harding, Prouty, Laffey, & Stoner, 1997; Hanley, Piazza, Fisher, Contrucci, & Maglieri, 1997; Kahng, Iwata, Deleon, & Worsdell, 1997）。然而，過去的研究者應用FCT所使用的替代性溝通，並沒有建立系統之溝通策略，因而在應用的層次上似乎效果較差，如果FCT替代性溝通改換為使用圖片兌換系統（The Picture Exchange Communication System, PECS），則對介入沒有自發性語言溝通能力的自閉症者之自傷行為，似乎可達到目標。

基於上述之研究動機，本文旨在應用行為的功能性分析與圖片兌換系統介入自閉症者的頭部自傷行為。

本文首先述及定義、分類及出現率，其次將探討自傷行為的原因、行為的功能性分析、介入自傷行為的策略，最後，將探討實徵性研究，以說明「介入與處遇自閉症者的自傷行為」之重要及可行性。本文更希望透過相關的文獻資料，協助家長、特殊教育教師，以及醫學專業人員解決自閉症者自傷行為的問題。

二、定義、分類、出現率

早期，定義自傷行為大都以個體的行為傷害及於自己的軀體作為評估之準則，並不考慮其他相關因素。例如，美國智能不足分類手冊認為，以自己的動作傷害或殘傷軀體的一部分，即視為自傷（Grossman, 1973），Matson（1989）則認為，個體不斷反覆以及高頻率的節奏的行為造成軀體的傷害，即為自傷行為。以上學者的定義均以軀體的傷害為衡量依據，甚少著眼於生態環境之差異以及個體內在的意圖。近年來，一些著名的學者認為，自傷行為是一種嚴重且長期的異常行為，具有多重的危險性，其涉及的因素雖然包括機體本身的內在因素，但是大部分來自於學習所

獲得的行為，如社會性增強或自發性增強（Iwata, Zarcone, Vollmer, & Smith, 1994）。至於名詞的使用方面，包括自我傷害（self-injurious）、自我毀傷（self-mutilating）、自我毀滅（self-destruction）、自我殘傷（self-mutilation）、自我虐待（self-masochism）等（Fee & Matson, 1992; Kerr & Nelson, 1989）。總之，自傷行為意指個體經歷一段長時間，反覆不斷的，或習慣性的傷害自己即是自傷行為。至於自傷行為之動機則來自於個體的學習，或軀體系統（physical systems）的自發性正、負增強，以及社會系統（social systems）的增強。此外，自傷行為與固持行為（stereotyed behavior）雖然二者皆指持續不斷的行為，但是二者仍有區別，其差異在於前者造成軀體的傷害，而後者只是指個體不斷的出現高頻率的軀體動作，並不具有適應上的意義，也不造成傷害。其他的人類行為如自殺，自我虐待絕食（sulstance alrise）所涉及的動機較為複雜，而且包括了正常人的行為，不在本文探討的範圍，故不加以贅述。

自傷行為的分類，並無一致的看法。部分學者直接調查各種不同的自傷行為，不論傷害的部位或動作而直接臚列，難免有掛一漏萬之虞；另有學者則將行為明白分類，亦遭遇某些行為無法歸類之困難。其中，Fee和Matson（1992）即屬於前者，認為自傷行為包括逼迫自己、咬撕自己、拳頭或手掌毆擊自己，用手拍打頭部，或以頭部撞物，擰、扭、抓、刺手部或軀體各部位，耳朵鼻孔塞入異物，掐脖子，拔髮，抓咽喉，以物品傷害自己，吃食異物，焚燒自己，擦揉或掏挖眼睛、眼球，撞物等。Iwata、Zarcone、Vollmer 和 Smith（1994）認為自傷行為至少包括咬，掏挖眼球，毆擊、拍打頭部或身體各部位，吮吸或咬手指、手部，吃食異物，異常消化行為，反胃，拔髮等行為。Kerr 和 Nelson（1989）則根據個體對頭部、手部的傷害區分為下列五種自傷行為：

1. 自我毆打（self-hitting）：使用拳頭或手掌毆打頭部以下的部位的行為。
2. 毆打頭部（head-striking）：使用拳頭毆打頭部二側。
3. 拍打（slapping）：將手指張開用手掌擊打身體各部位。
4. 扭擰皮膚（skin-tearing）：將拇指和食指做成像鑷子的形狀扭擰嘴唇或手臂。
5. 搓揉（rulling）：不斷搓揉臉部和手部。

Rojaham、NcGonigle、Curcio 和 Qixon（1987）將可能發生的自傷行為區分為毆打頭部、扭擰皮膚、拍打腿部、毆擊堅硬物體等。Luiselli（1986）則增加頭部撞擊牆壁、地板、桌子等之認定。

綜上所述，個體自傷行為的方式很多，研究這類行為至少應包括下列五種：

1. 毆打、撞擊行為：以拳頭、手掌擊打身體各部位，或以身體各部位撞擊牆壁等堅硬物體。
2. 吮吸行為：咬或沉溺性的吮吸身體全部位。
3. 拉扯行為：以手指拉扯、扭擰、刺、挖身體各部位。
4. 消化異常：不斷的嘔吐或反芻食物。
5. 吃食異物：吃食非食物，例如鐵釘、煙蒂、排泄物等（王大延，1992）。

自傷行為的出現率（或稱流行率）隨性別不同而有差異。在所有障礙類型中，男女生比率約為 3.5：1.5，男生自傷行為的比例約為女生的兩倍。依障礙類型不同，出現率亦有差異，智能不足者自傷的平均比例約 6.5%，自閉症者自傷的比例達 28%（Iwata, Zarcone, et al., 1994）。其他的調查研究以智力作為研究之依據，依自傷行為輕重不同，出現的比例亦有不同，極重度障礙者約占 17% 至 74%，重度障礙者約占 11% 至 44%，中度障礙者約占 3% 至 18%，輕度障礙者約占 0 至 16%，安置在機構的殘障者自傷行為的出現比例較高，正常的學童或臨界正常的學童幾乎很少出現任何類型的自傷（Johnson & Day, 1992）。總括而言，智能愈低，障礙愈嚴重者，自傷行為出現的百分比愈高；反之，智力愈高，自傷行為愈少。究其原因，可能與自發性語言與接受性語言能力較少，無法明確表達內在的需求，或無法透過口語溝通讓對方了解自己的情緒有關，而以自傷替代口語與對方溝通。

三、自傷行為的生理成因

自傷是一個相當複雜的行為，常伴隨有多重原因，每一個自傷行為幾乎都有特殊的功能。自傷行為的誘因可能導源於生理機轉（biological mechanisms），但是許多文獻指出自傷係經學習之後而習得的行為，前者屬於個體生理的因素，後者則著眼於環境，與軀體之間的交互作用。

此軀體與環境二種因素的探討，即為行為的功能性分析，將留待下一個部分再做討論。

生理因素與自傷行為的相關研究大部分涉及神經解剖學、遺傳或先天性的異常。首先是海馬中隔內核（hippocampus septal nuclei）在小腦皮質與扁桃體（amygdala）發生的異常現象，進而影響大腦與感覺系統之間連結（Harris, 1992）。其次，與遺傳有關的研究，如先天性的嘌呤新陳代謝（purine metabolism）異常而引起的林齊尼安症（Resch-Nyhan syndrome），此症狀與X染色體有關，由於不正常的基因，導致腦部與其他細胞的酶與黃亞鹼（hypoxanthine）酵素異常，而造成個體自傷。通常只出現在男性，儘管林齊尼安症肢體動作困難，卻能迅速揮手毆擊頭部、挖眼，造成身體組織傷害，根據統計約有 90%的林齊尼安症患者因自傷而造成永久性肉體傷害。其次，由林齊尼安症所引起的自傷是強迫性的，並無痛覺，當取走身上的護套時，他們反而會激動害怕（Harris, 1992; Iwata, Dorsey, et al., 1994; Olson & Houlihan, 2000; Romanczyk, Ekdahl, & Lockshin, 1992）。復次，如中耳炎、耳朵感染、前額痙攣（frontal lobe seizure）等所引起的自傷行為，與遺傳或先天的關係密切。再其次，生化元素的影響可能產生自傷行為，這方面的成因大部分來自於外科手術和管理上所產生的神經毒素所造成的傷害，以致感官異常引發自傷（Bauman & Kemper, 1994; Harris, 1992; Romanczyk et al., 1992）。其他如血液中內啡肽（endorphin）含量的多寡具有了解某些異常行為型態的作用。人類激烈運動之後，隨之釋放出具有類似鴉片的麻醉效果的內啡肽，可增加個體忍受疼痛所產生的刺激。有些研究甚至指出，自閉症者自傷行為所帶來的痛楚，因為體內釋放出的內啡肽具有麻醉的作用，因此壓抑著刺激而不會知覺痛苦（Iwata, Zarcone, et al., 1994; Romanczyk et al., 1992）。

最後，有關遺傳基因以及脆弱染色體 X（fragilex 或稱脆染症）所引發的自傷行為之研究（Gillberg, 1998）甚為重要。脆染症是極端複雜而且不易整個了解的症狀，外表特徵包括臉部重心下移、耳朵往下掛、睪丸巨大、肌肉皮膚鬆弛張力低、手指易於彎折、動作遲緩、手眼協調困難、書寫困難、社會性孤立等。行為特徵包括避免眼神接觸、口語表達困難、手部搖晃、過動、攻擊暴力、觸覺防衛、注意力不足、易怒、模仿困難等。智力方面，只有20%的個案正常，30%有嚴重的學習困難，其餘的50%亦有中度的學習困難（Bailey et al., 2001; Gillberg, 1998; Saunders, 2000; Tsai & Ghaziuddin, 1992）。自閉症者出現脆染症的比例達20%至25%，但是最近的研究則認為在 5% 以下（Saunders, 2000; Tsai & Ghaziuddin, 1992）。患有脆染症之自閉症者，其自傷行為包括咬手、輕敲擊頭部（Harris, 1992），因此脆染症亦被認為有可能是自閉症者自傷的原因之一。

四、行為的功能分析

近年來，研究自閉症者的自傷行為者大部分強調環境決定論，而部分學者則認為自傷行為具有層級性的多重原因（Richman, Wacker, Asmus, Casey, & Andelman, 1999），甚至涉及生理因素與環境等相關因素，處遇時必須同時加以考慮（Harris, 1992）。行為的功能分析認為每一種行為皆有其意義和目的（張正芬，1997；O' Neill, Horner, Albin, Sprague, Storey, & Newton, 1997）。在處遇的過程中，如果不探究行為的功能，而只是直接應用行為改變技術，即使能成功的改善行為，效果通常也只是暫時性的，行為復發或出現相類似的自傷行為的機率極高。為有效的處理自傷行為，達到長久改變行為的目的，許多研究者致力於探索行為的前因、後果、背景、情境，以及例行行為，希望完全的去除障礙者的行為，此即行為功能分析之濫觴。

行為功能性分析將各種不同的問題行為功能區分為二：其一，指獲得欲求的事件；其二，指逃避非欲求的事件。前者包含三種正增強：即自發性的正增強，如因為感官刺激而引起自發性正增強；其次為社會性正增強，如引起注意之後得到正面的回饋；第三種指的是可觸及的（tangible）正增強，如個體獲得欲求的物品或活動。後者包含三種負增強：即軀體感官內在刺激所引導的負增強刺激，如受傷後，感受到軀體的痛苦；其次，為社會性負增強，如引起注意之後獲得負面的回饋；第三種指的是逃避所引起的負增強的事件，如意圖改變個體的生活作息或不願接觸困難的工作等（O' Neill et al., 1997）。

自閉症者之自傷行為的功能性分析，築基於上述O' Neill等人的功能分析。概括而言，自傷行為的功能來自於兩種系統，即軀體系統（physical

system）與社會系統（social system），前者指的是自發性正增強（automatic-positive reinforcement）和自發性負增強（automatic-negative reinforcement），二者均指的是行為直接產生或自發性的結果。自發性的正增強遍及知覺刺激（感官刺激），例如軀體內內啡肽釋放而引起軀體本身的快慰。自發性負增強則指軀體自發性的反應以終止或減輕厭感刺激，例如自閉症者藉著拍打臉部的自傷行為而延緩或降低頭疼的刺激。至於社會系統所具有的功能有二：即社會性正增強（social-positive reinforcement）與社會性負增強（social-negative reinforcement）。前者指的是自閉症者為了引起他人注意或獲得物品而自傷，也因為達到目的而得到正增強；後者指的是自閉症者為了消除或阻止厭感事件而引起的自傷行為，例如為逃避厭感事件或終止要求事件，自閉症者可能以頭部的自傷行為來終止引起厭感的情境（Iwata, Dorsey, et al., 1994）。

總之，以軀體系統為主的自傷行為的功能性分析，係來自於自閉症者的自我刺激行為，或生理上的欲求所主導；相對的，以社會系統所引發的自傷行為，是自閉症者與他人互動之下為達到目的的行為，此社會系統則包括了個體蓄意要引起他人的注意（attention）、逃避（escape），或獲得、要求（attenment or tengible）等功能（Carr, Levin, McConnachie, Carlson, Kemp, & Smith, 1994）。在介入自閉症者的頭部的自傷行為過程中，教師常發現行為的介入短期內有效，不久，行為又復發，究其原因，乃是因為未曾真正找出行為的功能。質言之，行為的功能性分析，不在於假設個案內在的動機，而是行為的目的與環境的因素，其步驟有三：階段一描述（describe），階段二分類（categories），階段三驗證（verify），以下分別敘述之。

㈠階段一：描述

第一個階段在於獲得與異常行為相關的訊息，詳細的敘述個案發生行為的經過。首先清楚的敘述在自然的狀態下問題行為的前因為何、行為為何持續發生、身體的狀況、周遭的情境，以及繼續行為的後果是什麼。例如：自閉症者每次尖叫即給與玩具，異常的行為可能是因為給與增強物而維持，發脾氣可能因為溝通功能欠佳，不會使用正常的行為要求食物，或工作太難，時間太長而不斷的發脾氣企圖逃避工作。其次為晤談與直接觀察，目的在於確認資料的可靠性與否，或從直接觀察行為當中發現晤談時未談及之新的問題，自 1960 年 S. Bijou 第一次使用此種技巧以來，逐漸將之系統化，成為有效的科學方法。觀察者可以是教師、助理或家長，觀察應該在一般的情境下進行，不宜中斷事件。觀察紀錄表包括日期、時間、行為、預測項目（如：活動、工作難度、噪音、轉換活動、要求、單獨活動、課程表變更、班級同儕出現等）、行為可能的功能、行為的後果紀錄、評語（O' Neill et al., 1997）等。另外，Carr、Levin、McConnachie、Carlson、Kemp 和 Smith（1994）的紀錄表除了日期、時間、觀察者、地點、活動內容之外，紀錄的主要重點在於人際互動的情境、行為問題、處遇情形等項目。至於晤談的項目則包括行為的現況概述、行為發生的時間、地點、與教師和學生互動的情形持續多長、如何處理、藥物使用的情況、睡眠習性、飲食、每日作息時間、接觸的人物、物質環境等。

㈡階段二：分類

分類的目的在於對每一張觀察紀錄表依行為的功能做歸類。依據 O' Neill 等人（1997）的主張，蒐集資料的時間至少二至五天，目標行為至少發生十五至二十次以上，至於 Carr 等人（1994）認為，觀察的卡片至少蒐集一百張以上再進行分類，其分類的流程如下：

1. 對每張卡片的行為目的予以假設。
2. 把每張卡片中的目的予以小組分類。
3. 再從這些已分類好的卡片中，歸納成四大類主題，也就是假設四個主要可能的行為原因。

根據 E. G. Carr 的研究，一般行為問題產生的原因不外乎四大類因素，即：引起注意（get attention），逃避當時不悅的環境（escape from unpleasant situation），為獲致某物或某目的（gain access to tangible items），及其他因素（other variables），例如：習慣（habits）、感覺器官（sensory）、抗議（protesting）及自我刺激（self-stimulus）等（溫婉琪、王大延，2000）。在分類過程中，需有三位教師組成，對每一張卡

片進行歸類，在同一張卡片中有二個或二個以上贊成歸類於四大類當中的任何一類，即放入該類中，例如：三位教師其中有二位認定某一張卡片屬於引起注意，則將該卡片歸屬於該類，如此進行至一百餘張卡片完全歸類為止，此階段即告結束。

㈢階段三：驗證

在前一步驟中，研究者已經歸納出行為發生的幾個假設，在此（第三）步驟中，藉由數個程序安排以證明研究的假設；其程序為，從四大類（引起注意類、逃避類、獲得類、其他因素類）卡片中隨機各挑出一張卡片，再花數天的時間，安排模擬卡片當時的情境（setting），以測試個案是否會發生同樣的行為，若是，則證實研究者的假設為正確；反之，則推翻當初的假設，必須重新證明（溫婉琪、王大延，2000; Carr et al., 1994）。

五、診斷自傷行為

介入個體自傷行為之前，須先診斷其原因，以作為正式介入之依據。根據一般的研究文獻，診斷個體自傷行為至少應包括以下兩種資料（Kerr & Nelson, 1989）：

㈠健康檢查資料

舉凡個體病歷，曾經使用的藥物，以及與個體健康有關的各項訊息，均可由學校護理人員蒐集，以決定是否進一步做綜合性的檢查，抑或檢驗神經系統，以了解是否與神經功能異常有關。其他如受傷、瘀血、刀傷或身體部位之損傷，均應詳加記錄以供參考。

㈡蒐集生態環境分析（ecological analysis）資料

進行此項分析之前，須先界定個案的自傷狀況，然後觀察並記錄下列問題：

1. 描述個體屬於何種類型的自傷行為。

2. 記錄任何引起個體自傷的情境。

3. 個體一天之中，每一時段自傷行為的次數。

4. 個體參加何種性質的活動，不會發生自傷行為。
5. 當教師要求學生學習何種認知活動或做何種遊戲時，立即引起自傷行為。
6. 個體自傷之前，有無任何徵兆。
7. 當個體自傷時，還同時出現何種行為。
8. 列舉個體曾接受過何種介入策略，例如隔離（time-out）、懲罰、區別增強等。

以上所述，係綜合個體生理狀況和生態因素作為診斷自傷行為的依據，目的在於提供教育和專業人員足夠的訊息，然後加以研判，以便作為介入的參考。此外，診斷個體自傷行為，須應用會診原則（interdiscipline），摒除藩籬，匯集臨床心理學者、精神醫學者、特殊教育專業人員和教師等意見，共同完成診斷（王大延，1992）。

在驗證的階段，功能性分析採用兩種研究設計，其一為倒返設計（reversal design），其二為多重因素設計（multi-element design）（Alberto & Troutman, 1995; Iwata, Pace, Kalsher, Cowdery, & Cataldo, 1990）。前者在於分析行為的功能是否由單一功能所引導，例如自傷行為是否為引起注意、逃避、獲得或要求其中的一個功能，研究設計大都採用四個階段（sessions），第一、三階段不給與個體注意，第二、四階段則給予個體注意，在每個階段中觀察和記錄其行為，若二者的頻率有明顯的差距，便能確定其自傷行為的功能來自於引起注意。後者指將可能發生的行為的功能同時觀察記錄以圖呈現，如此，便可看出何種功能的頻率出現較高，即是驗證成功。多重因素設計似乎很容易確定異常行為具有一種或一種以上的功能。觀察記錄的過程中經過多重因素觀察記錄之後，仍無法清楚的認證行為的功能時，則應該回到傳統的倒返設計再重新驗證行為的功能（Vollmer, Iwata, Duncan, & Lerman, 1993）。

六、介入自傷行為的策略

㈠介入前準備階段

自閉症者的自傷行為通常有很長的歷史背景以及複雜的學習過程，沒有任何治療方法可以在短時間內立即去除，介入之前須注意下列策略：

由於自傷行為有明顯的危險性，故介入之前的第一個步驟宜先做醫療檢查，例如耳朵感染、牙痛、牙齒咬合問題、過敏性疾病等。其次，自閉症者出現頭部自傷行為的頻率很高，拍、打、撞擊等頭部自傷可能引起頭蓋骨破裂、視網膜剝離等問題；再其次，吃食異物可能引起內臟出血或內臟穿孔等危險；最後習慣性的嘔吐或反胃可能引起營養失調、脫水等現象。個案若因上述問題而傷害軀體須先做放射性掃描，以了解身體內部器官受到傷害的嚴重情形。至於軀體外表的傷害如身體各部分皮膚撕裂或挫傷，雖然不至於引起內臟傷害，但是也可引發其他疾病，介入之前宜先做妥善處理（Iwata, Zarcone, et al., 1994）。

發展適應行為與認證增強物，亦是介入自傷行為之前可提供的策略。前者重點有三：其一，發展伴隨有自傷行為的自閉症者與物質環境做單獨的互動，例如獨自做休閒遊戲、玩玩具；其二，發展溝通的技巧，以獲取欲求的事物減少厭感事件；其三，服從訓練，學習因延宕需求而產生的挫折。個體的動機最容易被忽略，經常使用的增強物，例如食物或社會性增強常發生饜足的現象，如果改換為自閉症者置於與其感官經驗有關的環境或活動，將可擴大增強物之效果（Howlin, 1998; Waterhouse, 2000），介入之前的另一個策略是前面已經提及的行為的功能性分析，介入前實施功能性分析可避免盲目的介入而事倍功半，功能分析旨在讓研究者認證：*1.* 前因事件；*2.* 增強作用（如社會性正增強）除非撤除，否則將引導自傷行為再度發生；*3.* 消弱（即撤除社會性正增強作用）的過程須融入介入的計畫內；*4.* 具有效果的增強物、行為後果和反應三者形成介入之基石；*5.* 以增強為主的介入方法不可能有效果（Iwata, Zarcone, et al., 1994）。

㈡介入階段

介入自傷行為就其經常應用的方法而言，包括行為改變技術、溝通為本位之介入（communication-based internention）、圖片兌換系統（Picture Exchange Communication System, PECS）、溫和教學（gental teaching）、認知行為學派（cognitive-behavior approach）、社會認知理論（social-cognitive theory），以及藥物治療等。

行為改變技術經常用於處理自傷行為的方法，包括抑制策略、厭感制約、過度糾正、抑制活動、區別增強等。以下分別敘述：

❑行為改變技術

1. 抑制策略（restraint devices）：介入個體的自傷行為，有時需要妥善的運用各種不同的抑制策略。抑制策略意指當自傷行為發生時，直接的、立即的加以阻斷，以中止行為（Luiselli, 1992）。通常都是由介入者快速的抓住自傷者的四肢，頭部、胸部、膝蓋戴上護套，大聲吆喝「不」，以中斷其行為。抑制策略的方法應用於介入自傷行為，有其必要。有時自傷者已經危及身體，須立即顧及個體的安全，只能暫時的制止其行為。抑制策略的缺點在於無法根除問題行為。許多教師因為應用此方法比較簡單，易收立竿見影之效，而捨去尋找其他較費時又困難的替代行為。此外，抑制的策略，基本上只是消極的阻止自傷行為，學生未學習到新的行為，或消弱目標行為。
2. 厭感制約（aversive conditioning）：厭感制約，指應用負增強原理給與個體懲罰，而產生厭感刺激（aversive response），以消除不良行為。厭感制約依使用增強物的差異，區分為非制約厭感刺激（unconditioned aversive stimuli）和制約厭感刺激（conditioned stimuli）（Rusch, Rose, & Greenwood, 1988）。前者指的是個體對於刺激物原本就會產生嫌惡反應，當制約刺激出現，立即引起厭感作用，而停止不良行為。非制約厭感刺激包括電擊、噪音、冰水沖臉、喝檸檬酸、吃辣椒、鼻孔塞氨膠囊、極端冷熱的情境等。後者厭感刺激與非厭感刺激同時出現，個體從制約刺激中，學到新的行為，而消除不良的行為。厭感制約是有效的介入自傷行為的策略之一，不過許多研究者均不贊成用這種方法（Pyles & Bailey, 1992; Steege, Wacker, Berg, Novak, Reimers, Sasso, & De Raad, 1990），Lovaas 和 Fevell（1987）曾指出：「應用厭感制約介入自傷行為，應考慮到其他相關問題，只有在正確的分析行為之後，才得以使用。」總之，應用此策略介入自傷行為，應兼顧法律及道德問題，應用功能性的分析，尋找其他替代行為的方式，似乎較合理可行。
3. 過度糾正（overcorrection）：過度糾正是教師或專業人員以懲罰為手段介入的方法，透過逐步塑造（shaping）的步驟，消除不當行為，同時

增加正當行為。此種方法十分複雜，經常為研究者用來消除自傷、過度活動、攻擊（aggression）、自我刺激（self-stimulation）、頂撞（non-compliance）等行為。過度糾正的策略包含兩種基本型態：其一，償還的過度糾正（restitutional overcorrection），意指要求學生在償還的活動中，練習正確的行為，要求學生恢復受到破壞之前的環境或受到破壞的事物，在此過程之中，同時消弱不良的行為。例如一位行為異常的學生，在隔離室（time-out room）中便溺，經發現後，如採用此策略介入，則要求這位學生洗刷牆板，以償還不當行為。其二，正面練習（positive practice），當偏異行為發生時，立即要求學生練習正確行為，以糾正不當行為。例如學生任意擺放衣物雨具，則要求該生練習正確的行為，將雨具依規定擺放十次，以養成良好的習慣。

過度糾正的介入方法，經常應用於處理個體的自傷行為。在介入處理期間，自傷者須不斷的練習所設計的課程，尤須注意者，應避免給與自傷者正增強。以下是針對自傷者所設計之過度糾正的程序（Kerr & Nelson, 1989）：

⑴定義問題行為。

⑵記錄問題行為的次數或比率連續三天以上。

⑶使用語言線索，例如「不，不可毆打」等。

⑷選定一種償還活動，例如學生毆打頭部時，須做連續的償還活動，要求自傷者將雙手放置在頭上、肩部、背後、膝蓋上各 15 秒，每次自傷行為之後，立即要求反覆做 5 至 7 分鐘，平時亦可練習，每天做 45 分鐘以上。

⑸選定做償還活動最適當的時段。

⑹於償還活動期間，學生再度自傷，則重新開始原有的活動。

⑺語言線索應同時伴隨償還活動出現，待至自傷行為逐漸消弱，語言線索亦隨之減少。

⑻非償還活動期間，應接納與鼓勵學生的正常行為。

⑼償還活動須得到醫生的認可，家長同意之後，在專業及行政人員的監督下實施。

4. 抑制活動（movement suppression）：抑制活動的策略亦被應用於介入

自傷行為，藉此策略以消弱學生自我傷害。隔離（time-out）是抑制活動中最常使用的方法，強迫自傷者進入隔離室，暫時停止一切活動，隔絕外界的聲音，失去與他人交互作用，以懲罰不當的行為。Osborne、Kiburz和Miller（1986）曾報導隔離策略加上正增強作用，可消弱自傷的個案。不論如何，隔離策略是一種嚴酷的懲罰，學生被放置在隔離室中，強烈感受到無助、恐懼，因此，停留在隔離室的時間愈長，則愈有可能戕害身心。教師應用此策略時，最好有父母、學校行政人員、特教專業人員共同參與。此外，隔離策略如果配合其他增強策略，效果可能更加顯著，惟顧及兒童權益、心理傷害問題，使用時應謹慎。

5. 區別增強（differential reinforcement）：區別增強是應用行為改變技術的正增強原則，消弱不當行為。基本上，主張以此方法介入不良行為的學者，認為只要能增加或增強正當的行為，就可減少問題行為。

區別增強包括三種方式：其一，區別增強不兩立行為（Differential Reinforcement of Incompatible Behavior, DRI），當個體出現不良行為時，即以其他行為或事物介入，使得個體無法對兩種刺激同時反應，在這種情境之下，兩種行為不能同時並存，而達到阻斷不良行為的目的。其二，區別增強替代行為（Differential Reinforcement of Alternative Behavior DRA），DRA 意指應用一個積極行為以替代不當行為。選擇 DRA 介入的策略，目的在於消弱不良行為，增加正確行為發生的比例。其三，區別增強其他行為（Differential Reinforcement of Other Behavior, DRO），意指在不發生問題行為的間段時間內給與個體增強，相鄰兩次的平均時間即為間段時間。

DR 系列之治療自傷行為，優點在於正向的支持（positive behavior support）、較少強迫、個案較少走避、較無情緒出現、強調功能之加強、替代等；其缺點則在於無法完全處遇自傷行為，須配合其他方法才能奏效，其次耗時很長，有效的增強物不易找到（王大延，1992；Pyles & Bailey, 1992）。

❑溝通為本位的介入

此正向行為支持（Positive Behavior Support, PBS）的理論係由 Carr 等人於 1994 年提出介入嚴重行為問題的方法。此理論基本的概念認為，嚴

重行為之所以發生，乃因為個體無法使用正確的溝通方式，告訴他人以達到行為的目的，而直接以原始性的行為與他人溝通。至於 Carr 所指的嚴重行為問題包括個體的自傷行為、攻擊、咬、抓、踢、打、發怒、破壞物品等行為。溝通為本位的介入理念有六：1.異常通常都有一個目的，因為此目的而引發行為問題，例如自閉症者不斷的毆打頭部，希望引起老師注意；2.行為的功能性分析可以認證行為的目的，Carr 認為行為的功能性目的包括引起注意、逃避、獲得或要求，以及其他如自我刺激、環境等因素；3.介入異常行為的目標在於教育，而不單純是改變行為而已，教個體新的行為方式適應環境，如此就沒有必要再以異常行為作為溝通形式；4.異常行為可能有多種目的，因此，介入時需要有多種介入的方法；5.介入異常行為須改變社會系統，不只是改變自己而已；6.介入的最後目標是生活型態的改變。實施的程序包括：行為的功能性分析晤談和觀察、卡片分類、驗證等三個步驟。當驗證結束，確定行為的功能之後，即開始介入，重點包括：1.與個案建立親近的關係，給與個案喜愛的音樂、活動等喜愛的增強物；2.鼓勵個案提出要求；3.讓個案喜歡治療者；4.發展功能等值（functionally equivalent communication）的溝通形式（forms），此形式須符合個案的能力，如發展非協助（unaided）性或協助性的替代溝通或擴大溝通（alternative and augmentative communication）；5.教導個案以新的溝通形式在以前的情境中使用，溝通的形式宜發展數種，以符合不同的行為功能（Carr et al., 1994）。

❑圖片兌換系統介入

本系統緣起於德拉瓦自閉症教育計畫（Delaware Autistic Program），由 Bondy 和 Frost 一起創立的自閉症課程（Bondy & Frost, 2001; Simpson & Zionts, 2000）。課程內容旨在教導自閉症者使用圖卡表達自己的需要，終至能使用詞卡、句卡與他人溝通，而不需要他人協助，此種系統溝通教學是自閉症課程中少有的社會溝通課程，不但增加自閉症者的社會互動行為，而且減少自閉症者的異常行為；本系統的功效類似於以溝通為本位之教學，只是兩者之差異在於前者以發展溝通為主，行為處理為輔；後者則以發展溝通為手段，發展適合自閉症者的溝通形式，藉以達到改變嚴重行為的目的，二者兼具有溝通與行為問題處理之功能。

圖片兌換系統訓練共有六個階段：階段一，物品替換（the physical exchange），首先由自閉症者選擇一種喜愛的增強物，然後協助（prompt）自閉症者拿起卡片換取增強物，經由逐步塑造，直到能離開座位，取卡片易物為止；階段二，拓展自發能力（expanding spontaneity），俟第一個階段能力建立之後，進入本階段，教師便開始訓練自閉症者拿取卡片要求任何所欲求的增強物，本階段須訓練學生達到不需協助亦能拿起圖片要求物品的目標，至於圖片則可置於黑板、揭示板或溝通簿上；階段三，區別訓練（discrimination training），將兩種以上的圖片置於桌上，教自閉症者選擇圖片兌換喜愛的物品，練習直至多種不同圖片置於揭示板上，仍能選擇其中一張圖片兌換喜愛的物品的目標，即算成功；階段四，句型結構（sentence structure），當自閉症者能用圖片兌換十二至二十種物品時，即開始呈現「我要××」的句型，將我要的字卡置於桌上，自閉症者將喜愛的物品的圖卡置於「我要」的字卡後面組成完整的一句；階段五，反應性表達（responding to "What do you want"），此階段訓練自閉症者拿起我要的卡片，在我要的卡片後面放置喜愛的物品的圖卡；階段六，自發性表達（spontaneous communication），此階段訓練自閉症者自發性的放置「我看到」、「我有」的圖卡在桌上，在此句卡的後面能自發性的放置喜愛的物品的卡片即算成功（Bondy & Frost, 2001; Scott, Clark, & Brady, 2000）。

❑溫和教學

1978 年 J. J. McGee 提出溫和教學的方法，至 1987 年，J. J. McGee、F. J. Menolascino、D. C. Hobbs 及 P. E. Menousek 首先定義為「非厭惡」刺激的介入策略，即治療者藉著個案之間產生情感交互作用（mutual relationship），而達到逐次消弱偏異行為的目的。這些行為包括自傷行為、攻擊行為、「刻板行為」及反社會行為等（McGee et al., 1987）。

溫和教學法治療的原則在呈現一種新的心理學——治療者與案主之間處於平等的地位，以互相交流為基礎，建立同伴（companionship）般的情感，也就是讓個案深深的體會溫暖與尊重，使個案願意與治療者合作，產生情感的連結（bonding），是一種引起互動（interactional change）的策略與技巧。相較於獎賞或懲罰策略的行為治療法治療者，溫和教學

法的治療者扮演朋友及關懷者（caregiver）的角色，採取人道與尊重的態度，以期豐富關懷者及個案的生活（McGee, 1992; McGee & Menolascino, 1991）。

溫和教學實施步驟：首先故意忽略（ignore）個案的偏異行為，然後應用區別增強其他行為（DRO）或區別增強不兩立行為（DRI）的方法，轉移其對偏異行為的注意（inderect），引導個案學習，只要學生積極反應，立即以碰觸與擁抱來報酬（reward）他們正確的行為。當個案與治療者（關懷者）之間產生連結的作用，個案偏異行為也隨著消弱，最後達到行為改變的目的（溫婉琪、王大延，2000；McGee, 1990, 1992）。

❏認知行為治療與社會認知理論

前者在教導自傷行為的自閉症者用自我控制、鬆弛訓練等方法的相關文獻甚少，本文不再著墨，後者乃近年來正興起的處遇異常行為的理論。鑑於行為的功能性分析，於評估異常行為具有複雜的功能時，便很難完全診斷出行為的原因，如果從個體與社會互動時所產生的主觀認知來分析，似乎可超越行為功能，而將異常行為定位在獲得欲求的事件與逃避不希望的事件兩種功能系統上，因此，此理論認為它們能超越行為的功能性分析。從社會認知的理論分析行為的原因，應先了解個體的期望、自我覺知（self-awareness）、自我控制、個體的能力、動機和信念（beliefs）（Kaplan, 2000）。此兩種理論在介入異常行為時，著重在個體本身內在的動機，似乎有異曲同工之妙，惟因參考文獻不多，本文只提供另一個處理自閉症者的自傷行為的研究方向。

七、介入自傷行為的實證性研究

近十餘年來，介入自閉症者的自傷行為的實證性研究，幾乎都先行評估自傷者的行為的原因（功能），待發現自傷行為的功能之後才正式的介入，每一個研究，似乎都能有效去除個案的自傷行為。本文研究者依行為的功能性分析的發展趨勢，大致上區分為三個階段：第一個階段，尋求行為的功能；第二個階段，發展變通行為；第三個階段，探討非功能性的因素，以下分別列舉相關的研究說明之。

㈠尋求行為的功能

有長遠歷史的自傷者其功能特質可能是經由引起注意得到正增強，其次是逃避厭感事件，其他亦有可能為非社會性因素所引導，如感官的自發性增強所維持的自傷行為。Iwata、Vollmer、Zarcone 和 Rodger（1993）研究三個成人個案的頭部自傷行為，樣本取自機構，Iwata等人首先以多因素設計探究三個個案的行為功能，結果指出三個個案獨處時，自傷行為發生的頻率最高，在情境中獨自玩玩具時，幾乎不出現自傷行為，第二個個案則在研究人員訓練其技能時出現自傷，其餘二位則否，在引起注意的變項中，個案玩休閒器材時，若自傷，研究人員則立即禁止，在此種狀況下，第一個和第三個個案自傷比例隨之提高。介入階段採用 ABAB 設計，研究結果發現，第一個個案使用區別增強其他行為（DRO），並且給與玩具增強，則即使引起注意的狀況下，自傷行為亦趨近於零，如給與玩具，則不管單獨、要求或休閒的狀況下皆不出現自傷；第二個個案只要在有玩具的情況下，不論是單獨或被要求之下，自傷行為幾乎都沒發生；第三個個案只要有足夠的玩具，則無論單獨一個人或引起注意的情況下，自傷行為幾乎都沒發生。研究者結論指出，行為的介入證明功能分析是正確的，其次，說明介入時多重控制的方法可以有效處理自傷行為。

Pace、Iwata、Cowdery、Andree 和 McIntyre（1993）研究三個自傷行為的個案，在要求、引起注意、單獨一個人，以及遊戲等四種變項的行為功能分析之下，研究結果指出：個案在被要求學習的情況下，自傷行為出現頻率極高，其餘三個變項則自傷的頻率平均不到 5%。介入階段採跨越樣本的多基準線設計，同時使用消弱（extinction）和逐步撤除的方法，當個案自傷的行為發生時，立即給與教學，減少逃避的行為，在介入初期教學較少；等到自傷行為減少之後再逐次增加教學時間。研究結果顯示，當教學逐漸增加時，自傷行為相對的逐漸減少。

Iwata、Dorsey、Slifer、Bauman 和 Richman（1994）應用功能性分析九位發展遲緩且伴隨自傷行為的學生，研究設計包括：1.獲得（給與或不給與物品）；2.要求（高要求或低要求）；3.社會性注意（給與注意或

不給與注意）。行為的功能分析結果指出，其中有三個個案在高要求、獨處和不給與注意時，自傷行為出現頻率最高，另外有四個個案在自由遊戲的情境下，自傷行為出現頻率最低，其中有一個個案無論在任何條件下，自傷行為都高達 91.2%。研究者在討論的時候指出增強的來源不同，自傷行為出現的頻率亦有差異，在獨處情境下的個案自傷行為偏高，此自傷似可視為自我刺激行為。部分個案年紀太小或障礙程度太重，似乎分不清楚被要求與否，或被注意與否，故自傷行為有偏高的現象。研究者建議對自傷者做行為的功能性分析時，應注意到個體的社會情境、軀體因素以及動機，以作為個體介入之依據。

㈡發展變通行為

Kennedy 和 Souga（1995）研究功能性的分析與處遇掏挖眼球（eye poking）的行為。個案為十九歲極重度障礙的男生，以左、右手壓擠閉著的眼睛已有十二年的歷史。研究者應用多因素設計，經行為的功能性分析結果發現，個案在沒有任何活動及不受到注意、沒有社會互動等狀況下，眼傷頻率最高。其他的條件如得到注意、要求和休閒活動時，完全無自傷行為，最後研究者認為個案的增強作用是由於手部直接壓迫眼球的結果。接著研究者著手第二個研究，要求個案直接配戴護鏡，使得手部無法直接接觸眼睛，如此，自傷行為馬上降低。由實驗一、二的結果，研究者推測低活動之下眼傷的頻率高。接著研究者以具有視覺刺激的電視遊樂器和音樂分別介入，發現前者效果極佳，能有效的降低眼傷，而音樂則否，第四個研究，則無條件的給電動玩具，眼傷時就取回，此時眼傷即減少至 0.5 次以下。最後，研究者認為不需直接處理自傷行為，而以變通的方式，效果似乎較佳。

Roscoe、Iwata 和 Goh（1998）比較無後果增強（noncontigent reiforcement）和感官消弱的效果，樣本取自三個極重度的智障者，行為的功能性分析結果顯示，自傷行為非因為社會增強所維持，另者在獨處時自傷行為亦較高。為了要選取無後果增強物，和消弱的增強物，介入之前研究者先實施休閒物探測，以及抑制行為的設備探測，以作為選擇介入之正、負增強物。正式介入係採用跨越不同樣本的多基準線在無後果的增強物處理的過程中，個案可隨時取得喜愛的物品，而消弱的介入過程則要求個案戴上護套設備，研究的結果指出，兩種方法均能有效的處遇自傷行為，但是無後果增強物則效果較佳。此研究亦在說明直接抑制自傷行為的效果不如使用其他正向行為的支持有效。

㈢探討非功能性的因素

行為的功能性分析的用途在於從事行為處理時可收到良好的成效，但是，當個案的行為同時具有許多功能，或行為的功能並非很明確時，行為的功能性分析結果就應小心解釋，以免因為行為的非功能性因素而影響介入的成效。Richman、Wacker、Asmus、Casey和Andelman（1999）研究包括有一位是自閉症兒童的尖叫和擾亂的行為，經行為的功能分析結果，除了第一個個案在引起注意和獲得方面有明顯的功能之外，其餘的個案，在獨處、逃避、引起注意、自由活動、獲得等各項功能頻率都趨近於零。當研究者介入個案的尖叫和擾亂的行為獲得消弱之後，原來未被視為行為問題的攻擊暴力行為卻逐漸嚴重，研究者認為行為係以層級出現，介入之初較不嚴重的行為先於較嚴重的行為出現，因此，即使應用行為的功能性分析之後再進行介入，仍無法解決行為問題。

拔髮是一種自傷行為，根據 DSM-IV 之診斷標準，認為拔髮之功能乃因為過程中拔髮者經驗到歡娛、快慰與釋放，因此個體藉拔髮消除緊張、減低焦慮和煩憂。然而 Rapp、Miltenberger、Galensky、Ellingson 和 Long（1999）的研究與 DSM-Ⅳ所認定的功能並不一致。Rapp 以十九歲中度智障的女生作為研究對象，此個案自三歲起即開始拔髮，延續十六年之久，經行為的功能性分析結果，個案在獨處時拔髮和用手指玩手上的頭髮的頻率最高，而且玩髮頻率是拔髮的五倍，此自傷行為可視為自發性增強，拔髮原因可能是為了滿足手指的觸覺刺激。研究在介入時，即以感官刺激處遇行為。要求個案上身穿著白色的衣服，將個案的黑色頭髮放在衣服上，其次將個案手指戴上手套，在此兩種狀況下拔髮的百分比大致相同，但是當個案玩髮時，個案任意操弄頭髮與獨處時玩髮的百分比都相當高，而戴手套玩髮的百分比等於零，Rapp以此證明拔髮的功能並非來自於個體釋放焦慮，而是個體的手指的感官刺激才是真正拔髮的行為功能。

八、結論

自閉症者的自傷行為出現率依功能不同，出現率有高低差異。中低功能自傷行為出現率顯著偏高，如依安置環境而言，機構之殘障者出現率最高。其次本文論及自傷行為的成因極為複雜，依行為的功能分析，可區分為軀體系統與社會系統。以教育為主的介入方法大都對自傷行為進行行為的功能性分析，尋找行為的目的之後再介入。近年來，介入的方法除了使用行為改變技術之外，許多研究者從改善溝通的形式，不斷訓練自閉症者溝通的能力，藉自發性的表達滿足需求後減少自傷。在許多處遇的理論中，以溝通為本位及圖片兌換系統教學成效較佳，必要時，須尋求醫學協助。

參考文獻

中文部分

王大延（1992）。介入自傷行為。**特殊教育季刊，45**，1-4。

張正芬（1997）。自閉症兒童的行為輔導——功能性評量的應用。**特殊教育季刊，65**，1-7。

溫婉琪、王大延（2000）。**行為功能分析暨包裹策略介入國小自閉症學童吐口水偏異行為之效果研究**。國立台灣師範大學家政教育研究所碩士論文，未出版。

英文部分

Alberto, P. A. & Troutman, A. C. (1995). *Applied behavior analysis for teachers.* NJ: Prentice-Hall, Inc.

Bailey, D. B., Hatton, D. D., Skinner, M., & Mesibov, G. (2001). Autistic behavior, FMR1 protection, and developmental trajectories in young males with fragile X syndrome. *Journal of Autism & Developmental Disorders, 31,* 165-173.

Bauman, M. L. & Kemper, T. L. (1994). *The neurobiology of autism.* Baltimore: The Johns Hopkins University Press.

Berkell, D. E. (1992). *Autism*. NJ: Lawrence Erlbaum Associates, Inc.

Bondy, A. & Frost, L. (2001). The picture communication system. *Behavior Modification, 25*(5), 725-744.

Carr, E. G., Levin, L., McConnachie, G., Carlson, J. I., Kemp, D. C., & Smith, C. E. (1994). *Communication-based intervention for problem behavior.* NY: Paul H. Brookes Publishing Co., Inc.

Center, D. B. (1989). *Curriculum and teaching strategies for student with behavioral disorders.* Englewood Cliffs, NJ: Prentice-Hall, Inc.

Derby, K. M., Wacker, D. P., Berg, W., DeRaad, A., Ulrich, S., Asmus, J., Harding, J., Prouty, A., Laffey, P., & Stoner, E. A. (1997). The long-term effects of functional communication training in home settings. *Journal of Applied Behavior Analysis, 30,* 507-531.

Durand, V. M. & Carr, E. G. (1985). Self-injurious behavior: Motivating conditions and guidelines for treatment. *School Psychology Review, 14*(2), 171-176.

Fee, V. E. & Matson, J. L. (1992). Definition, classification and taxonomy. In J. K. Luiselli, J. L. Matson, & N. N. Singh (Eds.), *Self-injurious behavior analysis, assessment, and treatment.* NY: Springer-Verlag.

Gillberg, C. (1998). Chromosomal disorders and autism. *Journal of Autism & Developmental Disorders, 28,* 415-425.

Grossman, H. J. (Ed.) (1973). Manual on terminology and classification in mental retardation. Washington: American Association on Mental Deficiency.

Hanley, G. P., Piazza, C. C., Fisher, W. W., Contrucci, S. A., & Maglieri, K. A. (1997). Evaluation of client preference for function-based treatment packages. *Journal of Applied Behavior Analysis, 30,* 459-473.

Harris, J. C. (1992). Neurobiological factors in self-injurious behavior. In Luiselli, J. K., Matson, J. L., & Singh, N. N. (Eds.), *Self-injurious behavior: Analysis, assessment, and treatment.* NY: Springer-Verlag.

Houten, R. V. (1993). The use of wrist weights to reduce self-injury maintained by sensory reinforcement. *Journal of Applied Behavior Analysis, 26,* 197-203.

Howlin, P. (Ed.) (1998). *Behavior approaches to problem in childhood.* London: MacKeith Press.

Iwata, B. A., Dorsey, M. F., Slifer, K. J., Bauman, K. E., & Richman, G. S. (1994). Toward a functional analysis of self-injury. *Journal of Applied Behavior Analysis, 27,* 197-209.

Iwata, B. A., Pace, G., Kalsher, M., Cowdery, G., & Cataldo, M. (1990). Experimental analysis and extinction of self-injurious escape behavior. *Journal of Applied Behavior Analysis, 23,* 11-27.

Iwata, B. A., Vollmer, T. R., Zarcone, J. R., & Rodgers, T. A. (1993). Treatment classification and selection based on behavioral function. In Houten, R. V. & Axelrod, S. (Eds.), *Behavior analysis and trentment.* NY: Plenum Press.

Iwata, B. A., Zarcone, J. B., Vollmer, T. R., & Smith, R. G. (1994). Assessment and treatment of self-injurious behavior. In Schopler, E. & Mesibov, G. B. (Eds.), *Behavior issues in autism.* NY: Plenum Press.

Kahng, S. W., Iwata, B. A., Deleon, I. G., & Worsdell, A. S. (1997). Evaluation of the "control over reinforcement" component in functional communication training. *Journal of Applied Behavior Analysis, 30,* 267-277.

Kaplan, J. S. (2000). *Beyond functional assessment.* AT: Pro-ed, Inc.

Kerr, M. N. & Nelson, C. M. (1989). *Strategies for managing behavior problems in the classroom.* Ohio Columbus: Larry Hamill.

Koegel, L. K., Koegel, R. L., & Dunlap, G. (1996). *Positive behavior support.* Baltimore: Paul H. Brookes Publishing Co.

Lerman, D. C., Iwata, B. A., Shore, B. A., & Deleon, I. G. (1997). Effects of intermittent punishment on self-injurious behavior: An evaluation of schedule thinning. *Journal of Applied Behavior Analysis, 30,* 187-201.

Lovaas, Q. I. & Fevell, J. E. (1987). Protection for clients indergoing aversive/restrictive interventions. *Education and Treatment of Children, 10*(4), 311-325.

Luiselli, J. K. (1992). Protective equipment. In Luiselli, J. K., Matson, J. L., & Singh, N. N. (Eds.), *Self-injurious behavior: Analysis, assessment, and treatment.* NY: Springer-Verlag.

Luiselli, J. K., Matson, J. L., & Singh, N. N. (1992). *Self-injurious behavior: Analysis, assessment, and treatment.* NY: Springer-Verlag.

Luiselli, J. K. (1986). Modification of self-injurious behavior: An analysis of the use of contingently applied protective equipment. *Behavior Modification, 10* (2), 191-204.

Johnson, W. L. & Day, R. M. (1992). The in cidence and preralence of self-injurious behavior. In Luiselli, J. K., Matson, J. L., & Singh, N. N. (Eds.), *Self-injurious behavior: Analysis assessment and treatment* (pp. 21-58). NY: Springer-Verlag.

Macduff, G. S., Krantz, P. J., & McInnahan, L. E. (1993). Teaching children with autism to use photographic activity schedules: Maintenance and generalization of complex response chains. *Journal of Applied Behavior Analysis, 26,* 89-97.

Mace, F. C., Lalli, J. S., & Shea, M. C. (1992). Functional analysis and treatment of self-injury. In Luiselli, J. K., Matson, J. L., & Singh, N. N. (Eds.), *Self-injurious behavior analysis, assessment, and treatment.* NY: Springer-Verlag.

Matson, J. L. (1988). *Handbook of treatment approaches in childhood psychopathology.* NY: Plenum Press.

Matson, J. L. (1989). *Chronic schizophrenia and adult autism: Issues in diagnosis assessment and treatment.* New York: Springer.

McGee, J. J. (1990). Gentle teaching: The basic tenet. *Nursing Time, 86*(2), 68-72.

McGee, J. J. (1992). Gentle teaching's assumptions and paradigm. *Journal of Applied Behavior Analysis, 4*(25), 869-872.

McGee, J. J. & Menolascino, F. J. (1991). *Beyond gentle teaching: A nonaversive approach to helping those in need.* NY: Plenum Press.

McGee, J. J., Menolascino, F. J., Hobbs, D. C., & Menousek, P. E. (1987). *Gentle teaching: A non-aversive approach to helping persons with mental retardation.* NY: Human Sciences Press.

Olson, L. & Houlihan, D. (2000). A review of behavioral treatments used for Lesch-Nyhan. *Behavior Modification, 24*(2), 202-222.

O'Neill, R. E., Horner, R. H., Albin, R. W., Sprague, J. R., Storey, K., & Newton, J. S. (1997). *Functional assessment and program development for problem behavior.* NY: Brooks/Cole Publishing Co.

Osborne, S. S., Kiburz, C. S., & Miller, S. (1986). Treatment of self-injurious behavior using self-control techniques with a severely behaviorally disordered adolescent. *Behavioral Disorders, 12,* 60-67.

Pace, G. M., Iwata, B. A., Cowdery, G. E., Andree, P. J., & McIntyre, T. (1993). Stimulus (instructional) fading during extinction of self-injurious escape behavior. *Journal of Applied Behavior Analysis, 26,* 205-212.

Piazza, C. C., Hanley, G. P., & Fisher, W. W. (1996). Functional analysis and treatment of cigarette pica. *Journal of Applied Behavior Analysis, 29,* 437-450.

Pyles, D. A. M. & Bailey, J. S. (1992). Behavioral diagnostic interventions. In Luiselli, J. K., Matson, J. L., & Singh, N. N., (Eds.), *Self-injurious behavior: Analysis, assessment, and treatment.* NY: Springer-Verlag.

Rapp, J. T., Miltenberger, R. G., Galensky, T. L., Ellingson, S. A., & Long, E. S. (1999). A functional analysis of hair pulling. *Journal of Applied Behavior Analysis, 32,* 329-337.

Richman, D. M., Wacker, D. P., Asmus, J. M., Casey, S. D., & Andelman, M. (1999). Further analysis of problem behavior in response class hierarchies. *Journal of Applied Behavior Analysis, 32,* 269-283.

Rojahn, J. (1986). Self-injurious and stereotypic behavior of noninstructionalized mentally retarded people: Prevalence and classification. *American Journal of Mental Deficiency, 91,* 268-276.

Roscoe, E. M., Iwata, B. A., & Goh, H. (1998). A comparison of noncontingent reinforcement and sensory extinction as treatments for self-injurious behavior. *Journal of Applied Behavior Analysis, 31,* 635-646.

Romanczyk, R. G., Ekdahl, M., & Lockshin, S. B. (1992). Perspectives on research in autism: Current trends and future directions. In Berkell, D. E. (Eds.), *Autism.* NJ: Lawrence Erlbaum Associates, Inc.

Rusch, F. R., Rose, T., & Greenwood, C. R. (1988). *Introduction to behavior analysis special education.* NJ: Prentice-Hall.

Saunders, S. (2000). *Fragile X Syndrome a guide for teachers.* London: David Fulton Publishers.

Schopler, E. & Mesibov, G. B. (1994). *Learning and cognition in autism.* NY: Plenum Press.

Schopler, E. & Mesibov, G. B. (1995). *Behavior issues in autism.* NY: Plenum Press.

Scott, J., Clark, C., & Brady, M. (2000). *Student with autism.* California: Singular Publishing.

Shirley, M. J., Iwata, B. A., Kahng, S. W., Mazaleski, J. L., & Lerman, D. C. (1997). Does functional communication training compete with ongoing contingencies of reinforcement? An analysis during response acquisition and maintenance. *Journal of Applied Behavior Analysis, 30,* 93-104.

Simpson, R. & Zionts, P. (2000). *Autism.* AT: PRO-ED, Inc.

Smith, R. G., Iwata, B. A., Vollmer, T. R., & Zarcone, J. R. (1993). Experiment analysis and treatment of multiply controlled self-injury. *Journal of Applied Behavior Analysis, 26,* 183-196.

Steege, M. W., Wacker, D. P., Berg, W. K., Novak, C. G., Reimers, T. M., Sasso, G. M., & DeRaad, A. (1990). Use of reinforcement in the treatment of self-injurious. *Journal of Applied Behavior Analysis, 23,* 459-467.

Thompson, R. H., Iwata, B. A., Conners, J., & Roscoe, E. M. (1999). Effects of reinforcement for alternative behavior during punishment. *Journal of Applied Behavior Analysis, 32*, 317-328.

Trevarthen, C., Aitken, K., Papoudi, D., & Robarts, J. (1998). *Children with autism.* London: Jessica Kingsley Publishers.

Tsai, L. Y. & Ghaziuddin, M. (1992). Biomedical research in autism. In Berkell, D. E. (Eds.), *Autism.* NJ: Lawrence Erlbaum Associates, Inc.

Waterhouse, S. (2000). *A positive approach to autism.* London: Jessica Kingsley Publishers.

Vollmer, T., Iwata, B., Duncan, B., & Lermen, D. (1993). Extension of multielement functional analysis using reversal-type designs. *Journal of Applied Behavior Analysis, 14,* 479-492.

第一部分

行為問題處理

單元主題 1：日作息表和月曆的使用——變更作息

林慧甄

行為問題

在 9 月 18 日，自閉症者的水中知動訓練有所變動，作息表中 9 點至 11 點半不需要搭車去做水中知動訓練，取消本時段的活動會引起自閉症者的情緒焦慮問題。

原因

㈠他認為不去水中知動訓練是被懲罰的。
㈡變更作息表讓他覺得很惶恐。
㈢取消了活動後不知道要做什麼。

理論基礎

固持行為是自閉症者的臨床特徵之一，對於不預期事件所引發的情緒較無法控制，故藉由視覺線索及自我提示的學習，可減少不適當的情緒反應或縮短反應時間。

教學目標

㈠能接受作息表變更的事實。
㈡能減少情緒問題。
㈢能選擇替代的活動。

適用對象

低、中、高功能自閉症者（國小至高中階段）。

先備能力

會使用圖卡或字卡與人互動——低、中功能自閉症學生；有語言能力——高功能自閉症學生。

教學材料

行事曆、作息表、取消印章、紅筆。

教學策略

㈠提示：告知自閉症者無法去水中知動訓練的原因。
㈡隨機情境教學：設計能讓自閉症者在行事曆和作息表上，進行取消水中知動訓練的動作（蓋印章）。
㈢替代方案：讓自閉症者選擇一項可取代的活動。

教學步驟

步驟一：在 8 點半（跑步後）告知他要去上水中知動的車子壞掉了，然後問他：「車子壞掉要怎麼辦？」

步驟二：把當天行事曆拿出來，由小明在行事曆上的車子打「×」（讓學生了解是車子壞掉而不是取消水中知動）。

步驟三：拿印章給他，讓他在作息表上，蓋上不需水中知動的印章——水中知動，表示這一堂課取消。

步驟四：由小明從行事曆上取走車子的圖卡。

步驟五：告訴他在這段期間內，他可以從一堆圖卡中選擇他所想要的活動——替代方案。

附圖說明

圖一：9 月的行事曆

星期日	星期一	星期二	星期三	星期四	星期五	星期六
	1 生活課程	2 實用語文	3 知動訓練	4 水中知動	5 認知課程	6 社區生活
7 休閒活動	8 生活課程	9 實用語文	10 知動訓練	11 水中知動	12 認知課程	13 社區生活
14 休閒活動	15 生活課程	16 實用語文	17 知動訓練	18 水中知動	19 認知課程	20 社區生活
21 休閒活動	22 生活課程	23 實用語文	24 知動訓練	25 水中知動	26 認知課程	27 社區生活
28 休閒活動	29 生活課程	30 實用語文				

圖二：半天的作息表

小明的作息表		
時間	工作內容	
 8 點 30 分	跑步	
 9 點 00 分	 水中知動	
 11 點 30 分	吃午餐	
 12 點 30 分	繪畫	

單元主題 2：日作息表和月曆的使用——準備上學

李　珣

行為問題

孩子很難在校車接送前完成上學前的準備工作，母親必須不斷地提醒孩子該做的事。孩子起床後只會想要去找喜歡的事物（例如玩寶特瓶）以滿足自我刺激，不會想要馬上刷牙、洗臉，或只刷牙忘記洗臉、梳頭髮，無法完成盥洗準備上學。媽媽只好一邊催促孩子穿衣服，一邊提醒孩子吃早餐。雖然母親認為孩子已經學會上學前所有該做好的準備事項，但是孩子卻缺乏約束自己的能力，也不能獨自完成所有事項。

原因

孩子沒有學會上學前的作息習慣，每次起床後只想摔寶特瓶；聽寶特瓶掉在地上的聲音可以滿足自我刺激的動機。再加上孩子對時間沒有概念，所以孩子無法掌握時間內該完成的準備事項。

理論基礎

應用結構化教學訓練自閉症者自我控制時間。自閉症的孩子通常對時間沒有概念，且容易有生活上的固持行為，如醒來後就想要拿起沉溺性的物品以滿足自我刺激，此時須利用視覺線索（圖卡）與結構化教學（作息表），訓練孩子正確的行為模式與作息習慣。此外亦可利用增強來達到目的，如：告訴孩子做完所有圖卡上的事情，就可以得到滿足自我刺激的物品（但不可無限制滿足）。

教學目標

㈠訓練自閉症者聽到鬧鐘，能自動起床並知道要去看作息表。

㈡訓練自閉症者依照作息表能完成上學前的準備順序。
㈢培養自閉症者自我約束的控制能力，知道完成該做的事後才能做其他的事。
㈣利用視覺線索與聽覺刺激，教導自閉症者時間概念。

適用對象

中、低功能自閉症者及輕度智能障礙及注意力不集中學生（幼稚園至國中階段）。

先備能力

能獨立穿衣、刷牙、洗臉、吃早餐及聽鬧鐘接受指令。

教學材料

作息表、圖卡、時鐘圖（有數字與指針）、計時器、鬧鐘。

教學策略

㈠視覺提示：發展出孩子的晨間作息表，教導孩子跟著作息表完成例行性工作。
㈡聽覺提示：利用計時器或鬧鐘去幫助孩子在時間內完成各項工作。
㈢溝通訓練：利用卡片提供孩子視覺線索，配合鬧鐘的聲音（孩子聽到鬧鐘鈴聲後，依卡片完成階段性之事項，並於完成後，將卡片貼至該日之時段作息表）。
㈣時間結構：讓自閉症者知道如果照作息表完成該做的事，他就可以得到自我刺激的物品，並對孩子默數到10時說：「給我。」

教學步驟

結構化教學圖卡線索訓練

步驟一：訓練孩子聽到鬧鐘知道要起床，並配合時鐘圖卡讓孩子看到圖卡有正確的反應。

步驟二：工作序列訓練，平時家長須將上學前的盥洗程序，先以個別教導的方式，讓孩子看到卡片後能確實做好卡片所表示的內容；等孩子熟悉各個動作，須將整個流程配合作息表，訓練孩子將完成部分的圖卡撕下貼在作息表完成處（讓孩子依作息表完成晨間準備事項）。

晨間作息表運用

步驟一：將鬧鐘設在起床時間，使鬧鐘發出鬧鈴聲，手指著作息表的時鐘圖卡後說：「起床。」並讓自閉症者拿起起床圖卡，貼在完成事項的作息表上。

步驟二：呈現作息時間表，讓自閉症者利用作息表上的視覺線索逐步完成盥洗程序。並訓練孩子完成一個步驟即撕下卡片貼在完成的位置，直至七張卡片撕完即停止。

步驟三：待孩子完成所有上學前該做的事，即可拿出孩子喜歡的物品，讓孩子滿足 10 秒鐘後，教師左手拿塑膠籃子，然後將小籃子呈現在自閉症者面前說：「給我。」以右手指籃子做線索提示。

步驟四：至上車時間配合鬧鐘聲響（可使用不同於起床的鬧鈴聲），告訴孩子校車快到了，要準備上車到學校去，並完成最後的撕貼事項。

附圖說明

時鐘圖卡

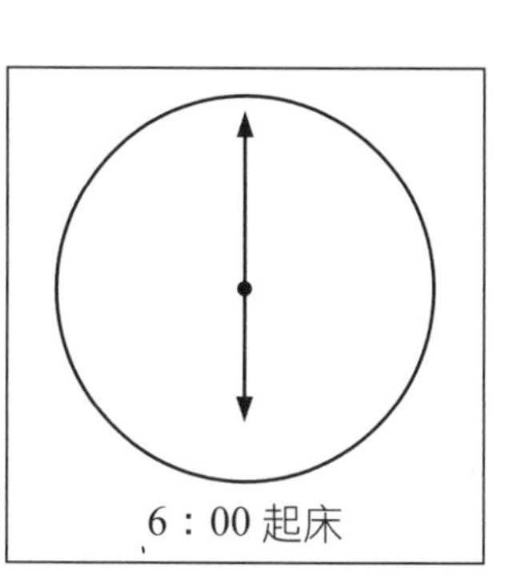

6：00 起床

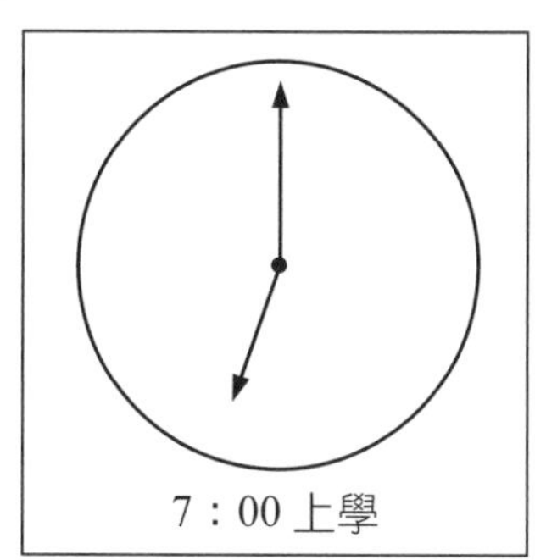

7：00 上學

晨間作息工作序列

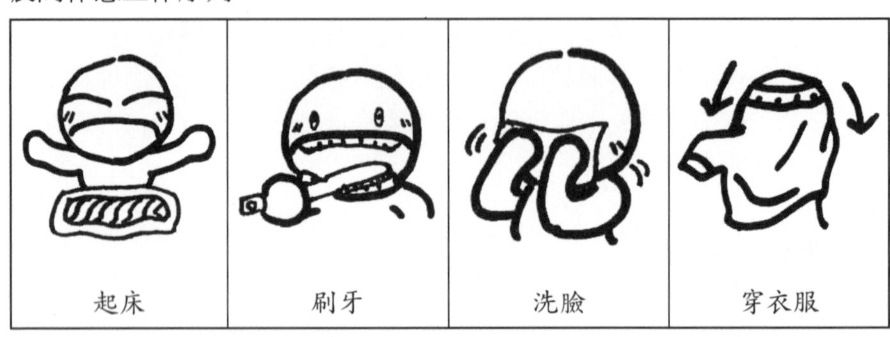

晨間作息表

時間	事件	星期一	星期二	星期三	星期四	星期五
6：00~6：05	鬧鐘響　起床	貼卡片				
6：05~6：20	盥洗					
6：20~6：30	穿衣					
6：30~7：00	早餐					
7：00~7：30	坐車上學					

單元主題 3：選擇與要求的技能——害怕水中知動課

▶楊馥如◀

行為問題

小明非常害怕游泳，每週上水中知動課時，從早上搭交通車開始就不停哭鬧，直到上水中知動課結束。每當進入泳池後，小明更是拒絕下水，與教學者在水邊展開拉扯競賽。

原因

學生對水的溫度很敏感、懼怕下水，同時對團體課的嘈雜和紛亂氣氛感到害怕與不適。教學者提供結構化的情境，讓孩子學習並了解此時他被預期學習的行為目標是哪些。

理論基礎

害怕是自閉症者情緒障礙的特徵之一。自閉症者對於嘈雜的環境容易感覺害怕，同時超過他能控制的範圍也讓他感覺相當不舒服，會產生想逃避的行為。

教學目標

㈠能習慣水的溫度。
㈡能不害怕下水。
㈢能接受身體腰部以下浸在水中不害怕。
㈣能參與水中知動遊戲。
㈤能克服對嘈雜環境的敏感。

適用對象

低、中功能自閉症者及中度智能障礙者（幼稚園至國中階段）。

先備能力

㈠能做以下肢體動作：

1. 粗大動作如：行走、撥球、撥水。
2. 能用嘴巴吹東西。
3. 能用手輕輕拍打。

㈡能聽指令。

㈢具有認知圖卡能力。

教學材料

泳具（浮條、泳衣）、溝通圖卡、社會故事。

教學策略

㈠示範：教學者以動作先示範，讓學生觀察學習。

㈡提示：

1. 方式：
   ⑴圖卡：教學者呈現圖卡給學生看。
   ⑵口語＋動作（具有口語者）：教學者先示範動作，視學生能否做出教學者指定的動作「撥球」。
   ①教學者說：「撥球」，學生仿說：「撥球」。
   ②教學者說：「說」，學生接著說：「撥球」。
   ⑶動作（無口語者）：教學者先示範動作，視學生能否做出教學者指定的動作「撥球」。
2. 次數：依學生狀況，減少提示的步驟，並慢慢褪除提示。

㈢時間延宕：給學生 3 秒鐘的回應時間，計時默數方式：001、002、003，依學習狀況決定延宕時間的長短。

㈣增強：

1. 選擇學生喜歡的物品作為增強物，當學生表現良好時，立即有糖

果吃。

2. 當學生做出教學者指定的動作時，教學者立即給與社會性鼓勵——口頭獎賞或摸摸學生的頭以資鼓勵。

教學步驟

教學目標一：習慣水的溫度、不害怕下水、能接受身體腰部以下浸在水中不害怕

步驟一：教學者先讓學生在學校裡穿好泳衣。教學者告訴學生水中知動課若表現良好，就有學生喜歡的巧克力。

步驟二：㈠到泳池後，教學者先帶著學生獨自在水邊玩水（遠離同學與嘈雜聲）。

㈡教學者展示坐在水池邊圖卡（如圖一）給學生看。

㈢教學者先緊抱著學生坐在水邊（可以輕輕搖晃身體）。

㈣口中同時哼著輕鬆的兒歌，讓學生了解這個時刻是輕鬆的，而且可以試著放鬆自己。

㈤若學生能做出正確學習時，教學者立即給與社會性增強。

步驟三：㈠教學者等待學生的心情與身體慢慢放鬆後，展示撥水圖卡（如圖二、三）給學生看。

㈡教學者以手舀取少量的水，輕輕拍打在學生的身體上（身體、手腳），讓學生慢慢習慣池水的溫度。

㈢若學生學習情緒穩定，教學者立即給與社會性增強。

步驟四：㈠等待學生對水的溫度比較適應之後，教學者展示圖卡（如圖四）給學生看。

㈡教學者帶著學生靜靜坐在泳池裡（身體下半部浸泡在水裡），同時口中不停讚美學生。

㈢若學生能做出正確學習時，教學者立即給與社會性增強。

教學目標二：參與水中知動遊戲

步驟一：等待學生習慣水的溫度後，教學者展示圖卡（如圖五）給學生看。
㈠教學者牽著學生的手，在水深及學生腳踝的水池裡練習走動，讓學生逐漸克服害怕與恐懼水的心情。
㈡教學者牽著學生的手慢慢往水深及學生膝蓋的地方前進。

步驟二：等學生對水比較不排斥之後，教學者展示圖卡（如圖六）給學生看，並帶著學生在泳池裡玩「球類遊戲」。
㈠教學者示範水中撥球遊戲讓學生觀察學習（在水中撥球N公尺）。
㈡教學者示範水中吹球遊戲讓學生觀察學習（在水中吹球N公尺）。

步驟三：學生較習慣接觸水的感覺後再更換下一個水中遊戲；教學者展示圖卡（如圖七）給學生看，並帶著學生在泳池邊玩「溜滑梯遊戲」。
㈠教學者示範溜滑梯遊戲規則讓學生觀察學習。
㈡請學生練習溜滑梯，教學者在滑梯旁等待。

教學目標三：克服嘈雜環境，教導學生社會故事

步驟一：教學者拿出圖卡，唸讀圖卡內容給學生聽。
步驟二：教學者帶著學生做示範動作，並給與口語提示。
步驟三：反覆練習至學生熟悉步驟為止。
步驟四：學生完成後立即給與社會性增強。
步驟五：當學生熟悉社會故事步驟後，即可褪除社會故事，若學生問題行為再次出現，則重新呈現社會故事，且訓練至精熟為止。

附圖說明

我叫作○○○。

老師帶我們去游泳。

在游泳池邊有很多人，

有人大聲講話，有人在遊戲。

他們的聲音很大，讓我覺得好吵，感覺不舒服。

他們的人很多，我不喜歡。

我知道他們在玩遊戲所以很吵。

我會用手摀住耳朵走到安靜的角落。

我坐下來，大口深呼吸十次。

從 1 數到 10，拍拍手說「我好棒」。

圖一	圖二	圖三	圖四
魔鬼氈	魔鬼氈	魔鬼氈	魔鬼氈

圖五	圖六	圖七
魔鬼氈	魔鬼氈	魔鬼氈

單元主題 4：發展浮現的語言——不要碰

林慧甄

行為問題

自閉症者使用積木堆疊了一座城堡，而小明從城堡上拿取了兩塊積木，自閉症者無法制止小明拿走積木，憤而將城堡踢毀，並將積木四處丟棄，還到處破壞物品。

原因

㈠積木被拿走感到很生氣。

㈡無法制止他人的掠奪行為。

㈢不知如何向對方說「不」。

理論基礎

自閉症者無法對人、事、時、地適時地修正自己的行為表現，以符合當時的情境，更無法適當表達自己的感受，只能宣泄情緒來回應，這種行為問題往往帶給他及家人極大的困擾。功能性的溝通訓練（functional communication training）有助於改善這種狀況，教導關鍵的字詞及適當的表達行為，透過視覺線索的提示，可減緩自閉症者情緒的問題，亦可降低不當行為的發生。

教學目標

㈠增進自閉症者處理問題的技巧。

㈡減少情緒問題。

㈢增進社會適應能力。

適用對象

高功能自閉症者（國小至高中階段）。

先備能力

有語言能力、會唱簡單兒歌。

教學材料

PECS 之 動詞＋名詞 、 受詞 ——祈使句之圖卡、詞卡處理情境問題，句型一：「我的東西。」句型二：「不要碰……」句型三：「不要碰我的東西！」句型四：「請把東西放回去！」兒歌。

教學策略

策略一：示範口語的協商技巧，配合實物教學。

㈠句型一：「我的東西。」

㈡句型二：「不要碰……」

㈢句型三：「不要碰我的東西！」

㈣句型四：「請把東西放回去！」

策略二：示範非口語的協商技巧（表情、動作、手勢、卡片）。

㈠表情：注視對方的臉至少 5 秒鐘，並面帶怒氣。

㈡動作：舉起右手搖晃兩次。

㈢手勢：指著積木。

㈣卡片：拿「不要碰」的圖卡。

策略三：唱給你聽——「不要碰」（兒歌——〈綠油精〉改編）。

| 5 3 5 5 3 5 | 6 5 4 3 2 3 4
不 要 碰，不 要 碰，不 要 碰我 的 東西
| 3 4 5 1 1 1 1 2 3 4 5 |
請 你 請 你 不 要 碰 我 的 東 西！
| 5 2 2 4 3 2 1 |
我 會 非 常 謝 謝 你！

策略四：尋求協助，報告老師發生的問題。

教學步驟

步驟一：讓自閉症者獨自玩積木約 10 分鐘。

步驟二：請小明過去拿取自閉症者正在玩的積木，老師站在自閉症者的右側，示範口語的協商技巧「不要碰積木」，並同時出現圖卡。

步驟三：接著口語提示：「請把東西放回去！」要求小明把東西放回去。

步驟四：重複步驟二至三，讓自閉症者實際演練數次。

步驟五：「制止歌」教學，指導如果對方不還你物品時，可以唱「不要碰」要求對方歸還物品（唱歌可延緩不良情緒發生）。

步驟六：如果對方執意不肯歸還物品，報告老師代為處理。

步驟七：各種情境教學演練，請參閱類化情境教學指導。

附圖說明

類化情境教學

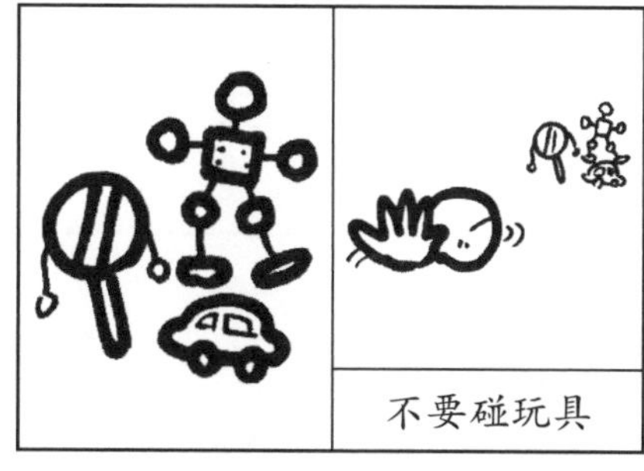

（接下頁）

（續上頁）

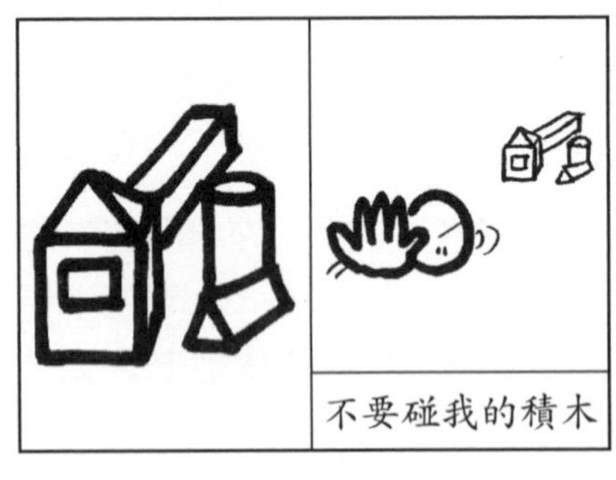

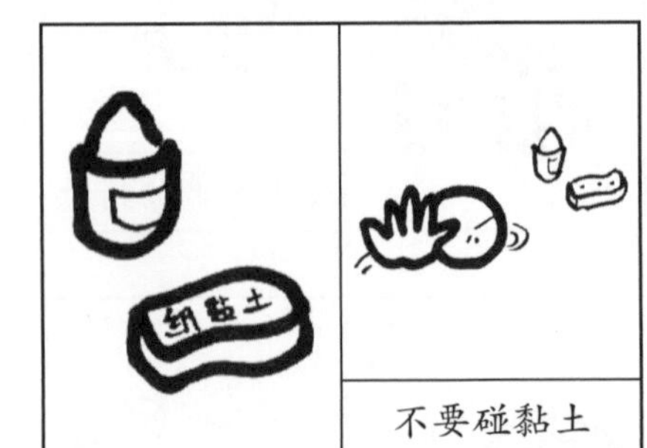

單元主題 5：發展浮現的語言——你可以向人說

林慧甄

行為問題

當大家歡迎自閉症者時，他卻不回應大家。

原因

㈠自閉症者不知道要如何回答。

㈡不知道別人的表情含義。

理論基礎

自閉症者因其障礙的原因，較容易產生行為問題，其成因包括生理、認知、學習、溝通、固持行為與社交技巧不足，功能性的溝通訓練（functional communication training），可改善自閉症者不適當的行為。

教學目標

㈠增進社會適應能力。

㈡減少不當的行為。

㈢鼓勵良好的自發性行為。

適用對象

低、中、高功能自閉症者（國小至高中階段）。

先備能力

低、中功能自閉症者——能理解並使用圖卡；高功能自閉症者——有簡單的語言能力。

教學材料

圖卡、詞卡、溝通簿、社會故事。

教學策略

策略一：示範口語回應的語句（參閱下一頁回應用語）。
策略二：示範非口語回應的動作及表情（參閱下一頁的回應用語）。
策略三：使用視覺、聽覺並用的方式，提示自閉症者大家對他的歡迎。
策略四：社會故事（參閱下一頁的社會故事）。
策略五：讀心。

教學步驟

步驟一：分析自閉症者目前的社會理解能力。
步驟二：設計「在教室情境」中自閉症者能和別人回應的語句，並配合溝通簿使用圖卡提示。
步驟三：請小明向自閉症者說：「早安。」老師在旁邊以圖卡提示自閉症者：

㈠眼睛注視對方的眼睛 。

㈡嘴角往上 。

㈢嘴打開。

㈣心裡說一聲：「一」（時間延宕）。

㈤說：「你好！早安。」或拿圖卡  向小明表示早安。

回應用語

當別人和你打招呼時，你可以向他（她）說：

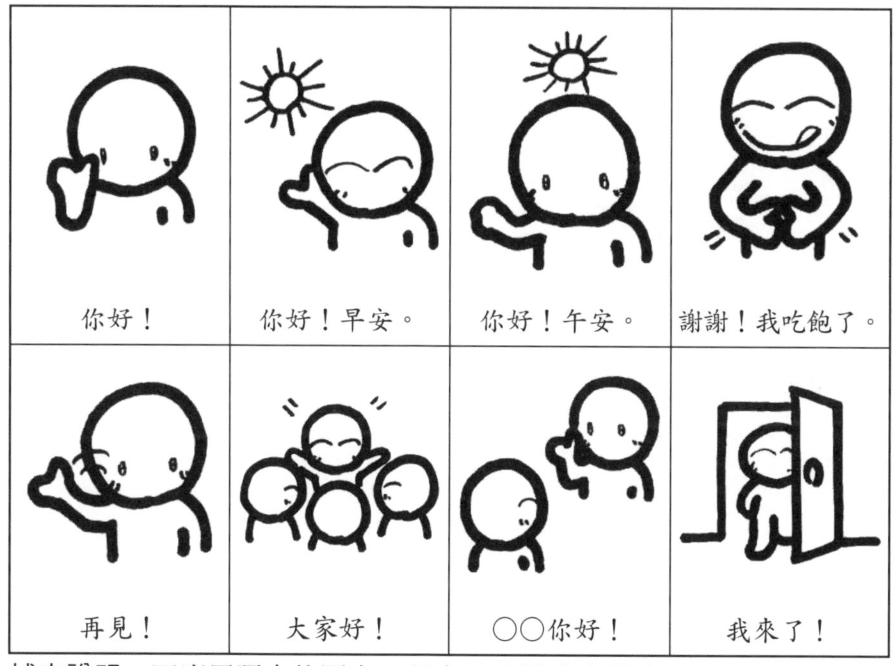

補充說明：回應用語中的圖卡、詞卡可分開或合併使用。

步驟四：社會故事。

小明看見我，向我說：「你好！早安。」

我的眼睛要注視小明的眼睛，嘴角往上嘴巴打開。

心裡說一聲：「一」，伸出右手揮兩下。

「一」

說：「你好！早安。」

補充說明：心裡說一聲「一」是為了時間延宕，讓自閉症者有多一點時間做下一項揮手的動作。

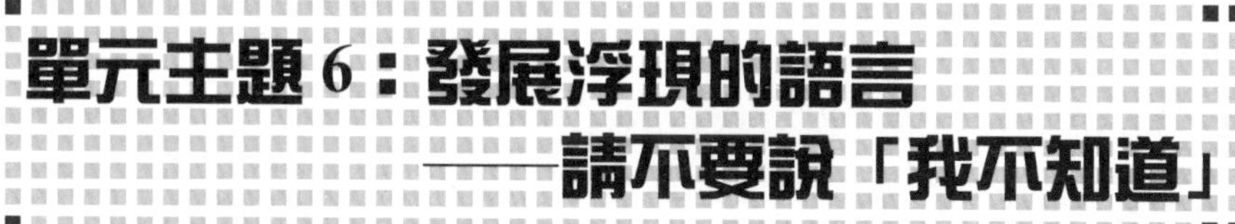

單元主題 6：發展浮現的語言——請不要說「我不知道」

林慧甄

行為問題

自閉症有語言能力，當有人問問題時，他總是快速地回應：「我不知道。」即使是問他前一分鐘發生的事情或是他原本就知道的事，他也立刻回答：「我不知道。」這樣的問題行為影響了他的學習及人際關係。

原因

㈠自閉症者不知道要如何回答問題。

㈡自閉症者的語言刺激，不具任何意義。

㈢自閉症者可能焦慮要回答的事情。

㈣自我肯定。

㈤拒絕。

理論基礎

當自閉症者處在壓力的狀況時，常因為無法處理壓力帶來的情緒問題，及溝通能力的欠缺，致使自閉症者無法適切與他人互動。溝通訓練有助於改善這種狀況，教導關鍵的字詞及適當的表達行為，透過視覺線索的提示，可減緩自閉症者情緒的問題，亦可降低不當行為的發生。

教學目標

㈠增進自閉症者回應問題的技巧。

㈡減少說「我不知道」的頻率。

㈢增進社會適應能力。

適用對象

高功能自閉症者（國小至高中階段）。

先備能力

有語言能力、具有區辨天氣狀況的能力。

教學材料

圖卡、詞卡、溝通簿。

教學策略

策略一：應用隨機教學原則，日常生活中自然的情境對話，可配合常識訓練進行。

策略二：視覺線索提示（句卡、圖卡）。

策略三：一般常識訓練（常識句卡、常識圖卡）。

教學步驟

步驟一：情境對話，詢問自閉症者：「今天天氣如何？」自閉症者會回答：「我不知道。」請他想想再回答一次，若還是回答：「我不知道。」則帶他到戶外實際觀看天氣。

步驟二：告訴他天空中所呈現的景象，配合溝通板出示有關天氣狀態選項的圖卡，讓其配合天候的狀況來選擇（以自閉症者能理解為原則），請參閱溝通板。

步驟三：停止出示溝通板，再詢問一次：「今天天氣如何？」自閉症者會有兩種回答的可能：

㈠回答「○天」，鼓勵他說得很好（社會性增強）。

㈡回答「我不知道」，請他想好再回答（等待 5 秒鐘）。

㈢如果回答「○天」，鼓勵他說得很好（社會性增強），並告訴他要想一想再回答是正確的，因為你知道答案。

㈣延續㈡的回答：「我不知道」，指導他不要回答「我不知道」，可以改說：「讓我想一想！」「我不記得了！」或用以

下的回應用語來取代回答「我不知道」（請參閱回應用語——取代「我不知道」）。

步驟四：一般常識訓練：配合常識句卡、圖卡詢問他常識問題（參閱常識句卡、常識圖卡）。

附圖說明

溝通板

 今天天氣如何？	 晴天	 陰天	 雨天

11 月 25 日 星期四 今天的天氣 是_____	

回應用語——取代「我不知道」

 我需要想一想！	 我沒想到這個！	 我不確定！	 我需要溝通簿幫忙！
 我不記得？	 我不想討論這個問題！	 我不知道要說什麼？	 我聽不懂你說的問題！

常識句卡、常識圖卡

 請問現在幾點幾分？	請問現在是幾月？	 請問今天是幾日？	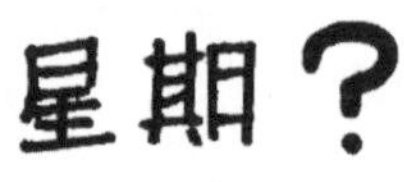 請問今天星期幾？
 請問你的名字是？	 請問爸爸媽媽的名字是？	 請問老師的名字是？	 請問家裡的電話是？
 現在是白天嗎？	 現在是晚上嗎？	 你讀什麼學校？	 你家的地址呢？

單元主題 7：表達情緒——我好累

林慧甄

行為問題

下午 3 點進行打掃工作，自閉症者坐著椅子並趴在桌子上，老師要求他拿圖卡之後完成打掃工作，他從椅子上滑下來，踢開椅子拍打地板說：「我不要。」老師要扶他起來也被踢，甚至抓著老師的頭髮大喊：「我不要。」

原因

㈠自閉症者不想做打掃工作，所以不願意拿圖卡。
㈡自閉症者疲倦想休息或身體不適。
㈢觸覺防禦過度敏感，不願意他人碰觸。

理論基礎

自閉症者因功能障礙，較容易產生行為問題，其成因包括生理、認知、學習、溝通、固持行為與社交技巧不足，訓練溝通技能可改善自閉症者不適當的行為。

教學目標

㈠增進處理問題的技巧。
㈡培養自我控制情緒的能力。
㈢增進社會適應能力。

適用對象

中、高功能自閉症者（國小至高中階段）。

先備能力

有口語表達能力。

教學材料

圖卡、詞卡、溝通簿（條）、社會故事。

教學策略

策略一：視覺提示，發展自閉症者的作息表，教導他跟著作息表完成例行性工作。

策略二：對抗性設計（competing during）問題行為與音樂欣賞兩者不兩立。在固定的時間裡（下課、午餐、午休、整潔工作時間）播放音樂，每個時段曲目不同，但每個時段播放的曲目不要任意更換。

策略三：時間延宕，忽視不良的行為，等情緒較穩定再介入溝通。

策略四：社會故事。

教學步驟

步驟一：使用作息表及作息音樂，提示自閉症者現在要做什麼。

步驟二：告訴自閉症者老師知道他不想做打掃工作，問自閉症者是否不舒服或其他原因，請用說的或圖卡表示他現在的感受（參閱圖一：身體感受類型）。

步驟三：配合溝通簿，指導自閉症者說出不舒服的感覺（參閱圖二：溝通條）。

步驟四：社會故事指導，一星期練習五天，每天20分鐘，共練習兩週，自閉症者自我情緒控制穩定，即可褪除社會故事，若有新的問題行為出現，再重新呈現社會故事，並依問題行為的狀況修改社會故事內容。

附圖說明

我累了，我想坐在椅子上。

告訴老師我累了，不想要掃地，我想要休息一下。

老師告訴我可以休息一下再掃地。

我去拿休息的卡片放在桌子上。

我可以安靜地趴在桌子上，休息一下。

等我休息好了，我就可以繼續掃地。

我會把地板掃乾淨，把垃圾丟到垃圾桶，做完打掃工作。

圖一：身體感受類型

 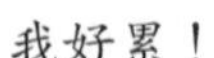 我好累！	 我的腳好痛！	 我好癢！	 我頭痛！
 我頭暈！	 我的喉嚨痛！	 我的牙齒痛！	 我肚子餓！
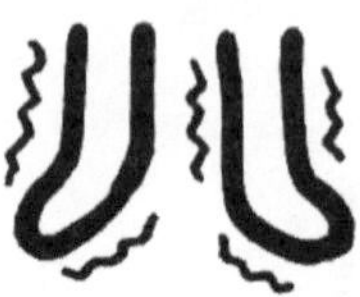 我的腳好麻！	 我好冷！	 我好熱！	 我不舒服！
 我好吵！	 我想吐！	 他騙我的東西！	 我想拉肚子！
 我鼻塞了！	 我看不清楚！	 我聽不清楚！	 我的肚子痛！

圖二：溝通簿（溝通條）

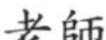 老師	我好累	想趴著休息

單元主題8：表達情緒——我不舒服

林慧甄

行為問題

自閉症者手摸著耳朵發出「嗯嗯」的聲音，當有人靠近他時，就拍打自己的臉頰，假使對方握住他的雙手，他立刻反咬對方的手臂，可能是自閉症者缺乏溝通能力，無法明確表達自己的問題。

原因

㈠可能是耳朵不舒服（中耳炎、外耳發炎、耳內有異物）。
㈡無法表達自己的問題。
㈢因身體的不適藉不當行為宣泄情緒。
㈣觸覺防禦。

理論基礎

自閉症者無法對人、事、時、地適時地修正自己的行為表現，以符合當時的情境，無法用語言能力表達自己的感受，只能宣泄情緒來回應，這種行為問題往往帶給他及家人極大的困擾。教導使用正確的溝通行為將有助於改善這種狀況，例如：學習關鍵的字詞及適當的表達行為，可減緩自閉症者情緒的問題，亦可降低不當行為的發生。

教學目標

㈠能理解圖卡的意義。
㈡能使用圖卡表示自己不舒服。
㈢能減少行為問題的發生。

適用對象

低、中、高功能自閉症者（國小至高中階段）。

先備能力

會使用圖卡或字卡與人互動（低、中功能自閉症學生）；有語言能力（高功能自閉症學生）。

教學材料

圖卡、詞卡、錄影帶、溝通簿、社會故事。

教學策略

策略一：角色扮演及拍攝錄影帶教學。
策略二：社會故事。

教學步驟

角色扮演及拍攝錄影帶教學

步驟一：拍攝各種身體不適的錄影帶進行教學，指導自閉症者遇到身體不適時，要如何讓別人知道（配合進行圖卡、詞卡教學）。

步驟二：角色扮演（適合高功能自閉症學生），看過錄影帶後，由小明示範耳朵不舒服的情形或其他身體不適的狀況，指導小明使用溝通簿中的圖卡、詞卡來表示身體的不適。

步驟三：複述一次小明使用圖卡表示身體不適的內容，請自閉症者拿取跌倒受傷的圖卡 給老師，老師幫忙檢查膝蓋，並告訴他：「跌倒好痛，老師幫你搽藥，你好勇敢！」角色扮演最好的情境是自閉症者當下發生的行為問題。

步驟四：社會故事指導，本步驟可依問題行為性質修改社會故事內容。

附圖說明

我的感冒快好了，但是我的耳朵不舒服。

我的耳朵有一點痛。

我可以拿耳朵的圖卡給媽媽看。

媽媽會帶我去看醫生，到醫院我們要掛號。

護士叫我的名字再進去看醫生。

醫生用手輕輕拉開我的耳朵。

醫生用手電筒照我的耳朵，耳朵會覺得癢癢的。

醫生告訴媽媽我耳朵的問題，並且開藥給我吃。

我向醫生說謝謝，和媽媽到藥房拿藥。

回到家我要吃藥，耳朵才不會痛。

拍攝各項身體不適的狀況及指導回應語句

拍攝影片主題				
情境	跌倒膝蓋受傷	頭痛	喉嚨痛	牙齒痛
指導語句	我跌倒了，膝蓋很痛！	我的頭很痛，不舒服！	我的喉嚨痛，不舒服！	我的牙齒痛，不舒服！
拍攝影片主題				
情境	皮膚很癢	手指流血	耳朵不舒服	腳踝扭傷
指導語句	我的皮膚癢，不舒服！	我的手指流血了！	我的耳朵不舒服！	我的腳好痛！
拍攝影片主題				
情境	想要吐	肚子痛	一直流鼻涕	眼睛不舒服
指導語句	我好想吐！	我的肚子痛！	流鼻涕不舒服！	我的眼睛不舒服！

單元主題9：自我規範——表達情緒

譚艾倫

問題行為

小明的爸爸被調到外地工作，週末才能回家，爸爸離開去工作後，小明非常困惑，常常哭泣，每天不斷地問：「爸爸呢？」「爸爸去哪裡了？」

原因

小明想念爸爸，卻不知如何表達。

理論基礎

自閉症者缺乏情緒表達能力及社會互動技能，不知如何以適當的方式表達自己的心情，因而引發許多不適當行為。

教學目標

㈠能正確表達情緒。
㈡能看週曆學習等待。
㈢能與他人社會互動。

適用對象

高功能自閉症者（國小至國中階段）。

先備能力

有口語能力、簡單繪圖能力、識字能力，能仿寫，有星期的概念，會打電話。

教學材料

溝通圖卡、爸爸的相片、心情小卡、社會故事、週曆。

教學策略

㈠提示：

1. 教學者牽小明的手去拿心情圖卡，讓他表達心情。
2. 教學者指圖卡，讓小明選擇圖卡表達心情，建立小明主動使用圖卡的行為後，便逐步褪除提示。

㈡增強：小明主動使用圖卡，就給他選擇「爸爸的相片」或「打電話給爸爸」作為增強。

㈢心情小卡：提供簡單語句讓小明表達心情。如步驟二。

㈣社會故事：藉由閱讀社會故事，培養小明自我提醒、控制情緒的技能。

㈤週曆：藉由週曆提醒小明時間的推演，穩定其迷惘不安的情緒。

㈥立即教學：抓住真實情境的事件，小明有情緒問題時，掌握其動機及意願，立即提供圖卡、簡單語句讓他表達。

教學步驟

步驟一：選擇圖卡向教學者表達情緒。

㈠教學者依小明的心情，帶小明選擇「傷心」、「高興」的圖卡，表達情緒。

㈡教學者指向圖卡，讓小明自己選擇圖卡。

㈢小明主動選擇圖卡告訴教學者想爸爸時，就給與「爸爸的相片」或是「下課時打電話給爸爸」，以示增強。

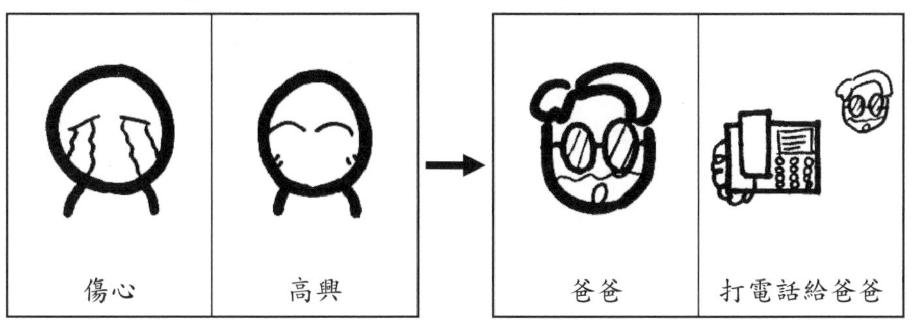

步驟二：心情小卡。

㈠小明學會選擇心情圖卡後，教學者就寫下符合小明心情的簡單語句，讓小明仿寫，並練習說出來。

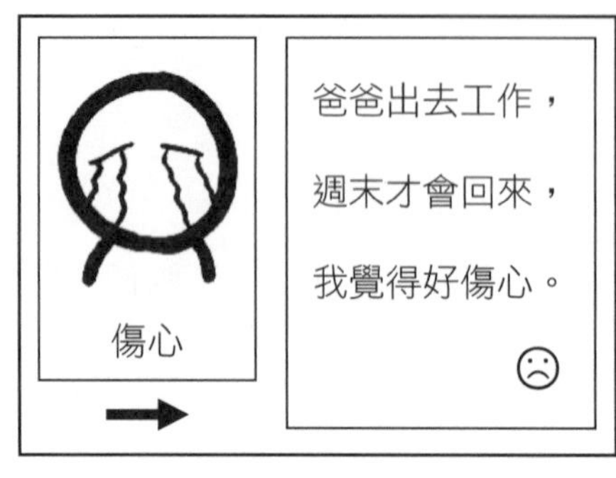

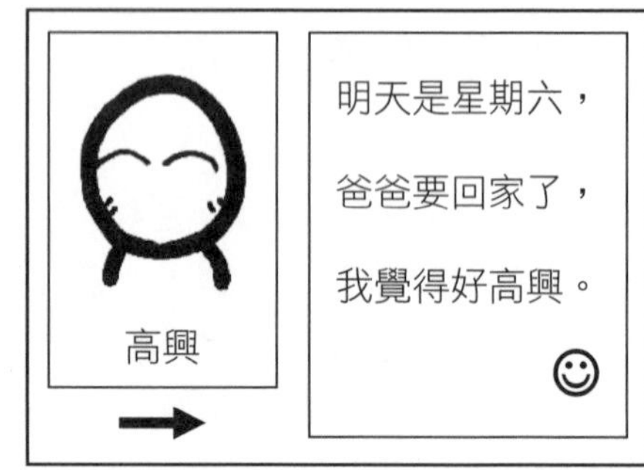

㈡遇到相同情形，提示小明拿出心情小卡，說出感受，並給與增強。若有其他情形，則幫小明在小卡上寫下符合的語句，讓小明仿寫並說出。

步驟三：週曆（在家使用）。

㈠提供「星期字卡」、「小明上學」、「爸爸回來」及「爸爸上班」的圖卡，讓小明依序放在週曆上。

㈡提示小明晚上睡覺前將今天的圖卡翻面，或是拿掉，表示今天過了，讓小明能掌握爸爸回來的日期。

今天是：星期三						
星期日	星期一	星期二	星期三	星期四	星期五	星期六
魔鬼氈	魔鬼氈	魔鬼氈				
爸爸上班	上學	上學	上學	上學	上學	爸爸回來

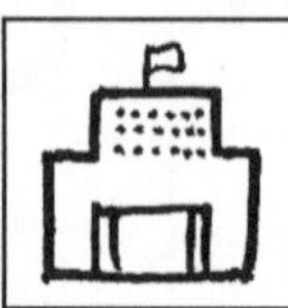

*今天是星期三，則星期日至星期二及之前的圖卡都要翻面或拿掉。

步驟四：呈現社會故事。

㈠情緒控制之社會故事。

1.我是小明。

2.我的爸爸出去工作了。

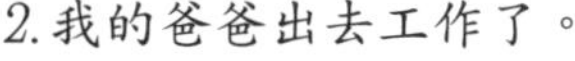

3.家裡只有我和媽媽。

4.當我想爸爸心情不好時。

5.我會拿難過的圖卡給老師。

6.老師會寫下我的心情讓我說出來。

7.並給我看爸爸的相片。

8.我不會哭鬧。

9.我知道週末爸爸就會回家陪我。

㈡全日生活提醒之社會故事。

1. 我是小明。

2. 我每天會去上學。

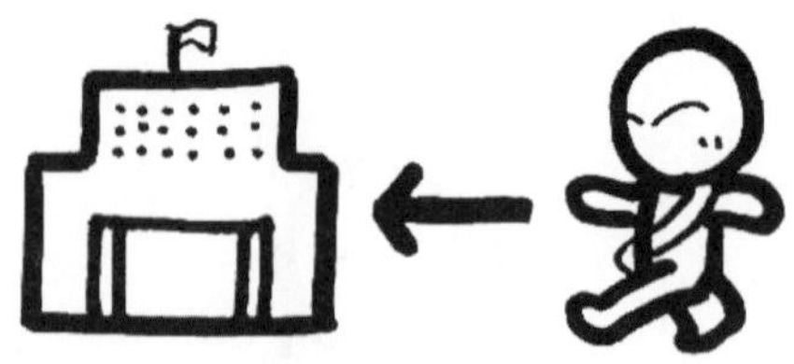

3. 學校裡有老師教我讀書、寫字。

4. 我會和小朋友一起玩。

5. 回家後，媽媽會教我做功課。

6. 當我覺得無聊時。

7. 有媽媽陪我吃飯、看電視。

8. 我洗完澡，爸爸會打電話。

9. 我跟爸爸說晚安後就去睡覺。

單元主題 10：自我規範——餵魚問題

李雅琳

行為問題

自閉症者喜歡餵魚吃飼料，但是每天餵魚次數太多，以至於魚吃太多而暴斃！他還會不斷地拍打魚缸讓魚飽受驚嚇，有時候會丟入異物讓魚吃了生病。如何讓自閉症者能自我規範，解決行為問題，是本單元探討的主題。

原因

自閉症者總是隨心所欲想做什麼就做什麼。因此，需要視覺提示及社會故事來協助他控制自己的行為。

理論基礎

應用認知行為理論訓練自閉症者自我規範問題行為。

教學目標

㈠學習了解魚的習性。
㈡學習能正確地選擇適當時機餵魚。
㈢學習如何照顧魚。

適用對象

中、高功能自閉症者（國小至國中階段）。

先備能力

㈠喜歡親近魚且不畏懼。
㈡具認知簡單圖卡能力。

教學材料

㈠有視覺線索之量杯（請依魚數量之多寡來決定量杯之大小）、魚飼料、教學圖卡。

㈡社會故事。

教學策略

㈠示範：請教學者先示範。如教學步驟。

㈡提示：

1. 方式：

   ⑴教學圖卡。

   ⑵口語＋動作。

   ⑶社會故事。

2. 褪除：依學生狀況，慢慢減少口語提示的次數，讓自閉症者可獨立完成工作序列圖卡。

教學步驟

步驟一：㈠教學者示範正確餵魚的步驟、以教學圖卡做提示。

㈡帶著學生做示範，並給與口語提示，反覆練習至熟悉步驟為止。

㈢將圖卡貼在魚缸前，供自閉症者在餵魚時能自我提示。

此圖卡貼於魚缸前

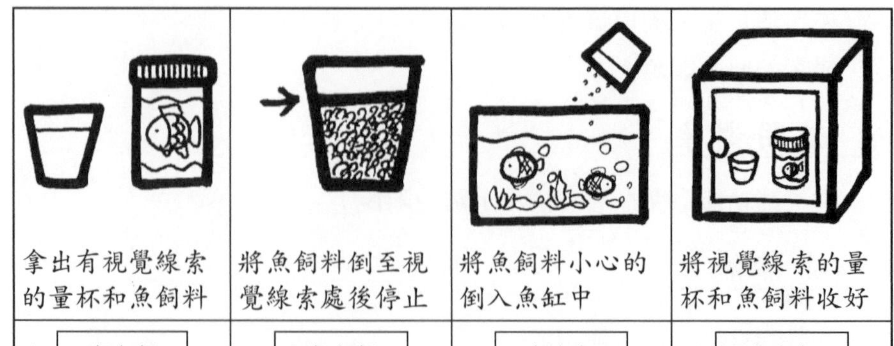

（每完成一個工作圖卡將圖卡撕下貼在魔鬼氈上）

步驟二：呈現社會故事。

我叫作○○○。
我住在宜蘭縣壯圍鄉○○路○○號。

我家有四個人。爸爸、媽媽、姊姊和我。
我每天早上一起床，先刷牙、洗臉。

我吃早餐。

我吃早餐後就可以餵魚。

我家有一個魚缸，養七隻魚。
我最喜歡餵魚了！

魚在魚缸裡游來游去，我不會把牠們抓出來玩。

魚只吃魚飼料，所以我不會丟東西進入魚缸中。

我不會拍打魚缸，這樣魚會到處亂竄，表示魚很害怕。

我會好好地照顧魚，所以，我一天只餵魚吃一次魚飼料。

我餵完魚後會將飼料和量杯收好。

我坐在椅子上等校車來載我去上學。

補充說明：

㈠本階段訓練時間，每星期五天，每天一次，時間 30 分鐘，共訓練兩星期。

㈡俟自閉症者自我規範能力精熟，即可褪除社會故事，惟問題行為再次出現，再重新呈現社會故事，並訓練至精熟為止。

類化情境：

㈠根據此社會故事可延伸至其他寵物的飼養，或於其他公共場合可餵魚的池塘。

㈡類化教學步驟可依本單元的教學設計稍加修改即可。

單元主題11：自我規範——持續尖叫

▶許惠媚◀

行為問題

自閉症者在上課時常常會持續尖叫，每次約持續10分鐘，如果沒有制止，他會一直持續地大聲尖叫。

原因

自閉症者在家中及學校都有尖叫的行為，如果不理他，就會一直持續高聲尖叫，若口頭上制止他，大都能停下來，尖叫行為發生的情境大都在上課的時候，他遇到不會做的作業或字寫錯了就會生氣尖叫，口語制止他時，他大都會停止尖叫，所以有引起注意的動機；且遭遇到困難不知如何解決時，就會開始尖叫，也有逃避作業或無法容忍挫折的問題。

理論基礎

運用功能性評量來了解行為發生的因素，並配合正向行為支持來增進自閉症者的溝通技巧，進而改善問題。

教學目標

㈠能拿卡片請老師幫忙。
㈡能以口語請老師幫忙。

適用對象

中、高功能自閉症者（幼稚園至國中階段）。

先備能力

眼神注視、基本指令理解。

教學材料

卡片、提示卡、社會故事。

教學策略

㈠運用功能性評量：分析尖叫原因。

㈡正向行為支持：用來幫助學生學習請求協助的技巧，並在學生用正確方式表達需求時給與增強。

㈢提示：教導用卡片及口語表達意願「老師幫忙」。

㈣消弱：忽視其尖叫行為。

㈤運用社會故事控制情緒、自我提示。

㈥示範：由同學協助示範。

教學步驟

教學準備

每天一到學校，即引導學生瀏覽自己今天在學校的作息，讓學生清楚了解今天要做什麼事，並在上課後安排學生喜愛的活動作為增強。

步驟一：教導自閉症者說「老師幫忙」或拿卡片請教學者協助。

㈠示範：教學者問同學：「有不會的地方，要跟老師說什麼呢？」由同學示範經由說「老師幫忙」或拿卡片請求協助而得到教學者協助。

㈡練習：給與他尚未精熟的作業，並在他不會做的時候提示他說「老師幫忙」，或提示他拿卡片請教學者協助。

㈢延伸：在家中可依情境教導「媽媽幫忙」、「爸爸幫忙」等。

步驟二：在學生桌上貼上提示卡「不會做的時候」、「請老師幫忙」。

㈠每次上課前教導者先帶讀一次，當他遭遇挫折時也帶讀一次。教導者以口語及卡片提示他說「老師幫忙」或拿卡片請教學者協助，並馬上給與協助，且鼓勵他。

㈡當他尖叫時，忽略他的行為，當尖叫停止時帶讀一次提示卡，並以口語及卡片提示他要求協助。

㈢當情境發生時，等待他的反應，若沒有反應，以口語提示他要求協助。

不會做的時候	請老師幫忙

步驟三：呈現社會故事。

我是○○○。

我讀○○國小○○班。

我喜歡老師，也喜歡我的同學。

我喜歡上課。

也喜歡和同學一起看電視。

上課的時候我會和老師一起唸：「不會做的時候」、「請老師幫忙」。

不會寫字的時候，我會說「老師幫忙」。

寫錯的時候，我會說「老師幫忙」。

有不懂的地方，我會說「老師幫忙」。

我跟老師說「老師幫忙」，老師會走過來幫忙我。

有老師教我，我就可以把作業做完。

做完作業我會和同學一起看電視。

我最喜歡和同學一起看電視了！

單元主題12：生活自理——馬桶恐懼症

李雅琳

行為問題

自閉症者不敢使用馬桶且對馬桶相當畏懼，無法坐在馬桶上如廁，對沖水更是恐懼萬分，須蓋上馬桶蓋才敢靠近，使自閉症者不管在學校或家中都必須使用替代性的馬桶，出門在外上廁所成了相當困擾的問題。

原因

自閉症者可能因為陌生環境的生疏、廁所昏暗的燈光、對馬桶沖水聲音的害怕，或之前如廁訓練的不愉快經驗，因而對馬桶產生恐懼。因此，教學者透過觀察評估、確定恐懼馬桶的原因，設計策略來協助自閉症者克服對馬桶的恐懼。

理論基礎

應用功能性評量及認知行為理論訓練自閉症者自我規範問題行為。

教學目標

㈠能正確地找出自閉症者恐懼馬桶的原因。
㈡能教導自閉症者克服對馬桶恐懼的方法。
㈢能適應各種不同場所的廁所。

適用對象

中、高功能自閉症者（國小至國中階段）。

先備能力

㈠能使用溝通圖卡及簡單的口語能力。
㈡會自己上廁所且不必包尿布。

教學材料

㈠功能性評量表。
㈡溝通圖卡。
㈢耳機和音樂。
㈣社會故事。

教學策略

㈠功能性評量表：教學者將引起自閉症者恐懼馬桶問題的情形，做成紀錄表格，分析引起恐懼的原因，進而找出解決方案。
㈡示範：教學者請示範者先示範。如教學步驟。
㈢提示：
 1. 教學圖卡。
 2. 口語＋動作。
㈣增強：如自閉症者完成上廁所的動作且不害怕，給與立即增強。
㈤類化：在自閉症者不畏懼使用馬桶後，將情境轉換成各種戶外場合，供自閉症者做適應。
㈥社會故事：將戶外如廁練習編成社會故事供自閉症者熟讀。

教學步驟

步驟一：㈠教學者對自閉症者做上廁所時的觀察紀錄，找出引起自閉症者害怕馬桶的原因。
㈡分析學生的行為功能，引發的原因可能很多，須做驗證找出真正的原因。本單元的自閉症者為害怕馬桶的沖水聲，因此，我們針對此問題設計課程。

步驟二：㈠教學者請示範者示範正確上廁所的步驟。
 1. 教學者詢問示範者：「要上廁所時，你該怎麼做？」

2.示範者會告訴教學者說：「我要上廁所，我要拿耳機。」

3.透過耳機內的音樂減少自閉症者對沖水聲音的恐懼感（將工作序列貼在廁所馬桶旁，供自閉症者操作）。

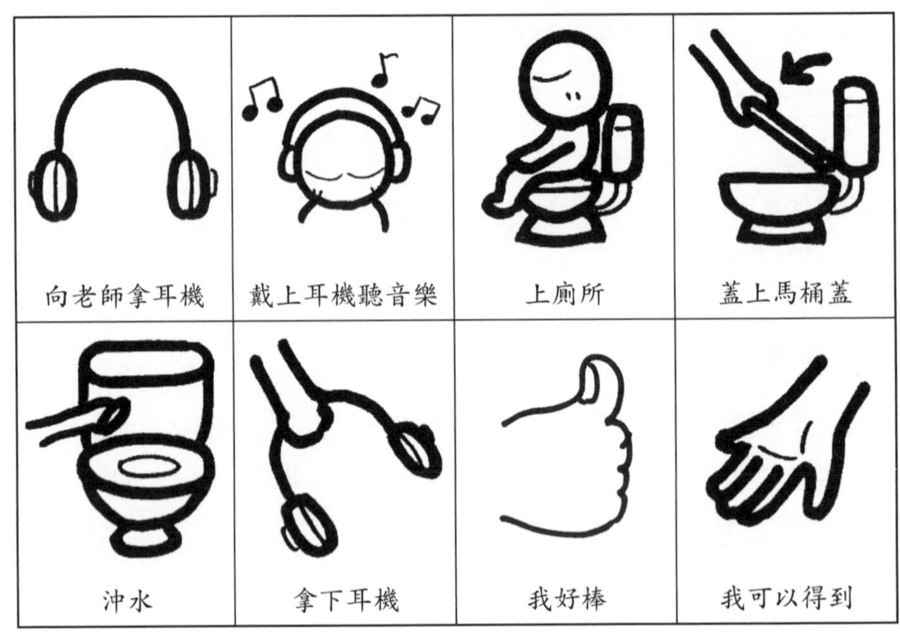

4.示範者從工作序列中撕下戴耳機的圖卡。

5.示範者將工作序列的圖卡序完成。

6.示範者向教學者領取獎勵品（獎勵品請依自閉症喜好而定）。

㈡教學者帶著自閉症者重複上面的工作序列做練習，並給與口語提示，反覆練習至自閉症者熟悉工作序列且不懼怕為止。

步驟三：呈現社會故事。

我叫作○○○。

我住在宜蘭縣壯圍鄉○○路○號。

我家有四個人——爸爸、媽媽、姊姊和我。

我喜歡和爸爸、媽媽一起到戶外玩（或我喜歡和老師及同學一起參加戶外教學）。

在戶外玩耍時，如果我要上廁所。

我會告訴爸爸和媽媽（或我會告訴老師）。

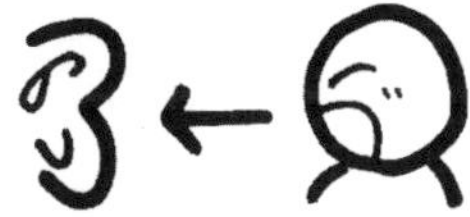

爸爸和媽媽會帶我去上廁所。

上廁所前，我會先戴上耳機聽我喜愛的歌曲，這樣，我就不會害怕。

上完廁所，我會記得把馬桶蓋蓋上再沖水。

出來時，我會把耳機拿下交給爸爸和媽媽。

爸爸和媽媽（或老師）會說我好棒。

我就可以得到爸爸和媽媽的獎勵。

補充說明：

㈠本階段訓練時間，每星期五天，每天一次，時間30分鐘，共訓練兩星期。

㈡俟自閉症者自我規範能力精熟，即可褪除社會故事，惟行為問題再次出現，再重新呈現社會故事，並訓練至精熟為止。

㈢可選定一個不慣用且方便訓練的廁所，供自閉症者做訓練用，至自閉症者習慣後，再更換一個新的廁所做訓練，訓練至自閉症者不再恐懼為止。

單元主題 13：生活自理——如廁訓練

李雅琳

行為問題

如廁是生活自理能力的基本訓練，但自閉症者對於大小便的感覺和時機，往往無法理解。

原因

自閉症者可能自幼即包尿布，故而對於大小便並無明顯的感覺，因此，對於自閉症者的基礎如廁訓練，我們需要借助結構化教學及溝通圖卡的提示來進行。

理論基礎

應用認知行為理論訓練自閉症者的生活自理問題行為。

教學目標

㈠學習能認識如廁的地點。
㈡學習能正確地於廁所中進行如廁。
㈢學習能獨立進行如廁而不需大人協助。

適用對象

低、中功能自閉症者，及中度智能障礙者（幼稚園至國中階段）。

先備能力

能自己脫、穿褲及簡單的口語能力。

教學材料

如廁狀況紀錄表、溝通圖卡、計時器、喝水杯。

教學策略

㈠如廁紀錄表：將自閉症者的如廁時間做整日的完整紀錄，找出自閉症者如廁的時間規律。

㈡模仿：由於自閉症者可能不了解尿尿的意義，利用高功能同儕的示範，讓自閉症者了解上廁所的意義。

㈢提示：

1. 口語＋動作。
2. 使用溫水淋在排尿處（讓溫水給與其身體的刺激感近似於排尿的感覺）。

㈣褪除：依學生狀況，慢慢減少口語及動作上的提示次數，讓自閉症者於習慣如廁時間後，慢慢地能獨立自行完成如廁動作。

㈤增強：在自閉症者能正確完成如廁時，給與立即增強。

教學步驟

步驟一：㈠教學者對自閉症者做觀察紀錄，記錄自閉症者上廁所的時間，來安排如廁時間計畫（如：每隔一小時上一次廁所）。

㈡按計畫時間，帶自閉症者做如廁訓練。

步驟二：㈠教學者於每次如廁時間前半小時，給與自閉症者喝一杯水。

㈡教學者用計時器設定如廁時間。

㈢計時器響時，教學者帶著自閉症者按掉計時器，並告訴自閉症者說：「○○○，要上廁所了。」

㈣帶著自閉症者至廁所，先請高功能之同學做如廁示範，教學者在旁陪同自閉症者，並用口語來告知上廁所的步驟，及以圖卡來提示如廁的動作，請自閉症者按照圖卡做練習（將如廁工作序列圖卡放在廁所中，供自閉症者做如廁時使用）。

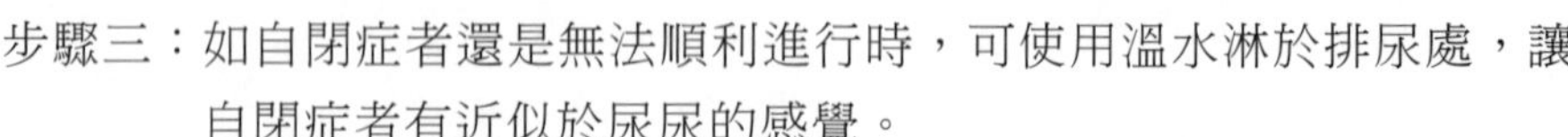

步驟三：如自閉症者還是無法順利進行時，可使用溫水淋於排尿處，讓自閉症者有近似於尿尿的感覺。

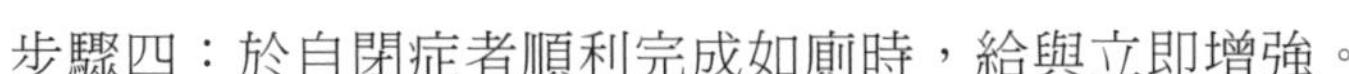

步驟四：於自閉症者順利完成如廁時，給與立即增強。

步驟五：重複步驟二至步驟四，定時帶自閉症者做如廁訓練。

附圖說明

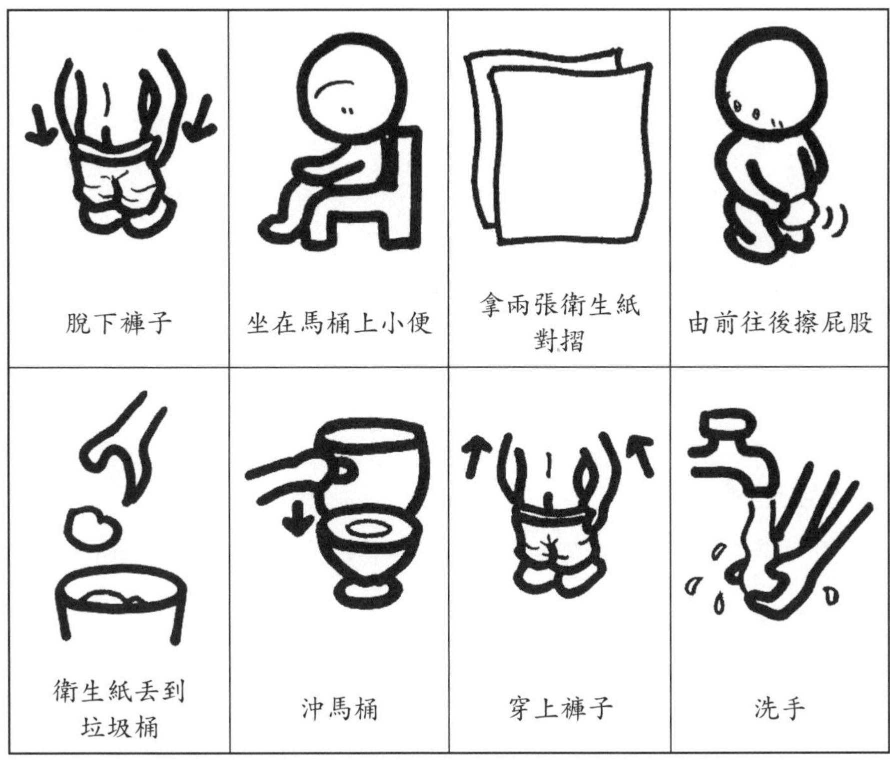

單元主題14：生活自理——洗澡訓練

李雅琳

行為問題

自閉症者對於洗澡總是馬馬虎虎，洗不乾淨，甚至只顧著在浴室玩水而忘了應該洗澡這件事，讓為人父母者傷透腦筋。

原因

自閉症者常對時間沒有概念，並易沉溺於自己喜愛的遊戲中而忘記自己該做的事。

理論基礎

應用結構化教學及認知行為理論訓練自閉症者學習自我規範。

教學目標

㈠能教導自閉症者正確的洗澡步驟。
㈡能讓自閉症者獨立完成洗澡工作而不需他人協助。

適用對象

中、高功能自閉症者（幼稚園至國中階段）。

先備能力

㈠能使用溝通圖卡及簡單的口語能力。
㈡會自己穿、脫衣褲。
㈢能聽從指令。

教學材料

自製的教學錄影帶、溝通圖卡、錄音機及錄音帶、浴巾及沐浴乳。

教學策略

㈠教學錄影帶：透過拍攝示範者洗澡的錄影帶，來教導自閉症者熟悉洗澡的正確步驟（可依學生的性別選擇同性別的示範者拍攝）。

㈡提示：

1. 聽覺提示：在錄影帶教學褪除後，用錄音機將口語提示動作改用錄音帶錄下播放。
2. 視覺提示：將洗澡的工作序列圖卡貼在浴室中，供自閉症者作為自我提示。

㈢增強：當自閉症者完成洗澡的動作後，給與立即增強。

教學步驟

準備活動

教學者先拍攝示範者洗澡的教學錄影帶，供教學時用。

步驟一：教學者每日花 30 分鐘教學，為期十天。播放教學錄影帶，並給與學生們一人一條浴巾，教學者透過錄影帶教導自閉症者正確的洗澡步驟，並由協助者在旁協助自閉症者，當自閉症者忘記時，可用圖卡提示，直至自閉症者熟練為止。類化為改播放錄音帶來提示洗澡動作，並持續訓練至精熟為止。

步驟二：㈠教學者請自閉症者實際到浴室中執行洗澡動作。透過錄音帶播放及圖卡來提示自閉症者洗澡的正確步驟（將工作序列貼在浴室內，供自閉症者視覺提示）。

㈡教學者給與口語提示，反覆練習至自閉症者熟悉錄音帶的播放及工作序列的提示（錄音帶的錄製，每個動作時間間隔由教學者依學生狀況而定）。

㈢由自閉症者單獨操作，若自閉症者能獨立完成，則給與自閉症者一個獎勵。

附圖說明

1 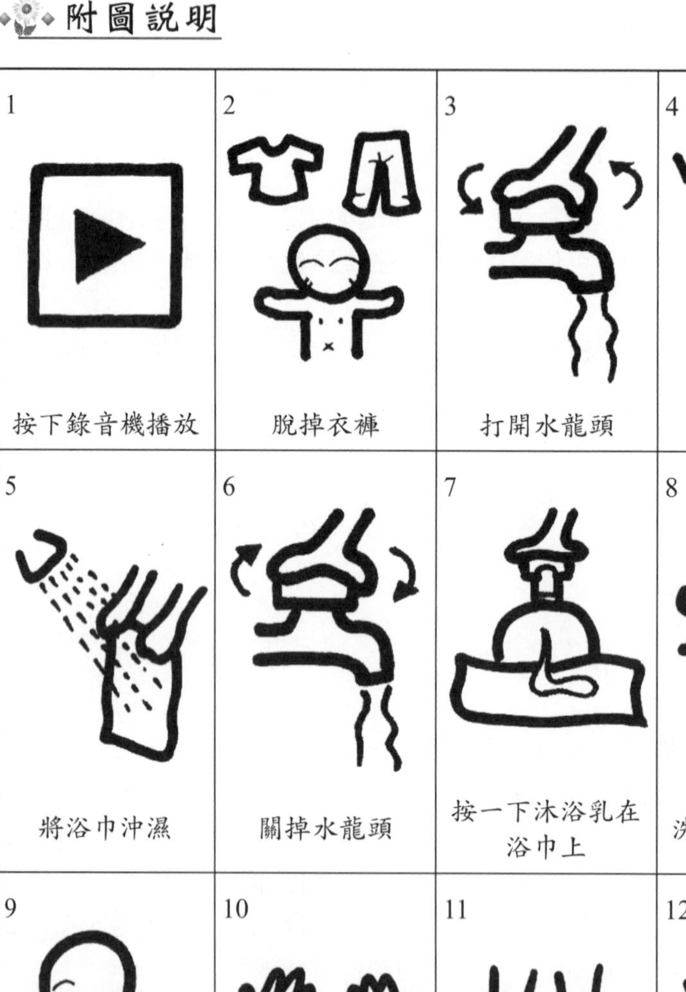 按下錄音機播放	2 脫掉衣褲	3 打開水龍頭	4 將身體沖濕
5 將浴巾沖濕	6 關掉水龍頭	7 按一下沐浴乳在浴巾上	8 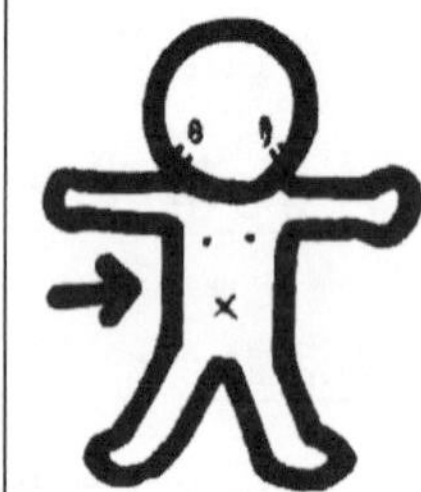 洗前面身體五次
9  洗後面身體五次	10  洗左手五次 洗右手五次	11 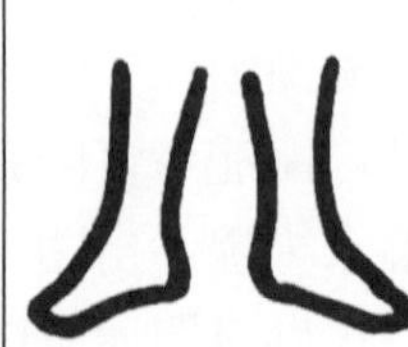 洗左腿五次 洗右腿五次	12  洗屁股五次

13	14	15	16
打開水龍頭	沖前面身體五次	沖後面身體五次	沖左手五次 沖右手五次
17	18	19	20
沖左腿五次 沖右腿五次	沖屁股五次	關掉水龍頭	將身體擦乾
21	22	23	
掛好毛巾	穿上衣褲	停止錄音帶	

單元主題 15：生活自理——挑食問題

譚艾倫

行為問題

有些自閉症者常拒絕吃青菜，在學校吃午餐時以吃白飯和肉為主，也會喝湯、吃水果，但每次用餐總會將碗中的青菜剩下。

原因

自閉症者可能是不喜歡青菜的味道，或因青菜纖維較粗，不易吞嚥，並會刺激自閉症者的口腔細胞，造成口腔敏感。

理論基礎

自閉症者缺乏對食物的接受度，喜歡少有變化的食物，或是偏好（厭惡）某種味道、顏色、口感的食物。

教學目標

㈠能分辨午餐時的用餐順序（菜→飯和肉→湯→水果）。
㈡能將碗裡的青菜吃完。
㈢能學習不因有不喜歡吃的菜而發脾氣。

適用對象

中、高功能自閉症者（幼稚園至國中階段）。

先備能力

能使用工作分析圖卡、有數量概念、會使用餐具、有咀嚼吞嚥的能力。

教學材料

用餐順序圖卡、代幣制的增強板、獎品（如：此自閉症者喜歡喝的飲料）、剪刀。

教學策略

㈠逐步漸進：

1. 從不喜歡吃的食物開始著手→先吃完青菜，再吃飯和肉。
2. 定量→從一天一口青菜開始，視情況而定，在幾天或一週後增為兩口，依能接受的程度漸漸增加為適當的分量。

㈡剪碎青菜：為方便咀嚼，先將菜剪碎，但會隨教學逐步褪除。步驟：剪碎→剪成小段→只剪菜梗部分→不剪。

㈢改變味道：將青菜淋上肉湯或醬油，增加食慾。

㈣用餐順序圖卡：準備青菜、飯、湯、水果的圖卡，依上述順序吃完一樣才能吃下一樣。

㈤控制當日飲食及活動量：早餐後到午餐之間只能喝水，不能吃其他點心零食。每天上午固定有一節體能課，確實消耗其活動量。

㈥代幣制：

1. 一天吃一口青菜就得到一張青菜圖卡，累積五張可換一瓶飲料。
2. 配合教學，增為一天兩口，得到一張圖卡。循序增加分量。

教學步驟

步驟一：情境控制。

㈠吃過早餐後，確實執行在午餐前只能喝開水的規定，上課中所用的增強也以社會性增強為主。

㈡每天上午固定時段進行體能課，達到流汗、消耗體力的目的。

步驟二：用餐訓練。

㈠準備工作：將一口的量的青菜剪碎，並淋上肉汁，放入湯匙中。

㈡用餐順序圖卡：

1. 順序如下圖放在餐桌上，吃完一樣就將圖卡翻面，才能繼續吃下一樣。教學者先示範吃一口青菜，鄰座同學也一起

吃，來鼓勵自閉症者吃的意願。

2. 開始時若把青菜放入口中不吐掉，即可配一口飯或肉，若是吐掉，則再重新放入青菜，直到吞進去為止，並給與口頭增強。

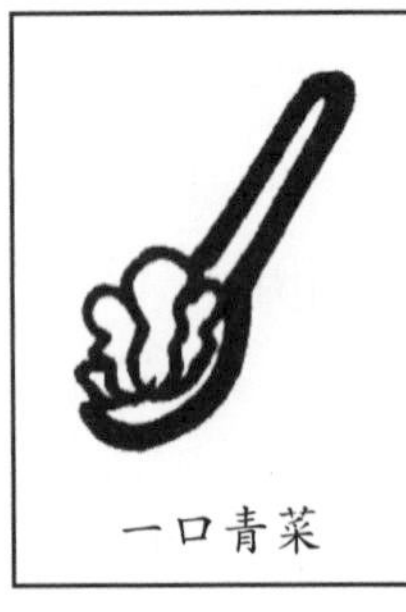

一口青菜

飯

湯

水果

步驟三：代幣制。

㈠若自閉症者吃完當天分量的青菜，就可獲得一張青菜圖卡，貼在增強板上，一週累積五張就可以換一瓶飲料，或是其他喜歡的東西。

㈡此為一週用餐次數的設計，隔週則不得累計，以求每天確實吃到青菜。

㈢得到圖卡的標準依教學進度漸漸提高，從每天一口、每天兩口、每天三口……逐步提升至教師認為足夠的分量。

1	2	3	4	5	獎品
			魔鬼氈	魔鬼氈	魔鬼氈

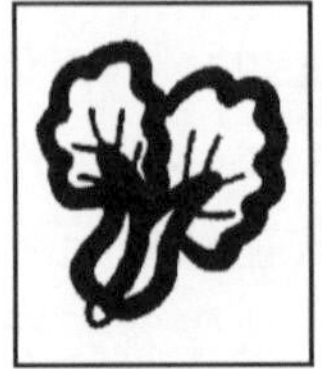

*上圖設計五格，是因一週在校用餐五天，並已達成了三天的分量，再繼續加油就能換得獎品。

步驟四：逐步漸進。

㈠重複步驟二，青菜漸漸增加為兩口、三口……一天五口約為適當的分量，可依情況做增減。用餐順序圖卡也須依分量更換，如下：

兩口青菜

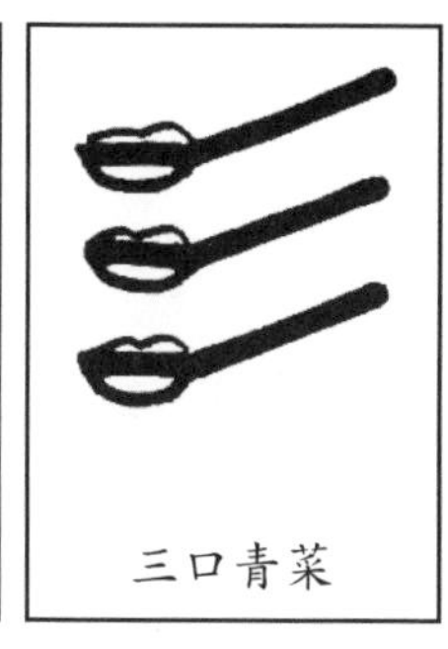
三口青菜

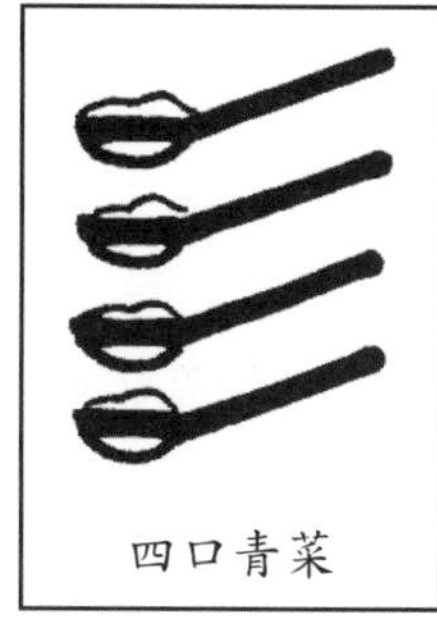
四口青菜

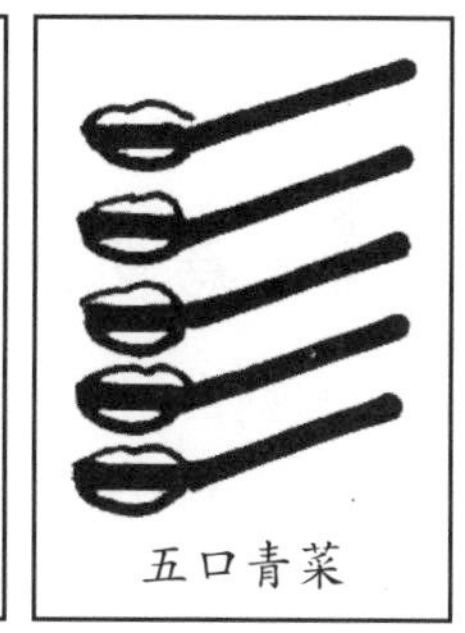
五口青菜

㈡逐步褪除刺激，直至可直接吃進青菜為止。故青菜從剪碎、剪成段，到直接吃。肉汁從加適量、加少許，直到不加肉汁。

㈢代幣制、口頭立即增強、體能及飲食控制等，繼續配合。

單元主題16：生活自理——咀嚼問題

譚艾倫

行為問題

有些自閉症者會將食物塞入口中直接吞嚥，或是僅有些微的咀嚼動作就將未嚼碎的食物吞下，而造成消化不良的情形。

原因

自閉症者可能是由於口腔敏感、口腔功能不足，或是將食物放進口中的速度快於咀嚼的速度所造成的。

理論基礎

有些自閉症者的口腔十分敏感，且缺乏刺激，而其敏感也可能導致避免使用口腔，口腔功能自然不足，而造成缺少咀嚼的問題。因此處理的策略應著重提供口腔刺激，減低口腔的敏感，並訓練口腔運動，以提升口腔功能，使咀嚼等口腔動作更靈活。

教學目標

㈠能增進咀嚼的能力。
㈡能延緩食物停留在口中的時間。
㈢能將用餐行為類化到其他情境及食物。

適用對象

中、高功能自閉症者（國小至國中階段）。

先備能力

能使用視覺提示圖卡、理解簡單指令、有模仿能力、會使用餐具、

有數量概念。

教學材料

視覺提示圖卡、冷／熱／冰三種溫度的飲料（以自閉症喜歡的為主，開水也行，以有濃稠感，可在口中稍作停留較佳）、棒棒糖、棒狀及圓餅狀的麵包／餅乾／糖果、壓舌板、牙齒模型。

教學策略

㈠動作示範：分為教學者示範及學生示範，營造團體一致的情境，以利自閉症者的模仿。

㈡提示：依學習情況給與圖卡、口語、動作的提示。

㈢口腔遊戲：以遊戲方式刺激口腔活動，促使自閉症者做出舔、咬及咀嚼的動作，增進口腔功能。

㈣增強：以口頭鼓勵、喜歡的食物、喜歡的活動作為增強。

教學步驟

活動一：口腔遊戲

步驟一：口腔刺激。

㈠教學者示範，含一口冷的水在口中，告知含著不能吞下，手拍三下再吞下。讓自閉症者含一口冷水，教學者拉他的手拍三下，再讓他吞下。

㈡重複㈠，換成含一口熱米漿（或是麥片，或其他任何能被接受的飲料）、含一塊冰塊（或是一口冰淇淋），藉由拍三下增加停留在口腔中刺激的時間，若自閉症者沒有停留直接吞下也無妨，只要能感覺溫度的改變即可，選用稠狀的食物可增加食物在口中停留的時間。

㈢食物含在口中時，教學者和學生可互相為對方拍三下，增加參與感及趣味性。

步驟二：頂壓舌板。

㈠教學者示範伸出舌頭的動作，再將壓舌板伸入自閉症者口腔中舌面上，讓自閉症者用舌頭頂出壓舌棒。

㈡移動壓舌棒，分別到口腔中的右邊、左邊，或輕輕搔刮其兩側的牙齦，讓自閉症者將壓舌棒頂出。

㈢對動機較低的自閉症者可在壓舌棒上塗果醬，增加其頂碰意願。若抗拒有異物放入口中者，可先以棉花棒代替，降低刺激的感覺。

步驟三：咬棒棒糖。

㈠示範咬的動作：教學者將棒棒糖（棒狀的麥芽糖較佳）放入牙齒模型中，闔上牙齒模型，並說：「咬。」

㈡模仿：教學者將棒棒糖放入口中，讓糖占滿整個口腔，輕咬棒棒糖，留下弧狀完整齒痕給自閉症者看，並說明「咬」的動作。給自閉症者一根棒棒糖，說指令：「咬。」讓他模仿咬的動作，並檢視糖上的齒痕。

㈢重複㈠㈡的步驟，分別用門齒、右邊臼齒、左邊臼齒咬出牙印，若咬斷棒棒糖則讓他咬碎吞下。

㈣若表現好，則讓自閉症者把糖吃掉，或剝下小糖塊給他作為獎勵。

活動二：早餐及點心的訓練

步驟一：準備材料。

㈠早餐類：選擇自閉症者喜歡的食物，以圓餅狀、棒狀的為主——菠蘿麵包、燒餅、包子；油條、長麵包。由於此類食物面積大，無法直接塞入口中，促使自閉症者一定要做出「咬」及「嚼」的動作，才能吞下食物。

㈡點心類：選擇條件如上——甜甜圈、煎餅；巧克力棒、蛋捲等。

步驟二：示範 vs.模仿。

㈠情境控制：在班上共同的早餐／點心時間，以有蓋的餐盒替自閉症者裝食物，準備數字 5 的字卡及「咬」的圖卡。

㈡教學者示範，咬一口上述的食物，拿出 5 的字卡做提示，請學生配合數 1 到 5。學生示範，教學者說指令：「咬一口，嚼五下。」同時展示 5 的字卡，並數 1 到 5。給與配合指令的學生口頭增強。

㈢模仿：將咬的圖卡及 5 的字卡置於自閉症者的早餐／點心旁，口語提示及動作協助嚼五下，若照做則給與鼓勵，且讓其繼續享用食物；若未嚼完五下，則蓋上餐盒的蓋子 30 秒鐘（可依實際情形增減時間），再讓自閉症者繼續吃。

步驟三：增強。除了用餐過程中的口頭鼓勵，在自閉症者依規定吃完食物後，就可從事一樣他喜歡的活動作為增強，若以食物為增強，則要按嚼五下的規定慢慢吃完才行。

活動三：午餐的訓練

步驟一：準備材料。在午餐時間，以有蓋的便當盒替自閉症者裝食物，並準備數字 5 的字卡及「湯匙」的圖卡。

步驟二：示範與模仿。

㈠教學者示範，手指湯匙的圖卡，用湯匙吃一口飯，再指 5 的字卡，咀嚼五次後吞下。學生示範，教學者說指令：「咬一口，嚼五下。」同時展示 5 的字卡，並數 1 到 5。給與配合指令的學生口頭增強。

㈡模仿：將湯匙圖卡及 5 的字卡置於自閉症者的午餐旁，口語提示及動作協助嚼五下，若照做則給與鼓勵，且讓其繼續享用食物；若未嚼完五下，則蓋上餐盒的蓋子 30 秒（可依實際情形增減時間），再讓自閉症者繼續吃。

㈢漸進：當自閉症者漸漸習慣圖卡的提示時，就開始褪除口語提示及動作協助，輔以手指圖卡提醒自閉症者咀嚼的次數，至自閉症者已能穩定的咀嚼，則褪除圖卡提示。

步驟三：增強。除了用餐過程中的口頭鼓勵，在自閉症者依規定吃完午餐後，就可再挑一樣他喜歡吃的菜，或從事一樣他喜歡的活動作為增強，若以食物為增強，則要按嚼五下的規定慢慢吃完才行。

附圖說明

咬

湯匙

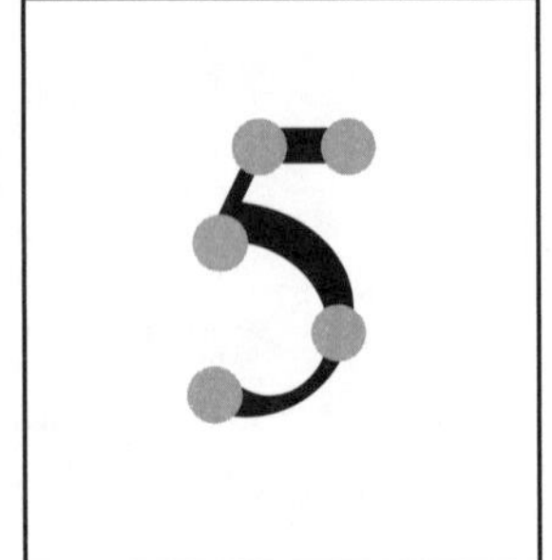

單元主題 17：生活自理——手抓食物問題

譚艾倫

行為問題

有些自閉症者不會主動使用餐具，而直接以手抓食物放入口中，除了缺乏禮儀及不衛生之外，也讓同桌用餐的人感到困擾。

原因

自閉症者可能是由於手指功能不足，精細動作不佳，以至於不願意使用餐具，而以手抓食物取代。

理論基礎

自閉症者的行為問題是其本身手指不靈巧，以及較差的用餐技能，導致餐具的使用反而阻礙了用餐的速度及享受食物的樂趣，故教學策略應著重提升手指的操作能力，進而建立使用餐具的習慣。

教學目標

㈠能提升手指的精細動作。
㈡能增進使用餐具的能力。
㈢能將餐具使用類化到其他情境及食物。

適用對象

低、中功能自閉症，及智能障礙者（幼稚園至國中階段）。

先備能力

具備簡單指令理解能力、抓握能力。

教學材料

湯匙、叉子、小夾子、小容器、製冰盒、便當盒。

教學策略

㈠示範：教學者及學生皆使用湯匙、叉子或筷子進食，營造團體一致的情境，以利自閉症者的模仿。

㈡提示：依學習情況給與口語、手勢或動作的提示。

㈢手指操作訓練：如步驟二。

㈣區辨增強：使用餐具進食則給與口頭稱讚鼓勵，用手抓食物則不鼓勵並拿走食物。

教學步驟

步驟一：評估使用的餐具。以下活動使用的叉子、湯匙皆須評估是否適合學習者使用，握柄是否太細、整體形狀是否太小、觸感（金屬、塑膠、木製）是否能讓自閉症者接受等。選擇兩組適當的餐具，將操作用的貼上標籤或用不同顏色區別，達到平時能多練習且和用餐的餐具區隔的作用。在家使用的餐具也須和學校使用的一致，以增進效果。

步驟二：手指操作訓練。

㈠叉子使用練習：準備用具如圖，揉成球狀的黏土放在有深度的盤中，使用叉子將黏土球移至另一個有分格的盒中（如製冰盒），格數與黏土球等量。

㈡湯匙使用練習：方式如上，將叉子改為湯匙即可（下圖左）。操作熟練後，可用彈珠替換黏土球，增加難度；反之，若使

用湯匙的能力低落，則退為在容器中裝米粒或豆類，用湯匙舀入另一空的容器中（下圖右），熟練後，再進一步去舀黏土球、彈珠等球狀物。

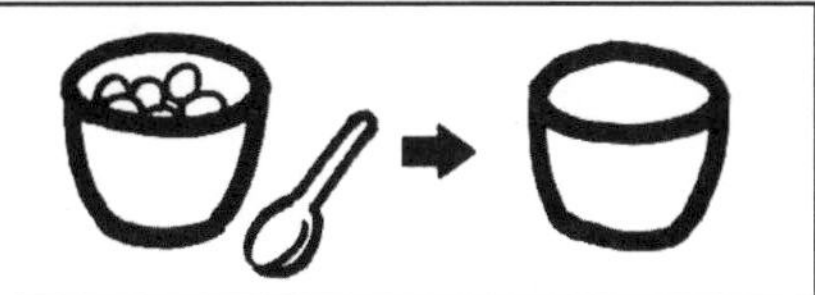

㈢小夾子使用練習：方式如叉子的使用，夾大的物品會降低難度，夾小的物品則增加難度，教學者可視操作情形做適當調整。

㈣其他：如使用曬衣夾、穿線遊戲、撕貼遊戲等，皆能訓練手指功能，可替換使用。

步驟三：午餐練習。

㈠事前準備：以有蓋的便當盒裝食物，並準備上述的適當餐具。

㈡示範：教學者及班上學生皆用餐具吃飯作為示範，教學者協助學習者用湯匙舀飯，並放入口中。給與的協助依序逐漸褪除如下：由湯匙放入口中、停在嘴邊、距離嘴巴一段距離、舀起一匙飯、自己舀飯。

㈢提示：待學習者建立使用湯匙的行為之初，會常有忘記拿湯匙而直接伸手的情況，則給與手勢或口頭的提示。

㈣區辨增強：若學習者出現耍賴、抗拒拿湯匙的行為時，則蓋上便當盒蓋，說：「不可以用手抓，要拿湯匙！」照做則拿起盒蓋。若主動使用湯匙則給與增強、鼓勵。

步驟四：其他用餐情境——點心時間。

㈠點心是大多數小朋友都喜歡的，自閉症者多數也不例外，此時他們學習的動機及意願皆強，須好好把握。

㈡食物選擇：以學習者喜歡的食物為前提，挑選容易用湯匙舀起、叉子插起的食物，增加成功經驗，提升使用餐具的動機。

例如：叉子——蛋糕、蘿蔔糕、煎餃、各類切成塊的水果等。

湯匙——紅豆湯、湯圓、布丁、果凍等。

㈢同樣給與示範、協助、提示、區辨增強。

步驟五：其他用餐情境——在家用餐。如步驟四，注意食物的選擇，皆是能用湯匙及叉子進食的食物。並適時給與示範、協助、提示、區辨增強。

步驟六：其他用餐情境——出外用餐。

㈠評估建立的新行為趨於穩定後，可選擇一家熟悉的中式小吃作為外出用餐的學習情境，於一週前開始叮嚀學習者：「會去外面吃飯，要使用湯匙喔！」在外用餐時，若不使用湯匙，則打包食物，中斷用餐。

㈡麥當勞等速食店為不適合的用餐情境，因店內食物如漢堡、薯條、雞塊等多為「手抓」的食物，將對教學造成干擾。

步驟七：注意事項。教學介入期間，學校及家庭都須使用相同策略，並避免所有以手抓取的食物，如麵包、包子、餅乾、洋芋片，及速食店的餐點等，以免干擾教學策略及學習成效。

單元主題 18：自我規範——不當模仿行為

李雅琳

行為問題

自閉症者善於模仿教學者及同學的言語和行為動作，甚至不經教學者同意，便自作主張取代教學者之工作職責來管理班上同學，干擾同學情緒，並使教學者無法進行課程。

原因

自閉症者觀察教學者及同學的行為模式並加以模仿，融入自己的生活作息模式中，卻不知如何分辨什麼事是自己可以做、什麼情況是會影響他人的。

理論基礎

應用認知行為理論訓練自閉症者自我規範問題行為。

教學目標

㈠學習認知教學者、同學和自己的角色職責。
㈡學習幫助教學者或同學時，應徵求他人同意。
㈢學習教學者或同學拒絕時，能控制自己的情緒。

適用對象

中、高功能自閉症者（幼稚園至國中階段）。

先備能力

能使用溝通圖卡且口語能力佳。

教學材料

功能性評量表、溝通圖卡。

教學策略

㈠功能性評量：教學者將引起自閉症者干擾教學者及同學情緒問題的事項，做成紀錄表格，分析引起問題的原因，進而找出解決方案。

㈡對抗性設計：針對教學者及同學的個人工作職責部分，明確以圖卡拒絕自閉症者的協助。

㈢提示：

1. 方式：

⑴教學圖卡（教學者、同學及自閉症者的工作職責）。

⑵口語＋圖卡。

2. 褪除：依學生狀況慢慢減少圖卡上的提示，改用口頭告知，讓自閉症者明瞭自己的工作職責，並減少對同學的行為干擾。

教學步驟

步驟一：㈠教學者對自閉症者做觀察紀錄，當自閉症者開始越權管理他人時，記錄其狀況。

㈡將自閉症者的紀錄表，針對越權事項設計教學圖卡。

步驟二：教學者設計教學者、同學及自閉症者的個人工作職責圖卡，於上課時教學，讓自閉症者明瞭每一個人的工作職責。

步驟三：在自閉症者開始越權干擾同學時，拿出圖卡明確告知不是自閉症者的工作職責，並請自閉症者離開。

步驟四：慢慢地褪除圖卡改以口語提示，在自閉症者開始越權干擾同學時，僅以口頭告知。

補充說明：

㈠本階段訓練時間，每星期五天，每天一次，時間 30 分鐘，共訓練兩星期。

㈡俟自閉症者自我規範能力精熟，即可褪除。惟問題行為再次出現，再重新教導教學步驟，並訓練至自我規範能力精熟為止。

單元主題 19：生活自理——睡眠問題

楊馥如

行為問題

自閉症者常常在起床時會鬧脾氣、無緣無故大哭不停，或是賴在原地什麼事也不想做，因此會使得接下來應該進行的工作延遲。然而此時旁人的安慰或是催促往往無濟於事。

原因

自閉症者在起床時，如果是被吵醒或是被打擾而非自然清醒，他會因為情緒表達上的障礙，以哭泣或是待在原地賴皮、不做其他事情的方式來表達憤怒、抗議、挫折及委屈的情緒。

理論基礎

自閉症者常有情緒表達的障礙，不容易清楚表達自己的感受及掌握情緒控制的能力。學習自我情緒的控制以及轉化情緒發洩的出口，是自閉症者極需學習的目標。教學者藉著適當的引導技巧，讓學生學習自我控制的能力。

教學目標

㈠學習讓起床變成美好的開始。

㈡減少不當行為發生，學習正向替代行為。

適用對象

中、低功能自閉症者（國小至國中階段）。

先備能力

能聽懂指令、具表達能力、具認知圖卡能力。

教學材料

溝通圖卡、學生喜歡的音樂、學生喜歡的食物（點心或早餐）、生活自理的兒歌或光碟、錄影帶（含工作分析步驟）及電視。

教學策略

㈠示範：教學者以動作先示範拿取圖卡，讓學生觀察學習。

㈡提示：

1. 方式：

⑴圖卡，教學者呈現圖卡給學生看。

⑵口語＋動作（具有口語者）：教學者先示範動作（拿圖卡），視學生是否有反應。

⑶動作（無口語者）：教學者先示範動作，視學生能否模仿動作。

2. 次數：依學生狀況，減少提示的步驟，並慢慢褪除提示。

㈢時間延宕：給學生 3 秒鐘的回應時間，計時默數方式：001、002、003，依學習狀況決定延宕時間的長短。

㈣增強：

1. 學生正確完成動作則給與社會性增強（口頭提示及摸摸學生的頭）。

2. 當學生表現良好時，請他幫忙當小助理協助教學者發點心。

教學步驟

教學目標一

步驟一：㈠當教學者（家長）要叫孩子起床前，教學者先在房間內播放學生最喜歡的音樂，讓學生在清醒之前，就已經聽到音樂。

㈡教學者輕輕撫摸學生的頭、臉頰、頸部、耳朵等部位。

㈢口中輕聲的喚著學生的名字。

㈣教學者輕輕將學生翻身側睡，輕輕拍打學生的背部、身體的其他部位，口中輕聲的喚著學生的名字。

步驟二：㈠等待學生比較清醒之後，輕輕將學生抱在懷裡 5 分鐘（教學者可隨著音樂節奏輕輕搖擺身體）。

㈡教學者口中輕聲的喚著學生的名字，同時誇獎學生：「○○很棒喔！老師抱抱……」

㈢教學者向學生預告待會要進行的工作，並且展示圖卡。

㈣若學生情緒愉悅而穩定，則給與社會性增強。

步驟三：（早晨使用。）

㈠教學者（家長）可改播放兒歌或是生活自理的VCD（含工作分析步驟），以提醒學生起床後的工作。

㈡教學者（家長）輕聲提醒學生要跟上兒歌音樂來完成生活自理的步驟：摺棉被、枕頭疊好→放置定位（如圖一）→穿衣服（如圖二）→盥洗（如圖三、四）→梳頭髮（如圖五）。

㈢教學者展示圖卡並提醒學生待完成後要將圖卡撕下。

㈣若學生情緒穩定並配合度高，教學者適時給與社會性增強。

步驟四：（午間使用。）

㈠教學者（家長）預告學生，生活自理完成後，在點心時間會有學生最喜歡的點心。

㈡教學者展示學生喜歡的點心圖卡（如圖六），並提醒學生完成生活自理後要將圖卡撕下。

㈢教學者：「○○！把棉被、枕頭疊好，衣服穿好可以當小助理幫忙發點心！」

補充說明：晨間可選擇學生喜歡的早餐，請學生協助當作其正增強。

㈠教學者（家長）預告學生，生活自理完成後，學生可以選擇最喜歡的玩具在吃完早餐後玩。

㈡教學者展示學生喜歡的玩具圖卡（如圖七），並提醒學生完成生活自理後要將圖卡撕下。

㈢教學者：「○○！你如果趕快將棉被、枕頭疊好，衣服穿好，可選擇自己喜歡的玩具在吃完早餐後玩！」

教學目標二

步驟一：㈠事先準備碗盤及杯子，在學生完成盥洗後，讓學生從自己動手幫忙發點心（做早餐）中獲得成就感。

㈡教學者（家長）：「○○很棒喔！可以當小助理幫忙發點心！請你先去洗洗手。」

步驟二：㈠教師展示點心圖卡（圖六）。

㈡請學生幫忙在每個座位前方桌子上（桌面上提供視覺線索）放置一份早餐（點心）。

㈢請學生幫忙在每個座位前方桌子上（桌面上提供視覺線索）放置一杯牛奶（飲料）。

㈣提醒學生完成發點心後要將圖卡撕下，並給與社會性增強。

附圖說明

單元主題 20：自我刺激行爲的處理——不停地按開關

▶賴月汝◀

行為問題

每當小明走進教室，他會到電燈開關旁，不停地按開關，他總是對電燈的開關非常有興趣，他的行為已嚴重干擾別人的活動及注意力；在家裡，小明對屋內所有房間和客廳的開關也是不停地按，儘管在不適當的時間和地點，教學者或父母的阻止、懲罰，都無法有效的停止小明的不適當行為。

原因

小明似乎對按開關情有獨鍾，也許他並不了解開關的正確使用，只是喜歡沉溺在電燈亮與暗的光感刺激，所以，只要看到電燈開關，他就會不由自主地伸手去按，並樂在其中（如：喜歡聽開關喀喀的聲音）。

理論基礎

對於自閉症者的強迫行為，教師常無法以口頭阻止、懲罰的方式中斷其不適當的行為。因此，教師應該先評量此問題行為的發生，是因為學生樂在燈光一暗一亮的視覺刺激中，或享受著手指頭按的觸感，還是喜愛聽開關的聲音，進而選用適當的行為處理策略。

教學目標

㈠中止持續按壓開關行為。

㈡學習按電燈開關的正確時間和地點。

適用對象

低、中、高功能自閉症者（幼稚園至國中階段）。

先備能力

具備簡單指令理解能力。

教學材料

行為問題觀察紀錄表、玩具。

教學策略

㈠感官消弱：中止開關與電源的連結，讓小明在按開關後，沒有燈光明暗的反應。

㈡替代刺激：給小明一個可以經由手指頭按壓後，會有亮光變化的玩具。

㈢建立正向行為：教學者可以在特定的時間，帶小明打開或關上電燈的開關。

教學步驟

步驟一：教學者先對學生做五至七天的行為觀察紀錄，確認學生的偏異行為是對視覺的異常喜好，並記錄行為發生的次數與持續時間。

步驟二：行為後果處理。教學者可以把教室內的電燈開關和電源連結中止，改用其他方式，例如改為用拉線的開關，讓學生拉不到或看不到線；當學生去按壓開關的時候，無法產生電燈明暗的變化；同樣的，在家裡的電燈開關也要做一樣的改變。

步驟三：替代行為。當學生持續按壓開關沒有得到預期的燈光變化時，教學者可以給學生一個玩具，讓他在按壓後會產生亮光變化的回饋。

步驟四：正向行為處理。在自然情境中，教導者觀察學生漸漸從按壓玩具開關得到樂趣時，可以開始教導學生正確使用開關的時間或地點，例如帶他到一個很暗的房間，告訴他按開關是要讓電燈把房間變亮。

步驟五：在介入的過程中，暫停帶學生到公共場所或親戚、鄰居的家，避免對處理策略的干擾。

單元主題21：自我刺激行爲的處理——喜歡摸絲襪

▶賴月汝◀

行為問題

小明喜歡摸女人穿的絲襪。在家裡，他會趁媽媽不注意時，把媽媽的絲襪從抽屜中取出，放在自己的臉上摩擦，或是當媽媽穿絲襪時，小明會用手去摸媽媽的腳；同樣的，在學校時，小明對女教學者的絲襪也很感興趣，但是他的不適當行為已嚴重得讓人感到驚訝與產生反感。

原因

小明對觸摸絲襪，似乎特別的喜愛，可能是他喜歡柔柔軟軟的質料，享受觸覺的刺激，而非刻意地想騷擾女性。

理論基礎

有些自閉症者喜歡尋求觸覺的刺激，但是他的行為也許是不適當的，教學者在選用處理策略時，教學的目標應該著重在影響自閉症者不適當行為的觸覺，由介入的因子讓自閉症者厭感異常的觸覺，進而改變他不適當的行為。

教學目標

㈠停止不適當觸覺行為的出現。
㈡觸摸適當的物品作為替代行為。

適用對象

中、低、高功能自閉症者（幼稚園至國中階段）。

先備能力

具備簡單指令理解能力。

教學材料

行為問題觀察紀錄表、粗麻布、抱枕或布娃娃。

教學策略

㈠感官消弱：在絲襪上縫製較粗的麻布料，讓學生感到不喜歡的觸感。
㈡替代刺激：幫學生戴上柔軟的手套，取代觸摸女性的腳。

教學步驟

步驟一：教學者先對學生做五至七天的行為觀察紀錄，確認學生的偏異行為是對觸覺的異常喜好，並記錄行為發生的次數與對象。

步驟二：媽媽可以在絲襪上縫製相同顏色的粗麻布，讓學生在觸摸後，感受不到想要的觸感；同樣的，在學校裡，會和學生接觸的女教學者，也必須做一樣的改變。

步驟三：學生想摸絲襪時，幫他戴上柔軟的手套，取代原有的不適當行為。

步驟四：處理時間必須持續到學生不再觸摸女性絲襪為止。

步驟五：在介入的過程中，媽媽必須把絲襪收好避免讓學生找到，或減少接觸穿著絲襪女性的機會，並且在抽屜裡放置棉襪，以降低對處理策略的干擾。

單元主題22：自我刺激行為的處理——喜歡聞髒衣服

▶賴月汝◀

行為問題

小明喜歡把髒衣服拿起來聞，不管是男性或女性穿過的襪子、長褲、衣服、內衣褲等，他總是把髒衣服從籃子裡、房間的掛衣架上拿起來聞。他的行為不僅很不衛生，而且造成家人很大的困擾，因為家人的內衣褲有時會因小明的行為而散落在屋內各處。

原因

在觀察的過程中，小明對乾淨的衣服不感興趣，反而對穿過衣物的味道情有獨鍾。

理論基礎

有些自閉症者和智能障礙者喜歡聞一些不適當物品的味道，這種偏異行為可能對他人造成很大的困擾，針對這種偏異的嗅覺行為，教導者可用改變嗅覺的消弱法，影響他們對物品的嗅覺偏異。

教學目標

停止不適當嗅覺行為的出現。

適用對象

中、低功能自閉症者及智能障礙者（幼稚園至國中階段）。

先備能力

具備簡單指令理解能力。

教學材料

行為問題觀察紀錄表、氨水、綠油精、薄荷棒。

教學策略

㈠感官消弱：在髒衣服上噴氨水，改變學生對衣服味道的依戀。

㈡替代刺激：在學生的鼻子上搽綠油精或薄荷棒，影響學生聞髒衣服的嗅覺。

教學步驟

步驟一：教學者先對學生做五至七天的行為觀察紀錄，確認學生的偏異行為是對嗅覺的異常喜好，並記錄行為發生的次數與持續時間。

步驟二：當學生把髒衣服拿去聞時，即在他的鼻子搽上綠油精或薄荷棒。

步驟三：教學者在髒衣服籃子裡、掛衣架上放置一半乾淨的衣服（持續三天），讓學生聞到一些不想要的味道而感到挫折。

步驟四：教學者可在髒衣服上噴上氨水（持續三天），讓學生聞到不舒服的味道（附註：必須先確定學生不喜歡氨水的味道）。

步驟五：在介入的過程中，教學者必須把其他的髒衣服收好，避免讓學生有機會接觸，以降低對處理策略的干擾。

單元主題 23：自我刺激行爲的處理——異食行爲

▶許惠媚◀

行為問題

自閉症者常常將不可食用的東西往嘴巴塞，在教室時會隨手將各種東西放入口中咀嚼，且吃進的異物會一直含著不吐出來，要等到教學者帶到洗手台捏住鼻子，才會把嘴巴裡的東西吐出來。

原因

自閉症者口腔比較敏感，對刷牙很抗拒，進食狀況不正常且挑食，喜歡吃脆脆的餅乾，在家中常是餓了就隨手抓東西吃，沒有照三餐吃飯；在校時用餐時間他常常不吃或睡著了，一醒來就很餓的樣子，有時香蕉連皮都吃進去，對食物及非食物的分辨力不夠。

理論基礎

吃一些異物具有刺激口腔的功能，當自閉症者口腔敏感又有挑食的情形時，必須先降低口腔的敏感，再建立替代行為，教導他以咬替代物取代吃異物的行為。

教學目標

㈠能以咬固齒器代替吃異物。

㈡能理解指令「不可以」。

適用對象

低、中功能自閉症者（幼稚園至國中階段）。

先備能力

能有眼神注視。

教學材料

提示卡、圖卡、固齒器。

教學策略

㈠每天口腔按摩：降低口腔敏感。

㈡提示：

1. 引導學生主動拿固齒器。
2. 口語提示「不可以」。

㈢過度矯正法：

1. 當他拿起異物想放入嘴巴時，將他的手用力握住，慢慢數到 10 再放開。
2. 當他吃了不該吃的東西時，帶他去漱口十次（或幫他刷牙刷十下）。

㈣動作示範：示範固齒器的使用。

㈤替代行為的建立：用咬固齒器取代吃異物。

教學步驟

步驟一：㈠每天一到學校就先將固齒器掛在學生脖子上。

㈡當學生拿起異物想放入嘴巴時，口語提示「不可以」，教學者伸出手來，請學生將異物放在教學者手上。

㈢若學生不理解或仍想咬，將學生的手用力握住慢慢數到 10 再放開，再引導他把異物放在教學者手上。

㈣拿起固齒器，告訴他固齒器可以咬（加上動作示範），○○不可以。

步驟二：㈠當發現學生已經將異物放在口中咀嚼時，就把學生帶到洗手台前，協助他將口中異物吐掉，並漱口十次（或幫他刷牙刷十下）。

㈡拿起固齒器給學生，告訴他固齒器可以咬，○○不可以。

步驟三：㈠固齒器掛在學生椅背上，當學生去抓異物想吃時，口語提示「不可以」，並引導他去拿固齒器掛在脖子上，告訴他：「固齒器可以咬，○○不可以。」

㈡固齒器掛在學生椅背上，當學生吃進異物時，就把學生帶到洗手台前，協助他將口中異物吐掉，並漱口十次（或幫他刷牙刷十下），並引導他去拿固齒器掛在脖子上。

步驟四：將固齒器掛在牆上固定位置，當有想吃或吃進異物時，先依步驟三方式處理，再拿出提示卡，要他去拿固齒器。

單元主題 24：自我刺激行爲的處理——咬手指甲

▶譚艾倫◀

行為問題

有些自閉症者喜歡咬自己的手指甲。在學校，趁教學者不注意時，把自己的指甲咬得亂七八糟，在家裡也是一樣，甚至有時會咬到流出血來。這樣不適當的刺激行為除了衛生問題之外，已到達了自我傷害的程度，並讓教學者、家長不放心讓其獨處。

原因

自閉症者會咬手指甲，可能是他喜歡手指甲咬下去喀吱喀吱的聲音，或是指甲咬起來硬韌的口感，而非真的喜歡吃手指甲。

理論基礎

自閉症者多數喜歡尋求感覺的刺激，但是他為了滿足刺激而產生的行為通常是不適當的，或讓人覺得奇怪的，因此教學者在面對此類行為問題時，應該著重在口腔刺激的處理，藉由介入的策略來轉移、改變或去除自閉症者原本所追求的刺激，進而消除他不適當的行為。

教學目標

㈠停止咬手指甲的行為。
㈡建立其他手部的正向行為。

適用對象

低、中、高功能自閉症者及智能障礙者（國小至國中階段）。

先備能力

具備簡單指令理解能力、能操作教具／玩具。

教學材料

行為問題觀察紀錄表、手套、食用醋（或其他具有刺鼻味的食品）、簡單的手部操作教具／玩具、有韌性的零食（魷魚絲、蒟蒻乾）。

教學策略

㈠感官消弱：給學習者戴上手套，並噴上食用醋，讓學習者不但得不到想要的刺激，反而聞到刺鼻的味道。

㈡替代刺激：給學習者一些同樣具有韌性的食物，如蒟蒻乾。

㈢建立正向行為：教導學習者適當的手部活動，如操作積木、拼拼圖、畫畫、玩球等。

教學步驟

步驟一：行為觀察紀錄。教學者先對學習者做一週的行為觀察紀錄，確認學生的問題行為是尋求對口腔刺激的異常喜好，並記錄行為發生的次數與情境，發現咬手指甲行為多是在學習者獨處或感到無聊時才發生，當他從事喜歡的活動（玩球），或是雙手忙碌時（做整潔工作）則不會發生。

步驟二：感官消弱。教學者在手套上噴灑食用醋，讓學生不但咬不到指甲，反而聞到難聞的刺鼻味，即使脫掉手套，難聞的味道還在，學習者依然得不到口腔滿足；同樣的，在家裡，也必須做一樣的改變，並增加陪伴學習者的時間。

步驟三：替代刺激。教學者和家長必須持續三天以上讓學習者戴著手套，並隨時讓手上保持著刺鼻味（操作教具／玩具、工作、吃飯、睡覺時例外），使學生在接觸後會感到挫折與不適，這時可以給他一些同樣具有韌性的蒟弱乾或魷魚絲，以滿足口腔刺激，轉移原有的不適當行為。

步驟四：建立正向行為。教學者須教導學習者手是用來做事的，並在學

習者獨自學習時，安排足夠的手部操作活動，如拼圖、畫畫、組合積木、整理個人用品、分類等，待完成後，就可在下課時玩球作為增強。教學者平時要把球（增強物）收藏好，以免失去增強的效果。

步驟五：持續進行並逐步褪除。家中必須延續學校的處理策略，且維持一致的態度；介入程度由戴手套噴食用醋、直接在手上噴食用醋、手上噴少量食用醋、到不噴食用醋；介入時間則持續到學生不再咬手指甲為止。

步驟六：注意事項。在介入的過程中，教學者及家長必須把學習者的手指甲剪短，並隨時注意指甲長度，以免指甲過長誘使學習者去咬，造成對處理策略的干擾。

單元主題25：自我刺激行為的處理——沉溺性物品

李　珣

行為問題

自閉症者有一些特殊的喜好，有的喜歡蒐集酸梅子、拔螺絲釘等，沒有規則可循。小明長得白白淨淨，非常討人喜愛。他有一特殊喜好，對寶特瓶愛不釋手，有時放在嘴巴咬一咬，有時拿起來甩一甩或丟在地上聽瓶子掉落的聲音。目光經常在搜尋能滿足他的塑膠製品，一拿到手就獨自沉溺在滿足的世界裡，也因為這樣，這些自我刺激分散了孩子的學習注意力。

原因

自我刺激是自閉症者的特徵之一，這些自我刺激包括甩手、搓手、搖擺身體等，還有一些特殊的習癖，如聞髒的衣物、摩擦他人身上的絲襪、注視手中飄揚的絲帶等。雖然有些自我刺激無傷大雅，卻會造成生活上困擾，對自閉症者本身也會影響其學習成效。

理論基礎

自閉症者常以自我刺激滿足各種不同的感官需求。對於自閉症者不同的感官刺激，所造成學習上的阻礙或生活上的困擾，可以利用感官消弱、行為替代，減少自閉症者學習阻礙與生活上的困擾。

教學目標

㈠減少自我刺激行為的生活困擾。

㈡建立自閉症者良好的學習行為。

㈢發展適當的替代行為。

適用對象

低、中、高功能自閉症者（國小至國中階段）。

先備能力

能聽懂簡單的指令。

教學材料

寶特瓶、軟墊。

教學策略

㈠感官消弱：依自閉症者自我刺激的型態，找出刺激的功能（如為視覺或聽覺、觸覺之刺激），再依其刺激型態進行感官消弱。

㈡建立正向行為：在孩子自我刺激的當時，利用替代性行為轉移孩子對感官刺激的注意，並建立一合理行為。如：利用孩子喜歡寶特瓶的特性教導學生做資源回收。

㈢替代刺激：利用性質相同的感官刺激滿足孩子的感官需求。例如：拿塑膠杯喝水取代咬寶特瓶。

教學步驟

步驟一：請家長與教學者一同觀察孩子自我刺激的型態，以功能性分析確定孩子自我刺激的動機。

步驟二：依自我刺激動機做適當的處遇。

㈠區別增強替代行為：如果孩子的行為來自於視覺刺激的需求，在孩子甩寶特瓶時，可以將寶特瓶接過後對孩子說：「棒小孩，坐好，把東西給老師，指著上課圖卡說我們上課。」並拿出孩子喜歡的拼圖當增強物說：「上完課就可以玩拼圖。」

㈡感官消弱加行為替代：如果孩子的行為來自於聽覺刺激的需求，教學者可以在瓶身包住軟墊，讓孩子得不到他想要的聽覺刺激後，感到挫折，過不久即能消弱孩子的感官刺激。在孩子對此一感官刺激不再感到興趣時，即可依孩子的能力建

立替代行為。如：教導孩子旋轉瓶蓋或打開塑膠蓋子。

㈢建立正向行為：如果孩子的行為來自於觸覺刺激的需求，以此個案為例子，可以利用圖卡訓練孩子以塑膠杯子，到飲水區裝水，並要求孩子坐在位子上喝，待孩子一有咬杯子的行為時說：「棒小孩，把水喝完，喝完了就可以玩拼圖（孩子喜歡的玩具）。」若孩子停止喝水並開始把玩杯子，須提醒孩子繼續喝水並訓練孩子把水全部喝完。若孩子並不想喝水，亦可建立其他正向行為來取代，例如以有塑膠封口的杯子訓練自閉症者做資源回收。

附圖說明

喝水工作序列

單元主題 26：自我刺激行爲的處理——捏人

李　珣

行為問題

對外界充滿好奇的小明，有著協調又敏捷的肢體動作，平時喜歡爬上爬下，一看到胖胖的小莉走過來，雙眼即對準她腰臀間褲腰中凸出的肌肉，說時遲哪時快，雙指已在小莉的腰間擰下，一聲驚呼：「老師，小明捏我。」不用說，小明又捏了小莉。在家小明對母親也會如此，即使母親喝止或懲罰，亦無法讓小明停止捏人。

原因

小明的肢體協調良好，平時即喜歡與手部有關的活動，在捏人的過程中，既能滿足手部的感官刺激，又能在他人的驚叫中得到作弄別人的快感，雖然小明樂在其中，卻對團體生活造成困擾。

理論基礎

尋求各種不同的感官刺激是自閉症者的一種習癖。這些習癖不易戒除，除了須找出原因予以感官消弱，還須建立正向行為，改變自閉症者造成他人的困擾。

教學目標

㈠利用感官消弱與對抗性設計戒除自閉症者妨礙他人的不良行為。
㈡利用正向行為替代建立自閉症者良好的學習行為。

適用對象

低、中、高功能自閉症者（國小至國中階段）。

先備能力

能聽懂簡單的指令。

教學材料

護腰、火種製作工作序列圖卡。

教學策略

㈠對抗性設計：當小明在對他人伸出手指欲出手時，以相同的動作讓孩子明瞭被捏的不舒服感覺。

㈡感官消弱：讓小莉穿著護腰，消除孩子從捏的動作中得到的感官刺激。

㈢替代刺激：在孩子出現此不良行為時，讓孩子練習旋轉瓶蓋做資源回收。

㈣建立正向行為：設計性質相同的職業訓練課程（利用孩子喜歡旋轉的感覺，教導孩子包火種），消除孩子的不良動機。

教學步驟

步驟一：在小明伸出手指有捏人的企圖時，將小明的手指抓住，放在他另外一隻手的手背上，說：「捏。」當孩子做出捏的動作時說：「好痛！」

步驟二：若孩子無法捏自己的手背，教學者可示範在孩子或自己的手上一邊捏一邊做出好痛的表情。讓孩子體會被捏是一種不舒服的感覺。

步驟三：當孩子體會到好痛的感覺時，說：「好痛！捏，好痛！」

步驟四：讓小莉平時穿上護腰，消除小明從捏別人得到的快感。在小莉穿上護腰後，小明即無法輕易捏到小莉。

步驟五：孩子在無法從捏別人得到快感後，可以設計職業訓練課程，例如教孩子利用視覺線索（火種製作工作序列訓練）製作火種、資源回收（旋轉瓶蓋並回收）。

附圖說明

火種製作工作序列

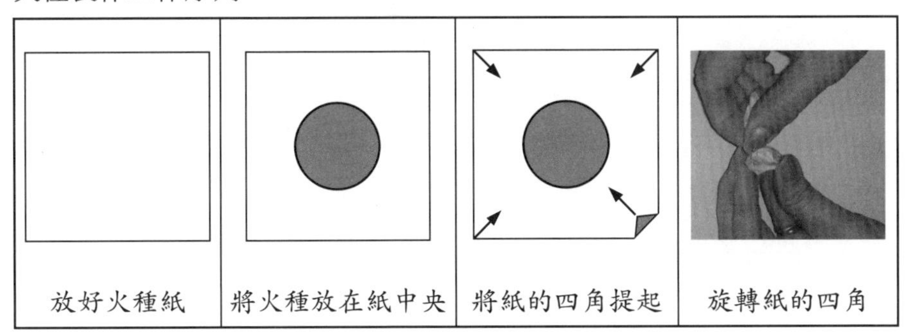

放好火種紙	將火種放在紙中央	將紙的四角提起	旋轉紙的四角

單元主題 27：自我刺激行為的處理——搓手

李 珣

行為問題

小莉與一般的自閉症兒童有些不同，整天笑嘻嘻，從步態與外觀看起來像是腦性麻痺，肢體僵直、目光渙散、少有反應，她卻是雷特症候群的自閉症者，平時對學習少有動機，除了食物與遊戲，其他較少引起小莉的興趣，小莉平時喜歡將兩手交疊並搓個不停，和其他的自閉症者一樣有自我刺激的行為，雖然對他人並不會產生困擾，但小莉的手指逐漸扭曲變形，手指上也因長期摩擦，隆起硬幣大的繭，進而對小莉的學習有所影響。

原因

自我刺激是自閉症者的行為特徵之一，自我刺激的方式、強度因人而異。這些自我刺激包括甩手、戳眼球、搖晃身體等，自閉症者透過這些方式達到感官的滿足，卻因為這些自我刺激影響了學習成效。

理論基礎

自閉症者有滿足感官刺激的需求。有些是視覺、有些是聽覺，甚至是觸覺與嗅覺。對於這些不自覺卻會影響學習的行為，須針對自閉症者的所有感官的刺激進行消弱並建立適當的行為。

教學目標

㈠利用支撐架消弱學生的手部感官刺激。
㈡利用正向行為替代建立自閉症者良好的學習行為。

適用對象

低、中、高功能自閉症者（幼稚園至國中階段）。

先備能力

能聽懂簡單的指令。

教學材料

圖卡、支撐架。

教學策略

㈠感官消弱：利用支撐架消弱學生的手部感官刺激。
㈡建立正向行為：利用溝通圖卡建立學生正向行為。

教學步驟

步驟一：戴上支撐架阻斷小莉的自我刺激。

步驟二：孩子雙手戴上支撐架後無法將手交疊互搓，很快地看到小莉露出沮喪的神情。此時教學者可以對功能較佳的小組成員示範溝通板訓練，讓小莉在一旁觀看。

步驟三：拆下右手的支撐架，拿起餅乾的圖片（以實物圖片），引起學生注意，並提示學生觸摸或拿起圖卡。

步驟四：拿起兩張圖卡（餅乾與其他學生不感興趣的圖片），貼在溝通板上，並將溝通板立起問學生要不要吃餅乾。

步驟五：待學生觸摸或撕下餅乾圖卡，給學生相同的餅乾予以增強，並說：「小莉要吃餅乾。」之後給小莉一小塊餅乾增強。

步驟六：交換圖卡位置，重複操作一次，確定孩子已能區辨並熟識進行的教學目標。

附圖說明

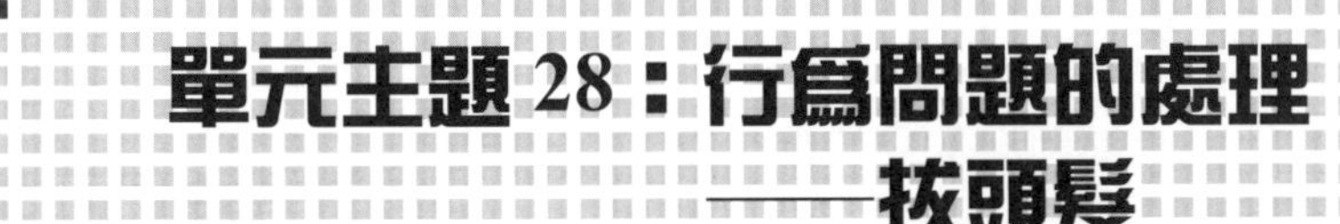

單元主題 28：行爲問題的處理——拔頭髮

李　珣

行為問題

小莉已經是小五的學生，慢慢進入惱人的青春期，一年前在情緒與需求無法表達時，曾以拔頭髮表達憤怒情緒。在教導小莉情緒表達的方式後，小莉不再以拔頭髮表達憤怒的情緒或需求。但最近進入青春期的小莉，突然開始拔起頭髮，一頭整齊的頭髮因為小莉不停地拔，開始出現圓形的禿髮，雖然小莉會在眾人談論時停止拔頭髮，卻仍然無法阻止小莉繼續拔髮。

原因

小莉拔頭髮的原因不似其他行為問題單純，除了先前因無法表達需求而以拔頭髮宣泄情緒外，生理因素、自我刺激等，都會是小莉喜歡拔頭髮的因素。

理論基礎

尋求自我刺激、持續的固持行為等是自閉症者的特徵之一，當這些行為對自閉者本身或他人，在生活或學習上造成困擾或傷害，就須找出行為發生的原因，利用不同的處遇解決這些行為問題。

教學目標

㈠停止不適當的自我刺激與固持行為。

㈡利用替代刺激建立自閉症者良好的學習行為。

㈢建立休閒的正向行為。

適用對象

低、中、高功能自閉症者（國小至國中階段）。

先備能力

能聽懂簡單的指令。

教學材料

樂高積木、紙黏土。

教學策略

㈠感官消弱：剪短頭髮使自閉症者無法追求指尖的感官刺激。
㈡替代刺激：利用樂高積木玩具替代指尖感官刺激。
㈢建立正向行為：培養孩子正當的休閒娛樂，如紙黏土、陶塑的正向指尖刺激。

教學步驟

步驟一：先帶孩子去看皮膚科醫生，確認是否為過敏或體質容易產生油脂等引起生理不適的因素。

步驟二：依行為功能做適當的處遇：如果孩子因為生理問題引起不適，依醫生建議搽過敏藥物，或將頭皮清洗乾淨，保持頭皮乾爽，解決皮脂分泌問題。

步驟三：將頭髮剪短，消弱孩子尋求指尖的感官刺激。

步驟四：引導孩子觸摸樂高玩具，利用積木上的突起替代孩子的指尖刺激。

步驟五：培養孩子的休閒娛樂，如紙黏土、陶塑等，以建立孩子正向的行為。

單元主題 29：固持行爲的處理——摘植物

許惠媚

行為問題

自閉症者喜歡摘各種植物的葉子、花、種子及果實，連看到電視中的蘋果都會說：「摘蘋果。」鄰居家種的水果不管熟了沒有，都會被他摘下來，摘了之後他會放在手中握很久。

原因

自閉症者除了喜歡摘植物外，也喜歡在手中握著東西，摘下來的植物他喜歡握在手中，有時也把摘來的水果吃了，除了摘東西的快感外，手部也有觸覺敏感的問題。

理論基礎

摘植物的行為必須處理的有兩個部分：一是不了解別人種的不能摘，二是手部習慣握著東西的情形；可以運用視覺線索標示種菜區域來協助自閉症者了解物品所有權概念，並以握球替代握植物的行為。

教學目標

㈠能培養物品所有權概念。
㈡能協助摘菜及洗菜工作。
㈢能以握球替代手握植物。

適用對象

低、中、高功能自閉症者（幼稚園至國中階段）。

先備能力

簡單口語表達能力、認識自己名字或照片。

教學材料

提示卡、卡片、種植植物所需配備。

教學策略

㈠建立所有權概念：自己種的植物（貼上姓名或照片）才可以摘，別人的東西不能摘。

㈡刺激控制：只有在特定地點可以摘植物。

㈢提示：卡片、口語及動作的提示。

㈣過度矯正：摘了不該摘的植物時，做對掌動作（單手大拇指分別去碰觸食指、中指、無名指及小指）練習五次。

㈤替代行為的建立：以握球替代握植物。

教學步驟

步驟一：以提示卡片做視覺及口語提示：「別人種的植物」、「我不可以去摘它」，當他想摘植物時立刻做提示。

步驟二：當他摘了不該摘的水果時，以動作提示他做對掌的動作（單手大拇指分別去碰觸食指、中指、無名指及小指），左右手各做五次，協調度好的人可以兩手同時做動作。

步驟三：自閉症者摘了植物會握在手上很久，當他握住植物不放時，請他把植物放下，給他一個球，請他握著球，慢慢數到 10。

步驟四：學習種植植物。

㈠在家中及學校讓自閉症者在菜畝或盆中種植植物，並劃分好區域，貼上每個學生的姓名或照片，以提示每個人都有自己的植物。

㈡在植物旁插上一把尺或棒子，依不同植物生長快慢及高度斟酌標上記號，教導學生植物在生長到標高時就可以摘下來。

㈢可同時種植生長期長短不同、形狀或觸感不同的植物。

㈣摘下植物前提示他只能摘自己種的那一區，如果想幫忙摘別人的，要以口語或卡片表達「我要幫忙摘」，或教學者要求他幫忙時，才可以摘別人的植物。

單元主題30：固持行為的處理——不停地甩手

賴月汝

行為問題

小明總是不停地甩動雙手，無論是走路、坐在位子上或是情緒興奮時，他的雙手就會不由自主的甩動，這種行為不僅影響學習，也造成他人對小明的不良觀感。

原因

小明雖然總是不停地甩手，但是，吃飯和操作物品時會暫停，所以他的甩手行為是自我刺激的手部固持行為。

理論基礎

學生會不由自主的甩動雙手，可能是一種固持行為，也可能是需要視覺的刺激，教學者必須先確定學生的行為動機，如果觀察到他看著別人或物品，還會繼續甩動雙手，那他的甩手動作就不是為了視覺的刺激，我們就必須消弱他無意識的行為。

教學目標

㈠停止自閉症者手部固持行為。
㈡建立自閉症者的正向行為。

適用對象

中、低功能自閉症者，及智能障礙者（幼稚園至國中階段）。

先備能力

具備理解簡單指令的能力。

教學材料

行為問題觀察紀錄表、小沙袋、球、手腕帶、手錶。

教學策略

㈠消弱：增加手腕的重量，使學生手部感到疲勞。
㈡區別增強替代行為（DRA）：教導學生用手拍球，替代甩手行為。

教學步驟

步驟一：教學者先對學生做五至七天的行為觀察紀錄，確認學生的手部固持行為的動機，並記錄行為發生的次數與持續時間。

步驟二：教學者在學生的兩手腕上綁 700 公克（重量可依學生年齡而定）重的小沙袋，約持續三天，讓學生感受手部重量而增加手部力氣的負擔。

步驟三：教導學生用手拍球，減少無意識甩手的次數（附註：對於較低功能學生，可以把球綁著垂吊，讓學生用手擊球）。

步驟四：重複步驟二，但是重量必須每兩天依次遞減，從 600 公克→500 公克→400 公克→300 公克→200 公克→100 公克。

步驟五：教學者把學生手腕上的小沙袋，換成一個較寬的手腕帶，並且漸漸地將手腕帶變細，約持續七天。

步驟六：最後，教學者可以在學生的手腕繫上手錶，讓學生看錶取代甩手動作。

單元主題31：固持行為的處理——搖晃身體

許惠媚

行為問題

自閉症者常坐在椅子或地上前後搖晃身體，有時背部會大力地碰撞椅背或牆壁，搖著搖著會興奮地大笑或到處跑；而小力搖晃的時候則表情平靜，有時搖著搖著就睡著了。

原因

自閉症者運動量不足且空閒時間太多，輕輕搖晃身體時，可以使自己感到舒服，重重搖晃身體並碰撞牆面又使他感到刺激。

理論基礎

自閉症兒童缺乏適應技巧，程度愈重，發展溝通行為就愈困難，因而對環境變化無法因應，就容易出現固持行為，運用策略逐步消弱行為，但不必全面禁止，因其固持行為也可以作為學習活動的增強。

教學目標

㈠能理解口語指令「不可以」。
㈡能知道在固定位置及時間才可以搖晃身體。
㈢能嘗試玩玩具。

適用對象

低、中功能自閉症者及重度智能障礙者（幼稚園至國中階段）。

先備能力

能有眼神注視。

教學材料

計時器、負重背心、卡片。

教學策略

㈠每天定時穿負重背心：安穩情緒。

㈡加強運動的質與量。

㈢感覺改變策略：在椅背套上軟質靠墊，降低撞擊產生的聲音及觸感。

㈣刺激控制：在固定地點及時間可以搖晃身體，其他時間、地點則禁止。

㈤正向行為的建立——玩玩具。

教學步驟

步驟一：㈠每天到校就穿上負重背心做運動（跑步、墊上運動等）30 分鐘。

㈡做完運動讓他到固定位置上坐（允許他搖晃身體），以計時器計時 10 分鐘；時間到了就以口語及卡片提示他不可以搖晃身體，並在他開始搖晃時制止他。

步驟二：示範：

㈠教導者示範並引導他玩玩具，若出現玩玩具行為馬上給與鼓勵，活動結束讓他到固定位置上坐（允許他搖晃身體），以計時器計時 5 分鐘。

㈡時間到了就以口語及卡片提示他不可以搖晃身體，並在他開始搖晃時制止他。

步驟三：逐步引導自閉症者玩不同的玩具或學習新技能，也逐步減少坐在固定座位的時間。

單元主題32：固持行為的處理——自己跑出去玩

許惠媚

行為問題

自閉症者常常趁家人沒注意時，自己從家中跑出去，因為他對附近社區的道路很熟悉，常一溜煙就不見人影，一個人跑到鄰居家、大街上或學校玩，讓家人擔心又困擾。

原因

自閉症者已經習慣每天都要出去，不管天氣狀況如何，只要他跟媽媽要求要出去，媽媽說不可以，他就會很生氣，而有一些破壞家中物品的行為，而且會趁家人不注意的時候自己跑出去。

理論基礎

自閉症者的固持行為一旦養成就很難消除，他無法了解為什麼上次可以出去，這一次就不可以，自閉症者必須學習了解什麼時候可以出去、表達想去哪裡的能力，如果能力可及，也要練習獨自出去回家的能力。

教學目標

㈠能表達想去哪裡。
㈡能用圖片、詞卡或口語告知家人要出去。
㈢能嘗試自己出去玩。

適用對象

中、高功能自閉症者（幼稚園至國中階段）。

先備能力

簡單的口語表達能力。

教學材料

作息表、卡片、計時器、照片、溝通簿。

教學策略

㈠提示：運用計時器、口語、卡片及動作提示。
㈡情境教學。
㈢給與替代方案的選擇。

教學步驟

步驟一：建立每天作息表。

㈠建立自閉症者在家每日作息表，讓他清楚每天回到家或假日在家的作息；剛開始在每天作息表中排入「出去玩」的活動，當他完成前一項活動時，以卡片提示他今天可以出去玩。

㈡呈現一週作息表：作息表中剛開始每週有一到兩天不排入「出去玩」的活動，並在每週一就先將活動表概覽，清楚說明星期○可以出去玩，星期○不可以出去玩，之後每天都要不斷提醒。

步驟二：教導表達意願。

㈠認識自閉症者愛去的地方名稱（必要時加照片）。

㈡給與自閉症者選擇的機會，剛開始給與兩張卡片做選擇，讓他選擇一張卡片，告訴他想去○○玩要說：「我要去○○玩。」

㈢選擇性可以逐漸增加，當他了解做選擇的意義時，將出去玩的溝通簿放在門口，在出去玩之前自己選擇一張並告訴家人：「我要去○○玩。」

步驟三：讓自閉症者學習了解為什麼不能出去玩。

㈠作息表上沒有出去玩的圖卡——表示那一天不能去玩。

㈡作息表上有排定出去玩但卻必須暫停：

1.天氣不好（下雨、好冷、太熱）。

2.時間因素（天黑）。

3.家人走不開（好忙）。

4.自閉症者沒有完成前一項作息。

㈢自己溜出去玩沒有告知時，便將下一次出去玩暫停。

步驟四：呈現不能出去玩時的替代方案。教學情境有以下兩種：

㈠當天原本就沒有排出去玩的作息時，必須排入一項自閉症者在家最喜歡的活動來吸引他留在家裡。

㈡原本排定出去玩，但是因故暫停無法出去玩時，先以口語及卡片告知不能出去玩的原因，例如：「因為下雨，所以不能出去玩。」請他自己選擇一項替代方案在家中做。

步驟五：嘗試讓自閉症者自己出去玩。原則：時間由短到長、距離由近到遠，並以計時器或攜帶式鬧鐘提示他時間到要回家。

㈠剛開始在自己院子裡玩，鈴聲響時自己回家給與鼓勵，反之則去帶他回來並告訴他鈴聲響時要回來。

㈡到附近公園或學校練習，家人坐在不遠處，先提醒時間到要來找家人，鈴聲響時自己回來給與鼓勵，反之則去帶他回來，並告訴他鈴聲響時要回來。

單元主題 33：固持行為的處理——摸耳朵

許惠媚

行為問題

自閉症者喜歡摸別人的耳朵，在家裡及學校常常想摸耳朵，在外面也會伸手去摸路人的耳朵。

原因

剛開始家人對其摸耳朵的行為不以為意，並不加以制止，有時還會和他玩碰耳朵的遊戲，漸漸地他摸別人耳朵的次數愈來愈頻繁，制止他時他會收手，但是常常看著旁邊的人的耳朵露出笑容，似乎覺得這是很有趣的事。

理論基礎

摸耳朵的行為有引起注意的動機，因為他雖然有與他人互動的動機，但是沒有適切的社交技巧，缺乏良好社交技巧是自閉症者的特徵之一，除了教導替代行為之外，也必須教導與他人互動的社交技巧。

教學目標

㈠能以對掌動作替代摸耳朵動作。
㈡能學習與他人合宜的互動方式。
㈢認識身體哪些部位不可以侵犯。

適用對象

低、中、高功能自閉症者（幼稚園至國中階段）。

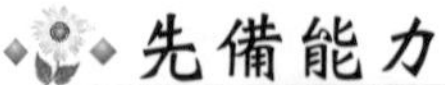

先備能力

基本口語能力。

教學材料

卡片、身體圖卡。

教學策略

㈠替代行為：以對掌動作替代摸耳朵行為（也是一種過度矯正）。
㈡提示：以提示卡提示他做自我控制。
㈢正向行為的建立：教導正確互動方式。

教學步驟

步驟一：當自閉症者去摸別人的耳朵時，口語告訴他：「不可以。」並以動作提示他做對掌的動作（單手大拇指分別去碰觸食指、中指、無名指及小指），左右手各做五次，協調度好的人可以兩手同時做動作。

步驟二：在桌上及牆上貼上提示卡片：「我想和別人玩」、「要用嘴巴說」，以作為平時提示用（當他無聊時、一直看別人耳朵時）。

步驟三：教導社交用語的使用。

㈠我想要○○○：教導以卡片或口語表達想做什麼，如我想玩玩具。
㈡我想要○○○：教導以卡片或口語回應「你想做什麼？」的問題。
㈢我想和○○玩：教導以卡片或口語表達想和誰一起玩。
㈣我想和○○玩：教導以卡片或口語回應「你想和誰一起玩？」的問題。

步驟四：認識合宜的身體接觸方式。

㈠請示範者示範要去摸教學者的身體，教學者握住他說：「不可以摸○○。」
㈡以身體圖卡來教導自閉症者別人身體的哪些部位不可以摸：

1. 先認識這些部位名稱，包含耳朵、臉、軀幹各部位。

2. 請學生在這些部位貼上打×圖案表示不可以去亂摸。

（須放大處理）	不可以摸	耳朵

㈢教導什麼時候可以和別人做什麼樣的身體接觸：以圖卡及示範引導認識合宜的情境及動作，如：跳舞的時候可以和人牽手、問候的時候可以和人握手等。

跳舞	問候

單元主題34：固持行爲的處理——不停地開抽屜

▶楊馥如◀

行為問題

自閉症者每天到教室後，就會把置物箱的每個抽屜都開一遍。甚至在閒暇時刻，他也會經常開抽屜。該行為出現的頻率非常高，教學者認為該行為影響到教學品質。

原因

自閉症者以前養成的習慣，會將寫好的作業單放入抽屜內。因此，他認為每天一定要開關抽屜才算完成學習。

理論基礎

自閉症者對於日常生活的改變會感到困擾而且沮喪，他們會堅持一定得照著同一套準則做同樣的例行工作，很固執的不願做改變。

教學者藉由引導學習開關抽屜的適當時機以及正確使用口語表達需求，將行為轉化為具有意義的動作。

教學目標

㈠學習開關抽屜的適當時機。

㈡學習正確使用口語表達開抽屜的需求。

適用對象

中、低功能自閉症者（國小至國中階段）。

先備能力

能聽懂指令、具口語表達能力、具認知圖卡能力。

教學材料

溝通圖卡、置物櫃（具有數個抽屜）、學用品（彩色筆、聯絡簿）、學生喜歡的食物：如棒棒糖等。

教學策略

(一)教學者以動作先示範拿取圖卡，讓學生觀察學習。

(二)提示：

1. 圖卡，教學者呈現圖卡給學生看。
2. 口語＋動作（具有口語者）：教學者先示範動作（拿圖卡），視學生能否模仿動作。
   教學者說：「老師，我要拿鉛筆。」
   學生仿說：「老師，我要拿鉛筆。」
3. 動作（無口語者）：教學者先示範動作，視學生能否模仿動作。
4. 次數：依學生狀況，減少提示的步驟，並慢慢褪除提示。

(三)時間延宕：給學生 3 秒鐘的回應時間，計時默數方式：001、002、003，依學習狀況決定延宕時間的長短。

(四)增強：

1. 學生正確完成動作則給與社會性增強。
2. 當學生表現良好時，請他幫同學從置物櫃取放學用品。

教學步驟

教學目標一

步驟一：(一)早上到校後，教學者請學生幫忙檢查同學的聯絡簿是否放進置物櫃中。

(二)教學者展示聯絡簿圖卡（如圖一）。

㈢教學者：「○○，檢查同學的聯絡簿都放進抽屜了嗎？誰的聯絡簿沒有放好，馬上告訴老師喔！」

㈣學生：「○○還沒有。」或是「○○沒有。」

㈤教學者給與社會性增強（誇獎學生很棒！檢查很仔細）。

步驟二：㈠放學回家前，教學者請學生幫忙檢查同學的鉛筆盒是否放進書包中。

㈡教學者展示鉛筆盒圖卡（如圖二、三）。

㈢教學者：「○○，檢查誰的鉛筆盒放在抽屜裡，馬上拿出來告訴老師喔！」

㈣學生：「○○的在抽屜裡。」

㈤教學者：「好棒喔！○○幫了老師好大的忙喔！」

補充說明：良好表現時的正增強：

㈠請學生幫忙把同學的學用品從置物櫃中取出或放回。

㈡閒暇時，從抽屜中拿出學生喜歡的彩色筆畫畫（須配合使用口語表達需求）。

步驟一：㈠下課前，教學者跟全班說：「○○今天很棒，可以當小助理幫同學把學習單放回他們的抽屜中！」

㈡教學者展示學習單圖卡給學生看並請他幫忙放回學習單（如圖四）。

㈢當學生放置時，教學者請全班給與鼓掌。

步驟二：當學生表現良好時：

㈠教學者展示彩色筆圖卡（如圖五）。

㈡老師：「○○，你今天表現很好喔！你可以到抽屜拿彩色筆畫畫。」

教學目標二

步驟一：㈠當學生要去開抽屜之前。

㈡教學者：「你要拿什麼？」

㈢教學者請小明示範拿橡皮擦圖卡（如圖六），口中說：「要拿橡皮擦。」

步驟二：㈠時間延宕 3 秒鐘，觀察學生是否做出正確動作以及仿說。

㈡學生做出正確動作（有、無口語者）則立即給與社會性增強，並讓學生到置物櫃拿橡皮擦（具有口語者還須以口語表達要拿橡皮擦）。

㈢若學生無反應，教學者可適當提示學生做出模仿動作。若學生未做出正確動作，則告訴學生沒有拿卡片不能開抽屜。

步驟三：㈠教學者帶著學生反覆練習步驟一到二數次。

㈡當學生熟練程度達到可自行拿圖卡表達或以口語表達時，則教學者可逐步褪除圖卡的提示，直接使用口語表達（具有口語者）。若未正確表達則重新呈現圖卡提示，且訓練至精熟為止。

附圖說明

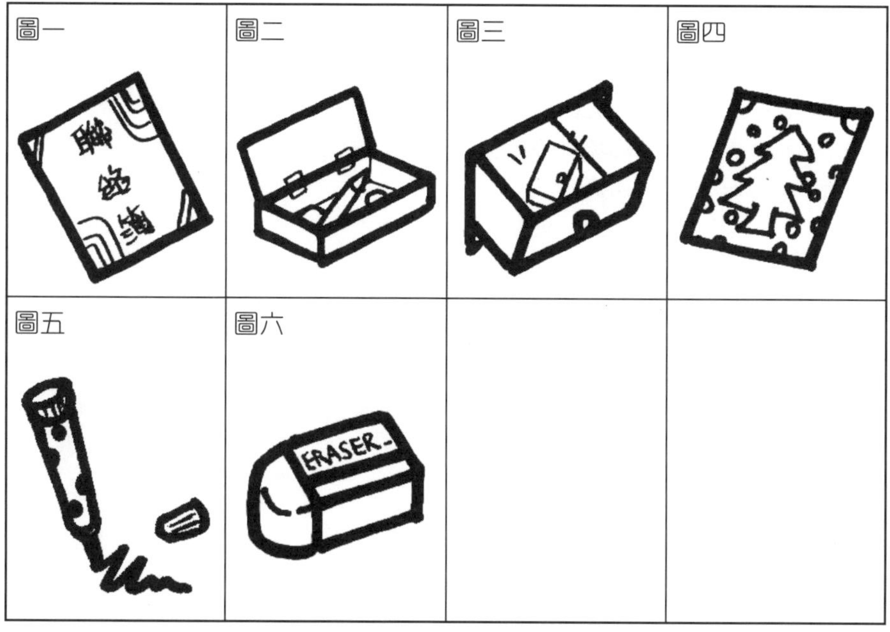

單元主題35：攻擊行為的處理——生氣捏人

楊馥如

行為問題

自閉症者常在教學者不注意的情況下，用手抓傷其他同學，同學受到攻擊後，會向教學者告狀，他因此感覺得到關注，同時情緒得到紓解。但是，攻擊行為對於教學者和其他同學造成嚴重困擾。

原因

自閉症者遇到挫折時，會不動聲色的先將情緒暫時隱藏起來，待至其他情境中，當大人未注意到他的行為時，便對身旁同學出現攻擊行為。他因為情緒表達上的障礙，無法以適合的方式表達需求和挫折，轉而以抓傷同學的方式來發洩怒氣。

理論基礎

自閉症者常有情緒表達上的障礙，不容易正確掌握情緒控制的能力及清楚表達自己的感受。以功能性溝通的角度來分析孩子的行為問題，藉著教導轉化情緒發洩的目標及利用社會故事的引導，讓學生學習自我控制的能力。

教學目標

㈠減少攻擊行為發生，學習適當情緒的表達方式。
㈡學習轉移情緒發洩對象。
㈢以社會故事學習控制情緒的方法。

適用對象

中、低功能較少口語自閉症者，及重度智能障礙者（國小至國中階段）。

先備能力

能聽懂指令、能辨別喜／怒兩種情緒圖卡、能拿取圖卡。

教學材料

溝通簿、社會故事自我指導短文、沙包、麵糰、學生喜歡的音樂、視覺線索（沙包位置）。

教學策略

㈠示範：教學者以動作先示範，讓學生觀察學習。

㈡提示：

1. 方式：
   (1)圖卡，教學者呈現圖卡給學生看。
   (2)動作（無口語者）：教學者先示範動作，視學生能否模仿動作。
2. 次數：依學生狀況，減少提示的步驟，並慢慢褪除提示。

㈢時間延宕：給學生 3 秒鐘的回應時間，計時默數方式：001、002、003，依學習狀況決定延宕時間的長短。

㈣增強：

1. 學生正確完成動作則給與社會性增強。
2. 當學生表現良好時，可以給與他喜愛的東西。

教學步驟

教學目標一

步驟一：㈠當學生出現抓人意圖之前，會先低聲說：「生氣。」以此表達憤怒的心情。

㈡教學者聽到後，立即拿出憤怒表情圖卡（如圖一）展示給學生看，口中同時說：「○○（學生的名字）生氣！」

㈢提醒學生跟著仿說，及找出自己溝通簿裡的憤怒表情圖卡（如圖一）。

步驟二：㈠時間延宕 3 秒鐘，觀察學生是否能跟著仿做和仿說。

㈡若學生能做出指定動作，教學者立即給與社會性增強，學生如無反應，教學者適當提示學生做出回應。

步驟三：教學者帶著學生反覆練習步驟一到二數次，以達熟練程度。

教學目標二

步驟一：㈠當學生生氣時，能以圖卡向教學者表達情緒。

㈡教學者立即帶學生到教室內的安靜角落（如圖二）（固定讓學生在該角落緩和情緒並具視覺線索）。

㈢教學者展示捏的圖卡（如圖三）給學生看，示範捏沙包的動作五次，每捏完一次立即撕下一張圖卡。

㈣提醒學生也跟著仿做。

步驟二：時間延宕 3 秒鐘，觀察學生是否做出正確動作。

㈠若學生能模仿捏沙包動作，則教學者立即給與社會性增強。

㈡學生如無反應，教學者適當提示學生做出回應。

㈢練習數次，以達熟練程度。

步驟三：請學生回到座位上，深呼吸五次。

步驟四：㈠教學者帶領學生緩慢地從 1 數到 5。

㈡學生學習情形良好，則給與學生聆聽其最喜歡的音樂，並給與社會性增強。

教學目標三：以社會故事學習控制情緒的方法

步驟一：㈠教學者拿出圖卡，唸讀圖卡內容給學生聽。

㈡教學者帶著學生做示範動作，並給與口語提示。

㈢反覆練習至學生熟悉步驟為止。

㈣學生完成後，立即給與社會性增強及正增強（播放〈小花貓〉音樂）。

㈤當學生熟悉社會故事步驟後，即可褪除社會故事，若學生問題行為再次出現，則重新呈現社會故事，且訓練至精熟為止。

附圖說明

我叫作○○○。

當我生氣時，我會說：「生氣！」

然後拿卡片給老師看，告訴老師：○○生氣！

我會走到角落去捏沙包五下。

回到座位上，深呼吸五次，從 1 數到 5 。

告訴老師我要聽〈小花貓〉。

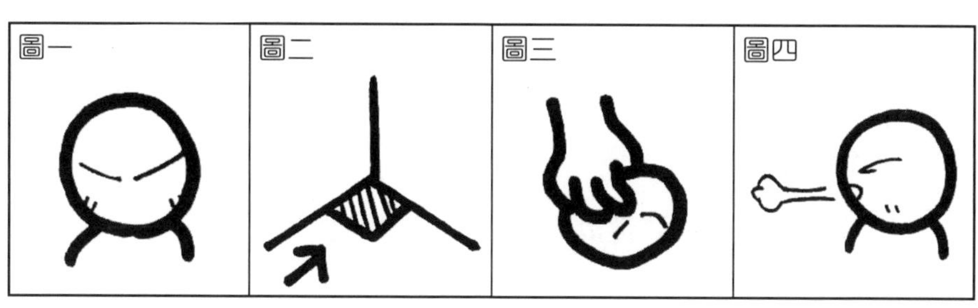

單元主題36：不當打招呼——捏人

楊馥如

行為問題

自閉症者凡是見到成人都會微笑的伸手去捏別人，希望引起別人的注意來表示善意，但這並非是個適當的溝通方式。

原因

自閉症者因為缺乏良好口語表達能力及溝通能力，使得他不知道如何以正確方式表達善意。

理論基礎

以功能性溝通訓練來分析其行為問題的功能，根據分析出來的結果，設計一套能產生相同功能的溝通方法，並且教導自閉症者在適當時機使用以替代原來的問題行為。

教學目標

㈠學習了解圖卡意義。
㈡減少不當行為發生。
㈢學習正確使用溝通圖卡。

適用對象

低功能無口語自閉症者、極重度智能障礙者（國小至國中階段）。

先備能力

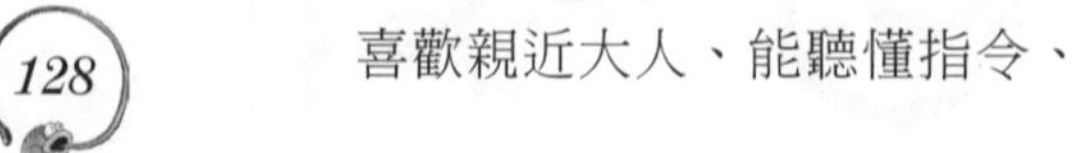

喜歡親近大人、能聽懂指令、具識別圖片能力。

教學材料

溝通圖卡、學生喜歡的零食、學生喜歡親近的大人。

教學策略

㈠功能性評量：分析學生問題行為的動機。

㈡示範：教學者示範拿取圖卡展示給學生喜歡的成人看，並顯現微笑表情，讓學生觀察學習。

㈢提示：

1. 方式：

⑴圖卡，教學者呈現圖卡提示學生要拿取圖卡。

⑵動作＋口語，教學者手指著自己的臉部微笑表情，並視學生能否模仿做出該動作。

2. 次數：依學生狀況，減少提示的步驟，並慢慢褪除提示。

㈣時間延宕：給學生 3 秒鐘的回應時間，計時默數方式：001、002、003，依學習狀況決定延宕時間的長短。

㈤增強：

1. 學生正確完成動作則給與原級增強。

2. 當學生能在適當情境表現正確行為，立即給與社會性增強。

㈥隨機教學：在安排好的情境下，學生看見喜歡的成人時，想要伸手去捏之前，教學者立即給與提示要拿取圖卡。

㈦功能性溝通訓練：教學者透過訓練學生拿圖卡並露出微笑以示善意。

教學步驟

教學目標一

步驟一：㈠教學者和學生相對而坐，教學者先示範，學生觀察學習。

㈡教學者一隻手先拿著溝通圖卡展示給學生看（如圖一）。

㈢教學者臉上露出微笑表情，表示「喜歡」的意思，另一手則指著自己的臉部表情。

步驟二：(一)時間延宕 3 秒鐘，觀察學生是否做出正確動作。

(二)當學生有反應時，教學者立即帶著學生面對鏡子（如圖二）做相同步驟的練習，讓學生對照圖卡以及鏡子內的表情（一對一教學）。

(三)學生如無反應，教學者適當提示學生做出回應。

(四)若學生能做出指定動作，教學者摸摸學生的頭表示鼓勵。

步驟三：(一)教學者帶著學生反覆練習步驟一到二數次。

(二)當學生熟練程度達到一拿到該張圖卡就展現微笑表情時，則教學者可逐步褪除提示。

教學目標二

步驟一：(一)當學生見到喜歡的大人，出現微笑並準備伸出手之際。

(二)教學者立即抓著學生的手練習撕下溝通圖卡，並展示給對方（喜歡的大人）看（如圖一）。

(三)學生喜歡的成人立即給與社會性增強（口頭獎勵、摸摸學生的頭、比出好棒的動作）。

步驟二：(一)教學者帶著學生重複練習相同步驟直至學生熟練為止，則教學者可逐步褪除協助。

(二)當學生再度出現捏人行為時，教學者立即掀開衣物指著被捏而紅腫的部位，教學者用手抓著學生捏人的手，指著紅腫的部位說：「○○看！」提醒學生注視紅腫部位。

(三)教學者：「痛痛！不喜歡。」並且顯現出生氣及憤怒表情。

(四)教學者抓起學生的手，輕輕拍打一下手背以示懲罰，讓他了解該行為是不適當的。

(五)帶領學生再度複習目標二的步驟以學習正確行為直到熟練為止。

附圖說明

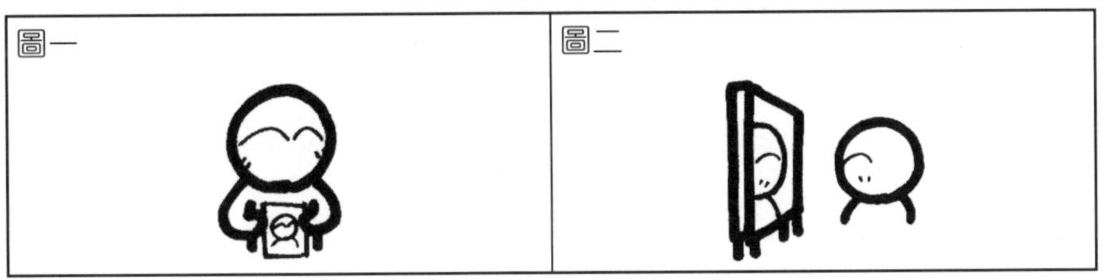

單元主題37：自傷行爲的處理——打頭

李　珣

行為問題

上學時間，交通車已到教室門口，一下車隱隱約約聽到小明一邊哀嚎一邊打頭的聲音。接著在教室門口又叫又跳，頭打急了，乾脆整個人賴在地上，這是小明進入特教班的第一天，好說歹說的才肯進入教室，一進教室，小明立即衝進教室角落，拿起塑膠玩具又甩又摔，上課時間到，塑膠玩具還不離手，才將玩具從小明手中拿走，又是一陣劈哩啪啦的打頭聲，怎麼拉也不願意坐到位置上。教學者手忙腳亂了半天，好不容易安靜了一會，小朋友突如其來的聲響，又讓小明的情緒激動了起來，真是好混亂的一天。

原因

剛進入特教班的小明，開始要學習規律的生活作息，不能像以前一樣玩遊戲、吃糖果，不想上課的時候也不能隨便離開位置。開學了，新的環境、新的同學、新的老師，還有不同的作息時間，由於不會適當的表達與溝通，小明開始以打頭的方式表達自己的種種不適應。有時突如其來的聲響也會讓小明生氣地直打頭，有時前一秒鐘還好好的，下一秒鐘莫名的情緒一來，都會讓孩子情緒一陣波動。

理論基礎

異常的情緒行為是自閉症者的特徵之一。對於陌生的環境，不同的人、事、物常常讓自閉症者適應困難。再加上大部分的自閉症者無法正確的表達情緒與需求，有時會以自傷的方式表達無法表達的情緒，以致情緒累積，用更頻繁的自傷行為表達自己的情緒。自傷的原因不一而足，

針對自閉症者發生的自傷情境，做行為的功能性分析；以長時間的觀察並記錄，針對每個發生的原因與狀況做應對與處遇，並配合功能性溝通訓練，方能減少自閉症者的情緒波動與降低自傷的發生。

教學目標

㈠利用功能性分析找出自傷行為的功能。
㈡利用功能性溝通訓練，預防自閉症者因無法理解周遭情境、情緒轉換困難，或因無法表達需求等因素，而引起情緒障礙之自傷行為。
㈢培養自閉症者自我約束的控制能力，能以不同的方式表達情緒，減少自傷的情形。
㈣培養自閉症者的正向行為與功能性溝通取代自傷行為。

適用對象

低、中、高功能自閉症者（國小至國中階段）。

先備能力

具備理解簡單指令的能力。

教學材料

功能性分析行為紀錄表、圖卡、溝通簿。

教學策略

㈠功能性觀察紀錄：自閉症者的自傷行為大致可以分為以下四種原因：

1. 逃避工作（task）或情境。
2. 引起注意。
3. 滿足自我刺激的需求。
4. 獲取想要的事物。

藉由此一觀察紀錄，利用功能性分析找出解決的方式。

㈡功能性溝通訓練：利用圖卡提示（圖片兌換溝通系統）與溝通簿，訓練自閉症者以功能性溝通，表達需求以代替自傷行為。

㈢社會性增強：利用社會性增強替代負面的行為反應，例如：當孩子

開始有情緒上的波動，可以對他說：「棒小孩不生氣，○○○最棒，如果乖乖上完課就可以到遊戲角去。」取代對孩子說不可以生氣、不可以打頭（須注意社會性增強的時機；平時在孩子表現好的時候，即須口頭讚賞與鼓勵，亦可給與擁抱、摸頭等讓孩子感受到關愛。藉此一社會性增強內化孩子的正向行為，在孩子情緒波動的前兆，可以讓孩子學會自我正向增強與自我控制）。

教學步驟

步驟一：請家長協助將自閉症者居家時所發生的自傷行為，做一觀察紀錄，以功能性分析找出孩子自傷發生的前因、強度、頻率與自傷發生時的處置方式。

步驟二：依行為功能做適當的處遇：

㈠逃避工作（task）或情境：利用溝通板或視覺線索提醒孩子，在工作未完成時不可離開現場；改變教學內容引起學生興趣，使孩子能接受工作規範。此外亦可縮短工作時間、降低工作難度，或以圖卡教導自閉症者表達不喜歡的情緒。

㈡引起注意：若孩子因一時的被忽略想要引起注意，可以口頭提示：「棒小孩不生氣，坐好等老師。」

㈢滿足自我刺激的需求：利用其他孩子有興趣的事物轉移孩子的注意力。

㈣獲取想要的事物：待孩子情緒穩定後，利用溝通板確定孩子的需求，在孩子表現適當行為時，給與孩子喜歡的事物作為增強。

單元主題 38：自傷行爲的替代方案

林淑娟

理論基礎

自閉症者往往因自我刺激而有一些固持性的動作，而這些動作往往因緊張與焦慮而產生自傷行為。為了減少或改善自傷行為的產生，利用替代行為來轉移學生的自傷行為是有其必要性的。

教學目標

㈠能知道自傷行為是不可以的。
㈡能減少學生的自傷行為次數。
㈢能用替代行為協助學生改善自傷行為。

適用對象

有自傷行為的自閉症者（幼稚園至國中階段）。

先備能力

㈠能聽得懂教學者的簡單指令。
㈡會擠壓球。

教學材料

㈠提示圖卡。
㈡手掌大的軟球一至二個。
㈢社會故事提示卡及冊子。
㈣學生喜歡的增強物（食物、玩具或社會性增強）。
㈤自傷行為觀察表。
㈥溝通訓練紀錄表。

教學策略

㈠說明：利用社會故事，口語、動作或圖卡及不打頭的提示冊子的方式，讓學生知道打頭是件不好的事。

㈡示範：由教學者示範握住軟球並做壓擠的動作。

㈢提示：口頭或用動作提示學生不可以再打自己的頭部，並告訴學生拿出軟球做替代行為。

㈣時間延宕：以默數 001、002、003……方式觀察學生是否會抓握並擠壓軟球。

㈤增強：學生能做出擠壓軟球行為時，須立即給與增強物。

教學步驟

步驟一：在學生未出現自傷行為之前，必須讓學生知道打頭的動作是不對的，可以輔助社會故事進行教學。

㈠有口語能力者：直接告訴他「不要打頭」，並以動作或痛苦表情，讓學生知道打頭是很痛的。

㈡無口語能力者：以「不要打頭」圖卡及動作的提示，讓學生知道打頭是件不好的事。

社會故事

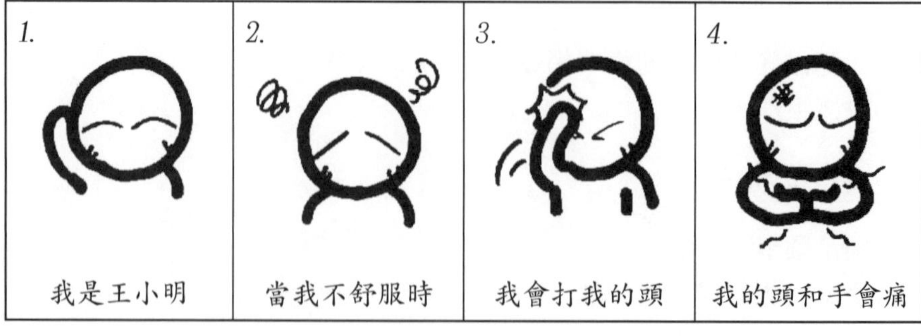

5.	6.	7.	8.
我可以拿出球來	用力擠壓球	 這樣我的頭 就不會受傷	 老師會高興
9. 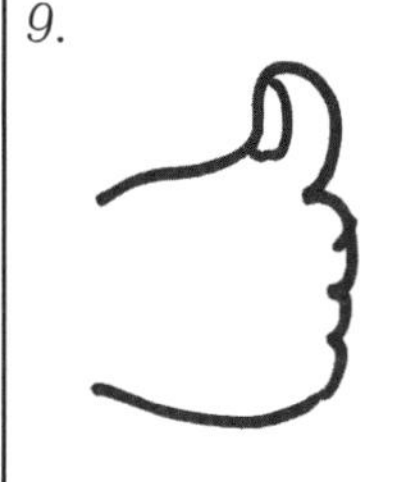 老師也會稱讚 我好棒！			

社會故事可以編成一本小冊子，放在學生抽屜中，學生如發生自傷行為時，教學者或其他同學能夠拿出冊子作為提示，慢慢再褪除提示。

步驟二：教學者拿出軟球做抓握及擠壓的動作。

步驟三：拉住學生的手說：「抓住這顆球。」並做擠壓軟球的動作。

步驟四：教學者將手放開，比出抓握球動作提示學生，以時間延宕，等待學生的反應，學生如做出正確動作，立即給與增強物。

步驟五：褪除動作的提示以及減少語詞，如「抓球」，學生如做出正確動作，立即給與增強物，慢慢再褪除增強物。

步驟六：當學生出現自傷行為時，教學者必須先行阻止，再做替代行為。

補充說明：

㈠自傷行為的觀察紀錄表：當教學者開始計畫尋找替代方案或較好的方式，來改善孩子的自傷行為時，教學者必須做行為功能性分析，透過一段時間規律性的觀察並且詳細的記錄學生自傷行為，以預防或改善其自傷行為發生，其內容如下：

類型／頻率／劇烈性	在什麼狀況之下會發生	在什麼狀況之下不會發生	自傷的結果是如何	適當行為或替代方案

範例

類型／頻率／劇烈性	在什麼狀況之下會發生	在什麼狀況之下不會發生	自傷的結果是如何	適當行為或替代方案
打臉，每分鐘十五次，劇烈拍打	被要求工作時	玩玩具卡車時	停止工作，並將他安置在隔離的空間	給他玩玩具卡車並且做溝通訓練

㈡溝通訓練減少自傷行為：

	情境	形式	功能	語意
問題行為溝通分析	工作時	打頭	不願意	不願意做老師所指派的工作
溝通訓練	工作情境	利用圖卡做溝通	做「不願意」、「不要」的溝通訓練	教學者可以用「不願意」的圖卡訓練學生表達自己不願意工作的情緒

(三)其他自傷或問題行為的替代方案：

自傷或問題行為	替代物	替代行為	圖卡提示
打下巴或臉	軟球	可以給學生一個軟球並教他壓擠軟球	
拔頭髮或扯眉毛	絨毛娃娃、橡皮筋	可以給學生一個有頭髮或絨毛的東西或是橡皮筋，讓他能拉扯	
打臉頰或前額（頭）	觸覺球	可以讓學生緊握觸覺球，利用觸覺刺激，減緩學生不安的情緒	
打大腿	圓形物品	可以讓學生滾動圓形的橡皮擦或在手心上搓揉，或做輕拋橡皮擦的動作	
撞牆壁或撞牆	籃球	教學生輕拋籃球或拍籃球	
重敲桌子	拍手動作	教學者可以教他與同學或教學者雙手做互拍動作十下左右	

第二部分

社交技巧

單元主題 1：正確引起注意的方法

林嘉齊

理論基礎

自閉症者往往因語言上的障礙或是社交方面的障礙，常會以不正確的方式來引起他人注意，因此教導自閉症者學習有效且正確的引起注意的方法是十分必要的。

教學目標

㈠能找到要引起注意的對象的人。
㈡能與欲引起注意的目標人物保持適當距離。
㈢能以有效的方法引起注意。

適用對象

低、中、高功能自閉症者（幼稚園至高中階段）。

先備能力

㈠有表達溝通意願的動機。
㈡能按壓按鈕。
㈢大肌肉動作良好。

教學材料

可攜式語音溝通板一個、能搖動發出聲音的樂器一個、情境圖片組（從正面接近時、從背後接近時）、有色小圓點貼紙、空心圓點貼紙、自製教學影片、自我提示卡。

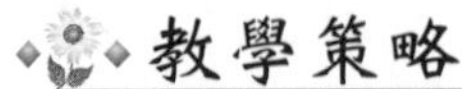

教學策略

㈠示範：教學者與協助者擔任示範工作，示範一次正確引起注意的方法。

㈡提示：

1. 教學者以語言或肢體動作提示學生。
2. 教學者以播放自製教學影片方式，讓學生重複觀看正確引起注意的方式。

㈢時間延宕：固定式時間延宕。各個步驟中，容許學生反應延宕時間。

1. 中、低功能：5 至 7 秒鐘。
2. 高功能：3 秒鐘。

㈣增強：

1. 社會性增強：言語鼓勵「很棒」或「做得很好」、摸摸學生的頭表示很棒。
2. 增強物：完成任務後，給與增強物或是喜愛的活動。

㈤褪除：待學生熟悉可碰觸的肢體位置時，慢慢將圓點縮小，甚至改為空心圓，最終可完全撤除。

㈥類化：

1. 將人物做更換，要求學生練習至少五次。
2. 可延伸引起注意的距離或位置。

教學步驟

個別指導教學→情境模擬練習→置換情境練習。

階段一：個別指導教學

步驟一：引起注意的方法。

㈠教導低功能無口語學生拿起樂器搖動發出聲音後，教學者馬上給與注意，並給與社會性增強：「好棒」，讓學生了解只要搖動樂器，教學者就會給與注意。

㈡待學生熟悉此一模式後，改採以按壓語音溝通板發出聲音來引起教學者注意。

(三)為避免學生亂按溝通板，教學者須訓練學生在完成工作後，或有需求時，才可以按壓溝通板。

步驟二：近距離引起注意的方式。

(一)教學者呈現情境圖片提示學生與欲引起注意者的相對位置。

(二)教學者示範由正面接近時，以揮手、叫喊對方名字或口語「你好」向協助者引起注意的方法。

(三)教學者示範由後面接近時以拍手、叫喊對方名字或以手指輕觸、拍或拉協助者的肩膀，或輕拉手臂、手掌；並請先在協助者身上貼上圓點貼紙，提示可以碰觸的地方。

(四)待協助者回應「請等一下」後，教學者應示範停止引起注意並保持安靜。

(五)如肢體動作有困難者或無口語能力者，可以按壓溝通板方式，發出聲音來引起注意。

步驟三：較遠距離引起注意的方式（較適用於室外）。

(一)教學者示範由正面接近可以看見對方時，以揮手、大聲叫喊對方名字，向協助者引起注意的方法，如有戴帽子可脫下帽子揮舞。

(二)教學者示範由後面接近可以看見對方時，以大聲叫喊對方名字，向協助者引起注意的方法。

(三)待協助者回應後，教學者應示範停止引起注意，並保持安靜。

階段二：情境模擬練習

準備活動一

教室中學生剛完成了工作，剛好教學者正在指導另一個學生，學生要以正確方式來引起教學者注意。

步驟一：學生接近教學者身旁或轉頭看著教學者。

步驟二：以揮手、叫喊對方名字或按壓溝通板發出聲音引起教學者注意。

(一)正確反應：給與社會性增強，語言增強：「好棒」。能以適當方式來引起注意，並在教學者回應後停止引起注意。

㈡錯誤反應：給與肢體、動作或語言提示。

1. 中、低功能：學生以哭鬧或毫無反應時，教學者給與肢體、動作或語言提示「按溝通板」。
2. 高功能：不斷重複叫「老師」，音量太大聲時，教學者以語言提示：「說話要小聲一點。」或將提示做成卡片，讓學生自我提示。

準備活動二

操場上學生遇見認識的教學者，但教學者並未看見學生，學生要以正確方式來引起該位教學者注意。

步驟一：學生接近到可以辨認出教學者的距離。

步驟二：以揮手、叫喊對方名字發出聲音引起教學者注意。

㈠正確反應：給與社會性增強，語言增強：「好棒。」能以適當方式來引起注意，並在教學者回應後停止引起注意。

㈡錯誤反應：給與肢體、動作或語言提示。

1. 中、低功能：學生毫無反應時，教學者給與肢體、動作或語言提示「揮揮手」。
2. 高功能：不斷重複叫教學者的名字，音量太大聲，引起其他人側目時，教學者應給與口語提示：「叫老師的名字三次，聲音要小一點。」或將提示做成自我提示卡片讓學生隨身攜帶。

階段三：置換情境練習

㈠地點類化：延伸至教室外的地點如辦公室、其他班級教室，以學生常去的地點為主。

㈡人物類化：更換對象，換成家長、其他教學者、同學……

附圖說明

情境圖片

從正面接近	從背後接近

自我提示卡

說話時聲音要小聲一點	只能叫老師的名字三次	不可以叫太大聲

單元主題2：專心傾聽的技巧

▶林嘉齊◀

理論基礎

自閉症者缺乏與人主動交流的意願，學會正確的傾聽別人說話的方式，除了能當好一位良好的傾聽者外，也是一種有效增進人際關係的方法。

教學目標

㈠坐著時手腳能擺放好，而且不能四處走動。
㈡能緊閉嘴巴。
㈢能目視談話者肩膀以上位置。

適用對象

低、中、高功能自閉症者（幼稚園至高中階段）。

先備能力

㈠能注意到有人正在說話。
㈡能坐下來。

教學材料

提示字卡、玩具一個、增強物一項、布置安靜角。

教學策略

㈠提示：教學者可利用「安靜」、「坐好」的卡片或肢體動作給與學生提示。
㈡視覺線索：對於無法將手腳擺放好的小朋友，教學者可以利用視覺線索（手印、貼紙），提示手腳應該擺放（膝蓋）的位置，給與明

確的位置提示。

㈢時間延宕：漸進式時間延宕，教學者依學生程度自訂專注時間長短。

㈣增強：達到教學者要求時間後，給與短暫時間遊戲或少量的增強物（玩玩具 5 秒鐘、一顆葡萄乾）。

㈤類化：

1. 將談話者更換，使學生至少練習五次且正確，並逐漸拉長專注時間。

2. 可置換各種場景，如聽音樂會、看短劇表演……

教學步驟

個別指導教學→情境模擬練習→置換情境練習。

階段一：個別指導教學

步驟一：選擇班上能力相近的小朋友四至五個，組成一個小團體，成員最好是常玩在一起或者是彼此相當熟悉的，並請一位協助者協助教學。

步驟二：當所有人坐在座位上後，由教學者進行示範坐姿圖，並逐一矯正學生姿勢，順序如下。

步驟三：教學者提示在傾聽的時候，必須放好雙手。

㈠如果有桌子，可在桌上放置手掌圖形，提示雙手該放的位置。

㈡在手指尖端塗上可清洗的紅色塗料，並在褲子上貼上十個紅色小圓點貼紙，提示手指對應的地方。

㈢待學生熟悉後可逐步縮小圖形或褪除提示。

步驟四：雙腳也不可以亂動，而且不能四處走動。

㈠在地上放上腳印形狀，讓學生了解雙腳該放置的地方。

㈡能力較佳者可自行在地上貼貼紙，並在鞋尖也塗顏色，使學生容易對齊地上貼紙。

㈢如學生開始亂動時，教學者應立即拿出「坐好」的卡片提示，要求坐好。

步驟五：當有人正在說話時，閉上嘴巴。

㈠如學生開始躁動想要發出聲音時，教學者立即拿出「安靜」

的卡片，提示學生要閉上嘴巴。

㈡如學生情緒相當不穩，教學者一時無法安撫情緒時，可以請協助者先將學生帶離現場，至安靜角休息。待情緒穩定時，再回到團體中。

步驟六：眼睛看著說話者肩膀以上位置。

㈠在教學者兩肩貼上大貼紙，請學生眼睛依序注視「左肩」→「鼻子」→「右肩」→「左肩」成一個三角形順序，並在學生眼睛注視第一點後立即給與增強，之後並依序給與增強，在完成順序後，給與較大增強物。

㈡待學生熟悉順序時，更換另一個同學站起來說話。同時在其兩肩同樣貼上小貼紙，讓學生練習眼睛注視。

㈢待學生熟悉聽說話者說話時，眼神注意的位置後，將貼紙撤除，由教學者親自說話，並觀察學生眼睛是否能停留在肩膀以上位置。

步驟七：延長眼睛注視時間。教學者依學生能力，決定注視時間長短，亦可讓學生練習在每一點注視時間停留 5 秒鐘左右。

階段二：情境模擬練習

準備活動→

教室中教學者正準備要宣布戶外教學注意事項，請全班同學集合坐在一起，教學者手拿記事本，逐一宣讀注意事項。

步驟一：學生坐在座位上，擺放好雙手。

㈠正確的反應：給與社會性增強。

1. 中、低功能：手放在桌面上，雙手按住手印。

2. 高功能：雙手放在背後或膝蓋上。

㈡錯誤的反應：給與肢體、動作或語言提示。

1. 中、低功能：等待 5 秒鐘，學生仍未將雙手放好時，協助者指著桌上的圖，提示學生將手放上去。

2. 高功能：等待 3 秒鐘，學生仍未將雙手放好時，協助者以

口語提示學生：「雙手放哪裡？」

步驟二：學生坐在座位上時，擺放好雙腳。

㈠正確反應：給與社會性增強。

1. 中、低功能：雙腳踩踏在地面腳印上。

2. 高功能：雙腳自然平貼於地面上。

㈡錯誤反應：給與肢體、動作或語言提示。

1. 中、低功能：等待 5 秒鐘後，學生仍無反應，協助者先以手指著地上的腳印給與提示，而後輕輕拉住學生的腳踩在腳印上。

2. 高功能：等待 3 秒鐘，學生仍未擺放好雙腳，協助者提示學生：「腳要放哪裡？」並看著地上的貼紙給與提示。

步驟三：當有人正在說話時，要閉上嘴巴。

㈠正確反應：給與社會性增強——輕輕閉起嘴巴，不露出牙齒。

㈡錯誤反應：給與肢體、卡片或語言提示。

1. 中、低功能：學生躁動不安，發出聲音時，協助者先拿出「安靜」的卡片提示要學生安靜。

2. 高功能：學生開始騷動分心時，食指貼於緊閉嘴唇上，提示要安靜。

步驟四：眼睛看著說話者肩膀以上位置。

㈠正確反應：給與社會性增強。

1. 中、低功能：眼睛看著說話者。

2. 高功能：眼神停留在說話者身上，在肩膀以上位置。

㈡錯誤反應：給與肢體、動作或語言提示。

1. 中、低功能：等待 5 秒鐘後，學生仍無反應，協助者先以手指著說話者給與動作提示，並輔以語言：「看老師。」

2. 高功能：等待 3 秒鐘，學生視線仍未固定停留在說話者身上時，協助者提示學生「眼睛看老師」。

階段三：置換情境練習

㈠將談話者更換，使學生練習至少五次，並逐漸延長專注時間。

㈡可置換各種場景，如開朝會、看短劇表演……

附圖說明

提示圖卡

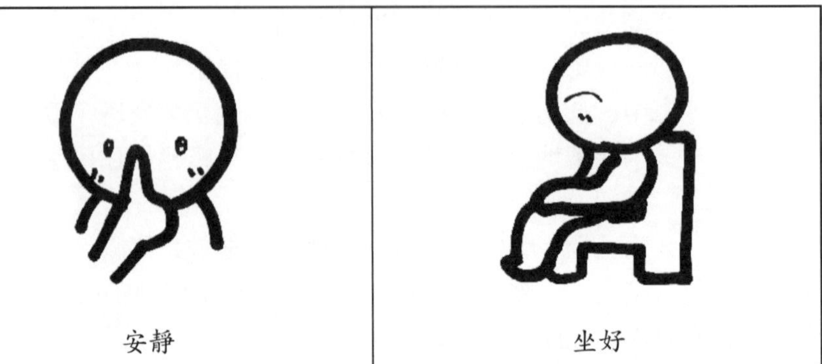

安靜	坐好

單元主題 3：如何打斷別人說話

林嘉齊

理論基礎

自閉症者與人互動是有困難的，如能學會合適的介入別人談話，可得到別人的協助，也可增進人際關係。

教學目標

㈠能走近目標人物的身旁。
㈡能以正確方式引起注意。
㈢能在交談中斷時，提出自己的需求。
㈣等待他人回應，並且在離開前表示謝意。

適用對象

低、中、高功能自閉症者（幼稚園至高中階段）。

先備能力

㈠能雙手拿著物品。
㈡能指、拿溝通圖卡。
㈢能理解「什麼事？」的意思（高功能）。
㈣能說出請幫忙的事（高功能）。
㈤能說「謝謝」（高功能）。

教學材料

有蓋透明罐子一個（內裝有增強物）、溝通圖卡、溝通簿（可攜式）、錄音機、錄音筆。

教學策略

㈠示範：請能力較好的學生擔任示範者，實際示範一次教學流程。

㈡提示：

1. 協助者可指或拿「請幫忙」的卡片給與學生提示。
2. 協助者以肢體動作提示學生。

㈢時間延宕：

1. 漸進式時間延宕：等待談話中斷時間拉長，時間 1 至 10 秒鐘。
2. 固定式時間延宕：各個步驟中，學生反應延宕時間。
   ⑴中、低功能：5 至 7 秒鐘。
   ⑵高功能：3 秒鐘。

㈣增強：

1. 開啟罐子後，以罐子內的物品作為增強物。
2. 社會性增強：言語鼓勵「很棒」、「做得很好」。

㈤類化：

1. 將談話者更換，使學生練習至少五次。
2. 可置換各種無法開啟的物品，如「盒子」、「瓶子」。

教學步驟

個別指導教學→情境模擬練習→置換情境練習。

階段一：個別指導教學

步驟一：學生走近教學者身旁做出下列動作。

㈠拉教學者衣角：在衣角上貼上圓點貼紙提示學生可拉的衣角，待學生熟悉後，撤除貼紙。

㈡叫喚「老師」：以錄音方式，提示學生適當音量（高功能）。

㈢如學生無動作，協助者可給與提示：

1. 抓著學生的手觸摸著圓點貼紙位置的衣角。
2. 抓著學生的手拉住貼有圓點貼紙的衣角。

步驟二：學生做出動作後，等待教學者與學生交談中斷，教學者待學生

做出步驟一其中之一動作後，即給與社會性增強，例如：「好棒，你會找老師幫忙。」

步驟三：教學者注視學生，或問：「有什麼事嗎？」

步驟四：當教學者注視學生時，學生須做出下列動作之一：

㈠學生拿或指著「請幫忙」的卡片，並指著罐子。

㈡學生拿溝通圖卡組成「請幫忙」「開」「罐子」，並仿說（中功能）。

㈢學生能說出：「老師，請幫我開罐子好嗎？」（高功能）

㈣如學生無動作，協助者可給與提示：以肢體協助學生，指或拿「請幫忙」的卡片，並以雙手拿罐子給教學者。

步驟五：教學者說：「好。」並立即打開罐子。

步驟六：給與學生罐子中的物品當作增強物。

步驟七：學生拿到增強物後，做出下列動作之一：

㈠學生點頭表示「謝謝」。

㈡學生拿或指著「謝謝」的卡片，仿說「謝謝」。

㈢學生說出「謝謝」（高功能）。

階段二：情境模擬練習

準備活動

教室中教學者正在與學生交談中，學生拿著一個打不開的罐子準備打斷教學者與學生的談話。

步驟一：協助者給與學生一個他打不開的罐子，並要求學生向教學者請求幫忙。

㈠正確的反應：給與社會性增強。

1. 中、低功能：走到教學者身旁，輕輕拉住教學者的衣角，引起教學者注意。
2. 高功能：走到教學者身旁，小聲叫：「老師。」引起教學者注意。

㈡錯誤的反應：給與肢體、動作或語言提示。

1. 中、低功能：等待 5 秒鐘，學生仍在原地不動時，協助者帶領學生走至教學者身旁。

2. 高功能：等待 3 秒鐘，學生仍在原地不動時，協助者以口語提示學生去找教學者。

步驟二：當教學者注意到學生時，學生表達請幫忙的意圖。

㈠正確反應：給與增強物。

1. 中、低功能：手指著罐子，並拿出「請幫忙」卡片。

2. 高功能：說出：「請幫我打開罐子好嗎？」

㈡錯誤反應：給與肢體、動作或語言提示。

1. 中、低功能：等待 5 秒鐘，學生無反應，協助者手拉著學生的手拿出「請幫忙」的卡片。

2. 高功能：等待3秒鐘，學生仍說不出來，協助者提示學生：「該怎麼說？」或引導學生說出完整句子。

步驟三：當教學者完成幫忙事項後，學生須表達謝意。

㈠正確反應：給與口頭增強。

1. 中、低功能：點頭、拿出「謝謝」的卡片。

2. 高功能：說出：「謝謝老師。」

㈡錯誤反應：給與肢體、動作或語言提示。

1. 中、低功能：等待 5 秒鐘，學生無反應，協助者手拉著學生的手拿出「謝謝」的卡片。

2. 高功能：等待3秒鐘，學生仍說不出來，協助者提示學生：「該說什麼？」或引導學生說：「謝謝。」

階段三：置換情境練習

㈠情境類化：學生打不開盒子、學生打不開書包時……

㈡人物類化：教學者正在和其他教學者談話時，教學者正在和家長談話時……

附圖說明

教學圖卡

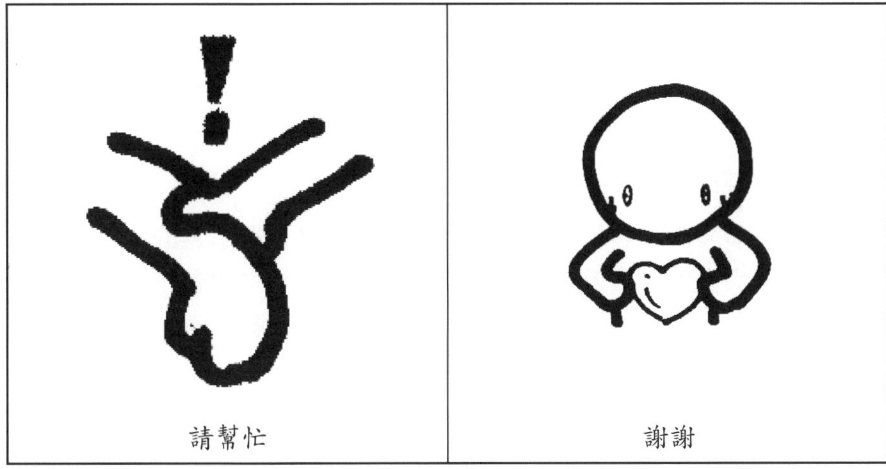

提示圖卡

單元主題4：向他人問好

雷雅萍

理論基礎

自閉症者多數均屬於較自我中心，與人互動是有困難的，儘管自閉症者口語能力有限（缺乏），若能利用非口語（手勢或動作）或簡扼口語的方式來進行簡單的問候，亦能增進與他人的互動關係。

教學目標

㈠能與人眼神接觸。
㈡能向對方微笑。
㈢能向對方點頭問好。
㈣能握對方的手表示問候。

適用對象

低、中、高功能自閉症者（幼稚園至國小階段）。

先備能力

㈠能看著對方。
㈡能認識自己的教學者和同學。
㈢能認識「好」這個字，並能說出「好」。
㈣有簡單的口語能力，能叫出對方的名字或稱謂。

教學材料

字卡、圖卡、巧克力、糖果。

教學策略

㈠示範：請協助者做正確動作，示範向教學者點頭並說：「老師好。」示範握手動作表示問候，讓學生模仿。

㈡提示：

1. 動作：讓學生模仿教學者進行點頭的練習，教學者拉學生的手去握手，以表示問候。
2. 字卡：讓學生看著字卡讀出「好」。
3. 口語：讓學生仿說：「老師好。」教學者手指著手中的卡片，並提示說：「握手。」讓學生豎起手去握手，以表示問候。
4. 次數：依據學生能力與學習狀況，增減提示的次數，並逐漸褪除提示。

㈢時間延宕：固定式時間延宕 3 秒鐘，教學者心中默數 001、002、003，依過動狀況決定延宕時間的長短，過動愈嚴重者，延宕時間愈短。

㈣增強：

1. 口頭：「對了」、「好棒」。
2. 手勢：拍手鼓勵、豎起大拇指表示好棒。
3. 增強物：學生能做對以上教學步驟，教學者立即給與學生喜歡的增強物，例如：糖果、巧克力。

㈤自然情境教學：利用教室情境進行教學與實際練習，融入學生喜歡的增強物效果尤佳。

㈥類化：能將此能力類化於不同的情境與人物之中。

1. 情境類化：教學者可於不同的情境中讓學生向他人問好，如：辦公室、走廊等。
2. 人物類化：加入其他可讓學生練習的對象，例如：其他教學者、同學或家人等。

教學步驟

「眼睛看」圖卡＋動作（看教學者）→「微笑」圖卡＋動作（保持微笑）→「握手」圖卡＋動作（握手）。

階段一：教學者拿出「眼睛看」、「微笑」的圖卡讓協助者示範要看著教學者並保持微笑，再展示「握手」圖卡請協助者與教學者握手表示問候，最後請學生進行此教學步驟，如果學生會停頓，教學者給與圖卡提示，並請協助者協助

步驟一：協助者進入教室，走到教學者面前約一個手臂寬的距離。

步驟二：教學者拿出「眼睛看」的圖卡，請協助者看著教學者（眼神接觸），教學者再拿出「微笑」的圖卡，請協助者臉部表情保持微笑（嘴型說七、露出牙齒、嘴巴左右微開）。

步驟三：教學者展示「握手」圖卡，並和協助者當場示範握手並問好（你好）。

步驟四：請學生走到教學者面前，教學者拿出「眼睛看」的圖卡，提示學生注意看教學者，再拿出「微笑」的圖卡，請學生保持微笑。

步驟五：教學者把「握手」圖卡給學生看，並提示手中的卡片說：「握手。」提示學生跟教學者握手。

步驟六：給學生3秒鐘的回應時間，計時默數方式：001、002、003，讓學生去握教學者的手。

㈠正確反應：教學者給與口語與肢體的鼓勵。

1. 低功能：教學者豎起大拇指說：「好棒！」
2. 高功能：教學者豎起大拇指說：「好棒，眼睛看老師！」

㈡錯誤反應：協助者在學生身邊給與口語、肢體協助的提示。

1. 低功能：協助者輕抬起學生的手去跟教學者握手！
2. 高功能：協助者口語提示：「握手！」

步驟七：教學者等待學生做出握手問候的動作，即給與糖果。

階段二：教學者拿出「眼睛看」、「微笑」的圖卡讓協助者示範要看著教學者並保持微笑，再展示「點頭」圖卡，教學者和協助者各示範一次點頭，讓學生練習，教學者拿出「老師好」的字卡請協助者示範說：「老師好。」最後請學生進行此教學步驟，如果學生會停頓，教學者給與圖卡提示，並請協助者協助

步驟一：協助者進入教室，走到教學者面前約一個手臂寬的距離。

步驟二：教學者拿出「眼睛看」的圖卡，請協助者看著教學者（眼神接觸），教學者再拿出「微笑」的圖卡，請協助者臉部表情保持微笑（嘴巴左右微開）。

步驟三：教學者拿出「點頭」的圖卡教學生進行點頭練習，頭微微低下點一次，身體不可彎曲，教學者和協助者各示範一次點頭，教學者再輕扶學生的頭點頭，再讓學生自己練習，直到達成目標。

步驟四：教學者展示「老師好」的字卡，請協助者示範向教學者點頭並說出：「老師好。」

步驟五：教學者拿出「點頭」圖卡和「老師好」字卡，提示學生點頭並說：「老師好。」

步驟六：給學生 3 秒鐘的回應時間，計時默數方式：001、002、003，讓學生做出正確動作。

㈠正確反應：教學者給與口語與肢體的鼓勵。

1. 低功能：教學者豎起大拇指說：「好棒！」
2. 高功能：教學者豎起大拇指說：「好棒，有說『老師好』！」

㈡錯誤反應：協助者在學生身邊給與口語、肢體協助的提示。

1. 低功能：協助者輕扶學生的頭做點頭動作！
2. 高功能：協助者口語提示：「老師好！」

步驟七：教學者等待學生做出點頭並說「老師好」後，即給與巧克力。

附圖說明

教學圖卡

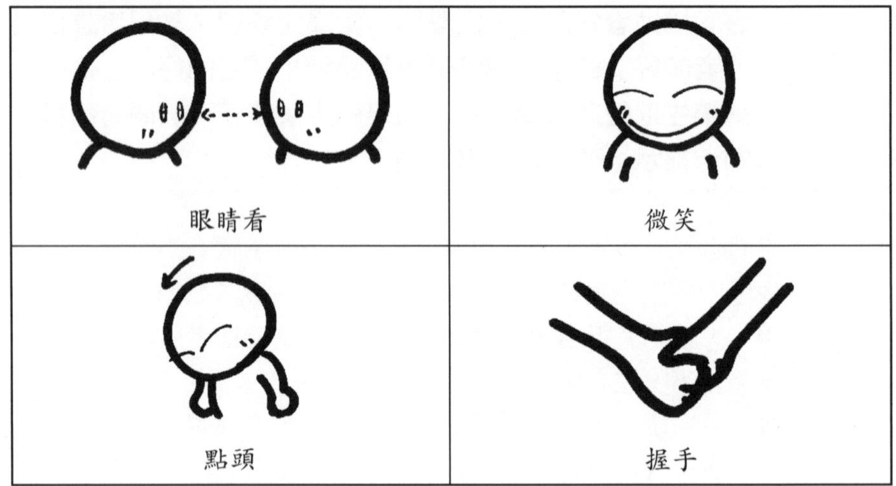

提示圖卡

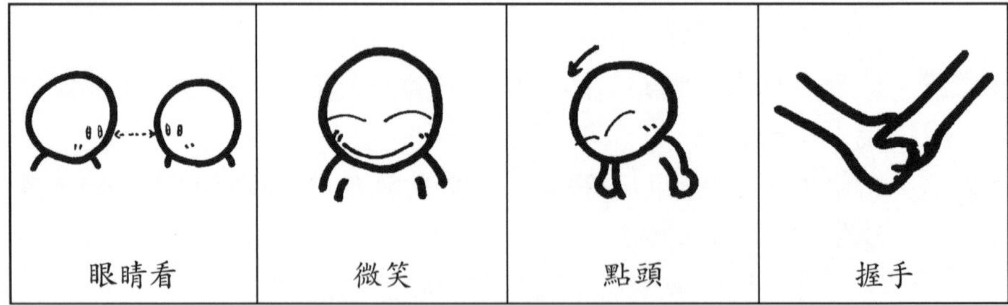

單元主題 5：向他人請安（早安、午安、晚安）

雷雅萍

理論基礎

社交互動是自閉症者的障礙缺陷之一。向人請安問好是日常生活基本的社交用語，自閉症者練習此項社交用語將可增加人際間的互動。

教學目標

㈠能說出早安、午安、晚安。

㈡能辨別早上、下午、晚上等適當時間來請安。

㈢能增加人際互動。

適用對象

低、中、高功能自閉症者（幼稚園至國小階段）。

先備能力

視聽功能正常、會配對、會簡單的仿說。

教學材料

時間表；「早安」、「午安」、「晚安」圖卡；牛奶糖。

教學策略

㈠示範：請協助者做正確動作或說出正確的話語，讓學生模仿。

㈡提示：

1. 方式：學生停頓不會時，適當的給與口語（早上要說……）、視覺線索提示（時間表）、圖卡提示（早上、下午、晚上）。

2. 次數：依據學生能力與學習狀況，增減提示的次數，並逐漸褪除提示。

㈢時間延宕：固定式時間延宕5秒鐘，教學者心中默數001、002、003、004、005，等待學生說出「早安」、「午安」、「晚安」。

㈣增強：

1. 口頭：「好棒」。
2. 手勢：拍手鼓勵、豎起大拇指表示好棒。
3. 增強物：學生喜歡吃的食物（依個人喜好而定），只要能正確仿說「早安」、「午安」、「晚安」，就給與學生卡片上黏的一顆牛奶糖。

㈤自然情境教學：利用教室情境進行教學與實際練習，融入學生喜歡的增強物效果尤佳。

㈥類化：能將此能力類化於不同的情境與人物之中。

1. 情境類化：學生早上進教室或是睡午覺的情境等。
2. 人物類化：學生能跟其他長輩或家人請安等。

教學步驟

「早安」圖卡＋口語說「早安」→「午安」圖卡＋口語說「午安」→「晚安」圖卡＋口語說「晚安」→「早上」圖卡配對到時間表上的「起床——上學」＋口語說「早安」→「下午」圖卡配對到時間表上的「午餐——放學」＋口語說「午安」→「晚上」圖卡配對到時間表上的「晚餐——睡覺」＋口語說「晚安」→根據實際時間「早上」、「下午」、「晚上」，讓學生分別練習說「早安」、「午安」、「晚安」。

階段一：教學者手中拿著「早安」的圖卡說「早安」，把圖卡交給學生，然後請學生跟著教學者仿說「早安」

步驟一：教學者先指著卡片說「早」，讓學生練習仿說「早」。

步驟二：學生如能正確說出「早」之後，教學者再指著卡片說「早安」，讓學生練習仿說「早安」。

步驟三：教學者指著卡片說「早……」（此時只發出「早」的音，「安」

只有嘴型不發音），讓學生接著說「安」，教學者可等待學生延宕反應約5秒鐘，若說對了，教學者拍手鼓勵並口頭增強說：「好棒。」

步驟四：教學者指著卡片做出嘴型：「早安」，讓學生自己說出：「早安。」若說對了，教學者口頭增強說「好棒」，並給與學生「早安」的卡片（上面黏上一顆牛奶糖作為增強），若是無法自己說出「早安」，教學者可從步驟一重新開始教學。

階段二：教學者手中拿著「午安」的圖卡說「午安」，把圖卡交給學生，然後請學生跟著教學者仿說「午安」

階段三：教學者手中拿著「晚安」的圖卡說「晚安」，把圖卡交給學生，然後請學生跟著教學者仿說「晚安」

補充說明：階段二和三的教學步驟如階段一的步驟一到四。

階段四：教學者拿出早上、下午、晚上三種圖卡讓學生去配對到正確的時刻——起床→上學、午餐→放學、晚餐→睡覺，並說出適當的語句——早安、午安、晚安

步驟一：教學者和協助者先示範，把「早上」的卡片配對到「起床→上學」那一欄，並大聲說：「早安。」

步驟二：請學生在黑板前配對出正確的卡片。

㈠正確反應：教學者給與口語與肢體的鼓勵。

1. 低功能：教學者豎起大拇指說：「好棒！」
2. 高功能：教學者豎起大拇指說：「好棒！」可以跟教學者“Give me five”做出雙手擊掌。

㈡錯誤反應：協助者在學生身邊給與口語、肢體協助的提示。

1. 低功能：協助者拉起學生的手拿「早上」的卡片去配對到「起床→上學」那一欄。並帶領學生說：「早安。」
2. 高功能：協助者口語提示：「早上要說早安！」

步驟三：教學者接著再示範「午安」、「晚安」，把「下午」的卡片配對到「午餐→放學」那一欄，並大聲說：「午安。」把「晚上」的卡片配對到「晚餐→睡覺」那一欄，並大聲說：「晚安。」依據步驟一和步驟二重複讓學生練習，直到學生達成目標。

階段五：利用適當的場合與機會讓學生練習請安說「早安」、「午安」、「晚安」

步驟一：早上時，教學者問：「現在是什麼時間？」示範的學生去黑板指著「起床→上學」那一欄對到「早上」那一欄，並大聲說：「早安。」

步驟二：再請學生去黑板上將「早安」的卡片拿下，並跟教學者說：「早安。」

步驟三：如果沒有口語能力者，只要將「早安」卡片拿給教學者看即可。

步驟四：下午時，可重複步驟一到三來讓學生練習說「午安」。

步驟五：晚上時，可請家長在家配合協助教學，或是教學者以打電話方式給學生練習。

附圖說明

時間表

起床 ↓ 上學	 早上 	早安 
午餐 ↓ 放學	 下午 	午安 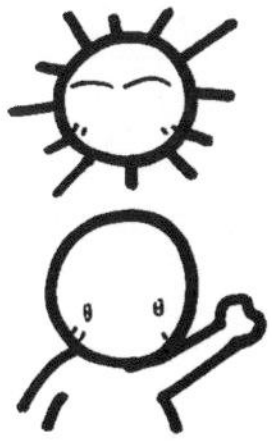
晚餐 ↓ 睡覺	 晚上 	晚安 

單元主題 6：如何表達再見

賴盈如

理論基礎

社交互動困難是自閉症者主要特徵之一，表達與回應再見是日常生活基本的社交技能，藉由互道再見能增加彼此的互動。

教學目標

㈠能揮手說再見。
㈡能在日常生活中類化運用。
㈢能增加人際互動。

適用對象

低、中、高功能自閉症者（幼稚園至國小階段）。

先備能力

㈠視聽功能正常。
㈡會簡單配對。
㈢能有 3 秒鐘以上眼神接觸。
㈣會模仿簡單動作。

教學材料

教學圖卡、提示圖卡、鏡子、視聽設備、增強系統（鈴鼓、卡通影片）。

教學策略

㈠示範：請協助者、示範同學做正確動作，讓學生模仿。

(二)提示：

1. 方式：學生動作停頓時，適當的給與口語、肢體提示（協助抬頭、手指向聲音方向）、圖卡提示（聽、找、眼睛看、揮手兩下）。

2. 次數：依據學生能力與學習狀況，增減提示的次數，並逐漸褪除提示。

(三)增強：

1. 口頭：「對了」、「好棒」。

2. 手勢：拍手鼓勵、豎起大拇指表示好棒。

3. 增強：學生喜歡聽鈴鼓的聲音，給與找到鈴鼓可以搖擊的增強。學生喜歡看卡通影片，實際演練若能達到目標則以看卡通為增強；無法達到目標則關上電視，再次教導學生欠缺的動作步驟。

(四)自然情境教學：利用教室情境進行教學與實際練習，融入學生喜歡的增強物效果尤佳。

(五)類化：能將此能力類化於不同的情境與人物之中。

1. 情境類化：學生正在吃午飯的情境、學生正在玩玩具的情境等。

2. 人物類化：教學者要離開教室跟學生說再見、小朋友要回家跟學生說再見等。

教學步驟

鈴鼓→鈴鼓＋口語說「再見」→隱藏鈴鼓＋口語說「再見」→口語說「再見」→「再見」圖卡→口語說「要回家了」。

階段一：教學者手中拿著鈴鼓的圖卡說「鈴鼓」，然後把卡片交給學生，請學生到遊戲區拿鈴鼓給教學者

步驟一：學生拿到真正的鈴鼓樂器，教學者拍手鼓勵並口頭增強說：「對了！」給與鈴鼓搖擊 10 秒鐘的自然增強。

步驟二：學生若是無法找到正確的樂器，協助者引導學生拿著圖卡與樂器逐一進行配對，拿到正確鈴鼓給與搖擊 10 秒鐘的自然增強。

階段二：教學者敲打著鈴鼓發出響聲，逐漸減少鈴鼓的響聲次數（五聲、四聲……一聲），訓練學生聽覺辨識與找尋聲音來源

步驟一：請示範學生趴在桌上，聽到鈴鼓響聲找尋聲音——聽到聲音立即抬頭，眼睛尋找聲音的來源，即完成聽覺辨識與找尋動作。

步驟二：請學生趴在桌面上，教學者敲打鈴鼓發出響聲。

㈠正確反應：教學者給與口語與肢體的鼓勵。

1. 低功能：教學者豎起大拇指說：「好棒！」
2. 高功能：教學者豎起大拇指說：「好棒，眼睛看老師！」

㈡錯誤反應：協助者在學生身邊給與口語、手勢、肢體協助的提示。

1. 低功能：協助者兩手輕抬學生的頭，手指往聲音方向說：「看！」
2. 高功能：協助者口語提示：「找找鈴鼓在哪裡？」

步驟三：教學者要移動位置來敲打鈴鼓，重複練習聽覺辨識與找尋動作，直到學生達成目標。

階段三：鈴鼓響一聲，加上教學者口語說「再見」（增強方式與提示策略參考階段二）

階段四：在背後搖擊鈴鼓，加上教學者口語說「再見」，逐漸褪除鈴鼓的響聲（增強方式與提示策略參考階段二）

階段五：完全褪除鈴鼓的響聲，僅出現教學者說「再見」

步驟一：請示範學生趴在桌上，耳朵聽到聲音立即抬頭，眼睛尋找聲音的來源。

步驟二：學生進行聽覺辨識與找尋聲音，教學者對學生說：「再見。」

㈠正確反應：教學者給與口語與肢體的鼓勵。

1. 低功能：教學者豎起大拇指說：「好棒！」

2. 高功能：教學者豎起大拇指說：「好棒，眼睛看老師！」

㈡錯誤反應：協助者在學生身邊給與口語、手勢、肢體協助。

1. 低功能：協助者兩手輕抬學生的頭，手指往聲音方向說：「看。」教學者拿著「眼睛圖卡」在自己眼睛前面晃動，作為學生「看」的視覺線索。

2. 高功能：協助者口語提示說：「找老師在哪裡。」教學者手比著自己的眼睛，作為學生「看」的視覺線索。

階段六：聽到教學者說「再見」，學生能用揮手或說「再見」來表達

步驟一：請示範學生聽到教學者說「再見」後，眼睛看著教學者，揮手或說「再見」來回應。

步驟二：教學者對學生說「再見」，聽到後要眼睛看著教學者，揮手或說「再見」來回應。

㈠正確反應：教學者給與口語與肢體的回應。

1. 低功能：教學者揮動著手說：「好棒，再見！」

2. 高功能：教學者揮動著手說：「好棒，你會說再見！」

㈡錯誤反應：協助者以圖卡、口語、手勢、肢體動作提示。

1. 低功能：

⑴將學生帶到鏡子前，以圖卡教導學生模仿揮手動作，協助者站在學生的身後，協助者的右手重疊五指握著學生的右手，舉起右手搖動兩下，對著鏡子重複練習揮手動作（有口語能力的學生可加入口語說「再見」）。

⑵協助者褪除右手抓握，獨自舉起右手對鏡子做揮動動作，以圖卡提示學生舉手揮動，直到學生能模仿協助者將右手舉起揮動。

⑶再次重複步驟二，觀察是否能夠做出回應，錯誤反應則繼續重複面對鏡子或對教學者進行揮手動作，正確反應則教學者揮動著手說：「好棒，再見！」

2. 高功能：

⑴協助者口語提示說：「跟老師說再見！」觀察學生反應，學生做出正確反應，教學者揮動著手說：「好棒，你會說再見！」

⑵協助者口語提示說：「跟老師說再見！」等待 3 秒鐘，若無反應，協助者站在學生的身後，右手重疊五指抓握學生的右手，對著教學者揮手說：「再見！」

⑶褪除手的抓握提示，協助者獨自揮動手說：「再見！」口語提醒學生：「跟老師說再見！」學生做出正確反應，教學者揮動著手說：「好棒，你會說再見！」

⑷再次重複步驟二，觀察是否能夠做出回應，錯誤反應則繼續重複肢體協助對著教學者做揮手動作，學生做出正確反應，教學者揮動著手說：「好棒，你會說再見！」

階段七：看到教學者拿出「再見」的圖卡，學生能用揮手或說「再見」來表達

步驟一：請示範學生看到教學者拿出「再見」的圖卡，對教學者揮手或說「再見」。

步驟二：教學者拿著說「再見」的圖卡，學生要眼睛看著教學者，對教學者揮手或說「再見」。

㈠正確反應：教學者揮動著圖卡說：「好棒，再見！」

㈡錯誤反應：協助者以口語、肢體動作提示。

1. 低功能：協助者口語提示：「揮手。」或協助者再拿一張「揮手再見」的圖卡讓學生模仿。

2. 高功能：協助者口語提示說：「要說什麼？」

階段八：聽到教學者說「要回家了」，學生要看著教學者揮手或說「再見」

步驟一：示範學生聽到教學者說出「要回家了！」的離開語句，眼睛看

著教學者揮手或說「再見」。

步驟二：學生練習。

㈠正確反應：教學者揮手對學生說再見。

㈡錯誤反應：協助者在學生身邊給與口語、圖卡提示。

1. 低功能：協助者對學生說：「老師要回家了！」等待 3 秒鐘，若尚無反應，給與揮手圖卡提示。

2. 高功能：協助者口語提示說：「要怎麼做？」等待 3 秒鐘，若尚無反應，口語提示：「說再見。」

階段九：教學者隨機說出「再見」或要離開的語句，觀察學生是否能揮手或說「再見」回應

教學情境→

課堂中教導多層次的表達再見之後，給與學生看卡通影片作為增強，教學者攜帶著提示動作圖卡在教室內準備著，當學生專注在看影片時，教學者突發性準備要離開教室，並對著學生說再見。

步驟一：教學者對學生說「再見」，觀察學生的反應。

㈠正確反應：教學者給與口語與肢體的回應，以及適當的增強。

1. 低功能：教學者揮動著手說：「好棒，再見！」以繼續看影片作為增強。

2. 高功能：教學者揮動著手說：「好棒，你會跟老師說再見！」以繼續看影片作為增強。

㈡錯誤反應：協助者在學生身邊以口語、手勢、肢體提示。

1. 低功能：協助者右手輕推學生手肘給與提示，等待 3 秒鐘，若仍無回應，協助者揮手作為示範。若學生能模仿揮手動作，教學者揮動著手說：「好棒，再見！」以繼續看影片作為增強。若仍無法模仿動作則關上電視，適當給與口語、手勢、肢體提示。

2. 高功能：協助者口語提示說：「要怎麼做？」若學生能跟上動作，教學者揮動著手說：「好棒，你會跟老師說再見！」以繼續看影片作為增強。若仍無法模仿動作則關上電視，適當給與口語、手勢提示。

步驟二：能將此社交技能類化於不同的情境與人物之中。

㈠情境類化：學生正在吃午飯、學生正在玩玩具等。

㈡人物類化：教學者要離開教室跟學生說再見、小朋友要回家跟學生說再見等。

附圖說明

教學圖卡

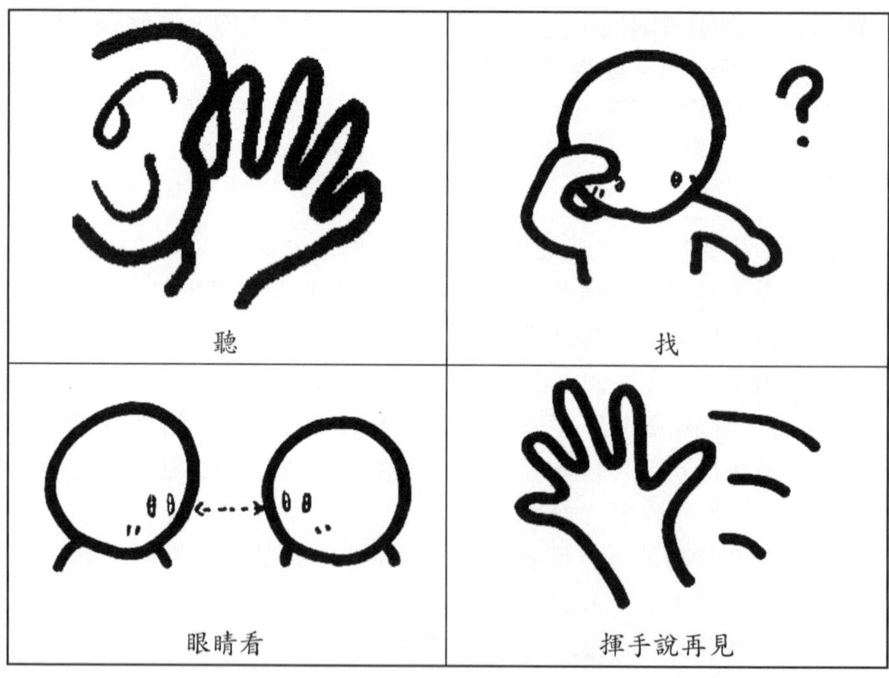

提示圖卡

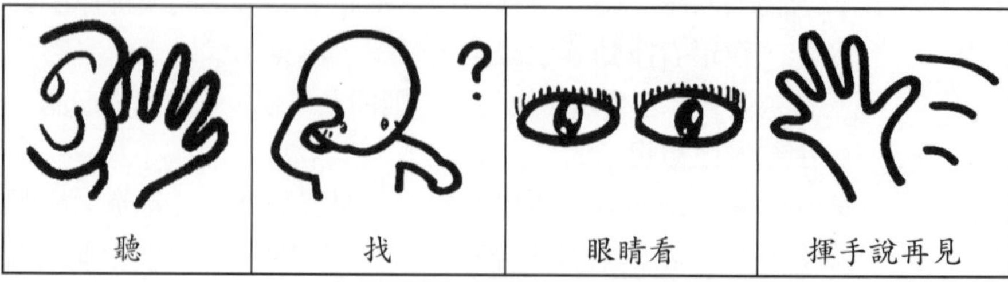

單元主題 7：如何說不客氣

雷雅萍

理論基礎

社交互動困難是自閉症者的障礙缺陷之一。自閉症者在回應他人上常出現困難，在日常生活中，基本的社交技能常會使用到謝謝、不客氣，藉由適時地回應他人的善意，可增進自閉症者的社交技巧。

教學目標

㈠能說出不客氣。
㈡能回應他人說謝謝。
㈢能增進班上同學的人際互動。

適用對象

低、中、高功能自閉症者（幼稚園至國小階段）。

先備能力

視聽功能正常、能理解簡單的指令、會仿說、會模仿簡單動作。

教學材料

鏡子、垃圾桶、日曆、水果、圖卡。

教學策略

㈠示範：請協助者做正確動作，讓學生模仿。
㈡提示：

1. 方式：學生動作停頓時，適當的給與口語、肢體（抓握手臂做動作）及圖卡提示（水果）。

2. 次數：依據學生能力與學習狀況，增減提示的次數，並逐漸褪除提示。

㈢時間延宕：固定式時間延宕3秒鐘，教學者心中默數001、002、003。

㈣增強：

1. 口頭：「答對了」、「好棒」。
2. 手勢：拍手鼓勵表示好棒。
3. 自然增強：學生喜歡吃水果，當拿水果給別人，別人說「謝謝」之後，能回應他人說「不客氣」，達成此目標，即可以讓他坐下吃水果作為自然增強。可依據學生喜歡的食物作為自然增強，例如學生不喜歡吃水果而喜歡喝牛奶，實際演練若能達到目標，則以喝牛奶為自然增強。

㈤自然情境教學：利用教室情境進行教學與實際練習，融入學生喜歡的增強物效果尤佳。

㈥類化：能將此能力類化於不同的情境與人物之中。

1. 情境類化：學生幫助他人的情境、學生正在玩玩具的情境等。
2. 人物類化：學生能跟家人或同儕說不客氣等。

教學步驟

階段一：教學者請學生幫忙做事（丟垃圾），然後對學生說「謝謝」，並要求學生回應說「不客氣」

叫學生名字→聽到有回應＋動作（走到教學者旁邊）→幫忙丟垃圾＋教學者說「謝謝」→回應說「不客氣」

步驟一：教學者叫學生的名字：「○○，過來！」

步驟二：學生能有回應，並且走到教學者旁邊。

步驟三：教學者告訴學生：「幫老師丟垃圾！」並且把垃圾給學生。

步驟四：教學者帶學生到垃圾桶旁邊，告訴學生：「把垃圾丟進去！」

步驟五：等學生把垃圾丟進去之後，教學者對學生說：「謝謝！」

步驟六：教學者請學生跟著仿說：「不——客——氣！」

㈠正確反應：教學者給與口語與肢體的鼓勵。

1. 低功能：教學者豎起大拇指說：「好棒！」

2. 高功能：教學者豎起大拇指說：「好棒，有說不客氣！」

㈡錯誤反應：教學者在學生身邊給與口語、手勢協助的提示。

1. 低功能：教學者指著自己的嘴巴，請學生跟著教學者仿說「不客氣」。

2. 高功能：教學者口語提示第一個字：「不」，「客氣」不發音。

補充說明：說話速度要慢，先從一個字一個字唸，再整句唸。

階段二：請協助者上台練習或表演，結束之後，全班學生（包括學生）都要拍手鼓勵，請協助者大聲說：「謝謝大家！」全班學生（包括學生）要回應說：「不客氣！」

上台表演→全班拍手鼓掌→說「謝謝大家」→全班回應說「不客氣」。

教學情境

課堂中正在進行教學，主題是日曆，請協助者找出今天是幾日？

步驟一：教學者拿著日曆，問小朋友：「今天是幾號？」

步驟二：請協助者舉手表示要回答，並上台告訴大家今天是 23 日。

步驟三：教學者說：「他答對了，幫他拍拍手！」請全班幫他鼓掌。

步驟四：如果學生沒有拍手，教學者可給與口語「拍手」、手勢「拍手」、肢體「牽學生的兩隻手拍手」作為提示。

步驟五：等全班同學鼓掌完，協助者要鞠躬說：「謝謝大家！」

步驟六：請全班一起大聲回應：「不客氣！」要求學生也能說出來。

㈠正確反應：教學者給與口語與肢體的鼓勵。

1. 低功能：教學者豎起大拇指說：「好棒！」

2. 高功能：教學者豎起大拇指說：「好棒，有說不客氣！」

㈡錯誤反應：另一位協助者在學生身邊給與口語、肢體協助的提示。

1. 低功能：

⑴將學生帶到鏡子前，教學者示範兩手交錯揮動來表示不

客氣的意思，教導學生模仿揮手動作，協助者站在學生的身後，協助者的雙手抓起學生的雙手下臂處，舉起雙手交錯揮動三下，跟著說「不——客——氣」的節奏揮三下，對著鏡子重複練習交錯揮手動作（有口語能力的學生可加入口語說「不客氣」）。

⑵協助者褪除雙手抓握，獨自舉起雙手對鏡子做交錯揮動動作，提示學生舉手揮動，直到學生能模仿協助者將雙手舉起揮動。

2. 高功能：

⑴協助者口語提示說：「說不客氣。」觀察學生反應，學生做出正確反應，教學者揮動著手說：「好棒，你會說不客氣！」

⑵協助者口語提示說：「說不客氣。」時間延宕 3 秒鐘，若無反應，協助者站在學生的身後，雙手抓起學生的雙手下臂處，舉起雙手交錯揮動三下，對著教學者揮手說：「不客氣。」

⑶褪除手的抓握提示，協助者獨自揮動手說：「不客氣。」口語提醒學生：「說不客氣。」學生做出正確反應，教學者揮動著手說：「好棒，你會說不客氣！」

階段三：請學生在每天吃完午餐之後，幫忙全班同學發水果，發給每個小朋友一人一顆水果，小朋友拿到水果都要跟學生說謝謝，學生也要回應說：「不客氣！」

學生幫忙發水果＋「水果」圖卡→學生口語說「謝謝」→學生回應說「不客氣」→完成後喊「開動」＋吃水果。

步驟一：大家吃完午餐後，請學生繼續坐在餐桌上，並在每個人桌上放一張水果的圖卡。

步驟二：教學者告訴全班：「等一下小朋友發水果要跟他說謝謝。」

步驟三：把學生叫過來，拿一袋水果給他，請他去發水果給同學！

步驟四：請學生把水果放在圖卡上面，教學者跟著學生走，以便觀察學生和同儕有無對話。

步驟五：有發到水果的人都要跟學生說謝謝，也要求學生回應不客氣。

㈠正確反應：教學者給與口語與肢體的鼓勵。

1. 低功能：教學者豎起大拇指說：「好棒！」
2. 高功能：教學者豎起大拇指說：「好棒，有說不客氣！」

㈡錯誤反應：教學者在學生身邊給與口語、手勢協助的提示。

1. 低功能：教學者抓起學生的雙手交錯揮動表示不客氣（有口語能力者，可請學生跟著教學者仿說「不客氣」）。
2. 高功能：教學者口語提示第一個字：「不」，「客氣」不發音。

步驟六：學生如果達成目標，就可以坐回位置上喊開動，吃水果。

單元主題8：如何說借過

雷雅萍

理論基礎

社交互動困難是自閉症者的障礙缺陷之一。他們常常因為無法清楚表達自己的想法，因而出現負面的情緒反應，故教導自閉症者適當的表達不但可減少負面的情緒，也可增進人際互動。

教學目標

㈠能在被擋路時說借過。
㈡能在遊戲中學習如何說借過。
㈢能增進社會互動技巧。

適用對象

低、中、高功能自閉症者（幼稚園至國小階段）。

先備能力

視聽功能正常、有簡單的口語能力、能理解簡易的圖卡。

教學材料

教學步驟圖卡、提示圖卡、學生喜歡的增強物（玩具、溜滑梯）。

教學策略

㈠示範：請協助者做正確動作，讓學生模仿。
㈡提示：
1. 方式：學生動作停頓時，適當的給與口語、肢體提示（輕拍肩膀兩下）、圖卡提示（拍肩膀、借過）。

2. 次數：依據學生能力與學習狀況，增減提示的次數，並逐漸褪除提示。

(三)時間延宕：固定式時間延宕 3 秒鐘，教學者心中默數 001、002、003。

(四)增強：

1. 口頭：「對了」、「好棒」。
2. 手勢：拍手鼓勵、豎起大拇指表示好棒。
3. 自然增強：學生喜歡玩積木，在桌上放他最喜歡玩的積木，請兩位協助者擋在桌子前面，如果學生能夠說出「借過」，協助者就讓學生可以順利拿桌上的積木玩，數 10 秒鐘後立即收起來。

(五)自然情境教學：利用教室情境進行教學與實際練習，融入學生喜歡的增強物效果尤佳。

(六)類化：能將此能力類化於不同的情境與人物之中。

1. 情境類化：學生正在玩遊戲的情境、學生正要從門口出去的情境等。
2. 人物類化：可以多提供機會給與練習說「借過」，例如：同學等。

教學步驟

想拿積木→兩人擋住→口語說「借過」＋動作「拍肩膀」→玩 10 秒鐘收起來排隊溜滑梯→班長擋住→口語說「借過」＋圖卡「借過」→溜滑梯一次。

階段一：在桌子上放學生最喜歡的玩具，然後請兩位協助者擋在桌子前方，等學生能說出借過，才讓他過去拿玩具玩 10 秒鐘

步驟一：在桌上放一個學生最喜歡玩的玩具積木，請兩位協助者擋在桌子前面，老師示範輕拍協助者的肩膀兩下說：「借過。」協助者離開讓老師順利拿到玩具，並告訴學生有說「借過」就可以玩 10 秒鐘作為自然增強。

步驟二：換老師和一位協助者擋在桌子前面，讓另一位協助者示範說：「借過。」

步驟三：換學生練習，兩位協助者擋在有玩具的桌子前面，讓學生過不

去拿玩具，等待學生說出「借過」，若是學生能順利說出「借過」，可以不用拍對方的肩膀。

步驟四：㈠正確反應：老師可以拍手鼓勵，說：「好棒！」讓學生玩積木 10 秒鐘。

1. 高功能者，可說：「請借我過！」
2. 中功能者，可說：「借過！」
3. 低功能者，可用肢體動作（輕拍對方的肩膀兩下）和（借過）圖卡來替代。

㈡錯誤反應：老師在學生身邊給與口語、圖卡、肢體協助的提示。

1. 高功能者，老師可口語提示說：「借過！」
2. 中功能者，老師可利用「借過」的圖卡提示他說：「借過！」
3. 低功能者，老師可用肢體動作（抓學生的手輕拍對方的肩膀兩下）和拿「借過」圖卡給協助者。

階段二：老師帶全班學生到遊戲場上溜滑梯，請班長站在樓梯口，要玩的人要說借過才可以溜滑梯，讓學生先看別人示範再練習

步驟一：老師帶全班學生到遊戲場上的溜滑梯，並請班長站在樓梯口不讓同學上去玩。

步驟二：老師告訴全班：「要玩溜滑梯的人要跟班長說『借過』才可以玩。」

步驟三：老師可視學生能等待的時間長短，讓學生排在隊伍中或是後面。

步驟四：先讓其他同學示範只要說「借過」，班長就靠邊讓同學可以上去玩一次溜滑梯。

步驟五：輪到學生時，先等待他是否能說出「借過」。

㈠正確反應：讓他上去玩溜滑梯一次，並豎起大拇指說：「好棒！有說借過。」

㈡錯誤反應：老師用口語（要說什麼？）和圖卡（借過）提示之。

階段三：玩火車過山洞的遊戲，配合〈倫敦鐵橋垮下來〉改編成「借過、借過、借我過」的歌，讓學生從遊戲中練習說「借過」

火車過山洞→唱「借過」歌→唱完抓人→口語說「借過」＋圖卡「借過」→放開繼續玩。

步驟一：老師先帶全班學生練習唱〈倫敦鐵橋垮下來〉的曲子，但是歌詞改成如下：借過、借過、借我過，借我過、借我過
借過、借過、借我過，借過、借我過

步驟二：老師告訴大家等一下被抓到的人只要說：「借過。」就可以放開他繼續玩。

步驟三：請二位協助者手高舉相接變成一座山洞。

步驟四：大家開始唱「借過」歌。

步驟五：等唱到最後一句「借過、借我過」，就把手放下來，看看剛好圈到誰，被圈住的小朋友要大聲說：「借過。」才可以放手讓他離開，遊戲繼續玩下去。

步驟六：玩了三輪之後，告訴協助者要開始抓學生，抓住學生之後，觀察學生是否能自行說出：「借過。」如果是無口語能力者，可以拿「借過」圖卡出來，也可以過關。

附圖說明

提示圖卡

拍肩膀兩下	借過

教學步驟圖卡

階段一

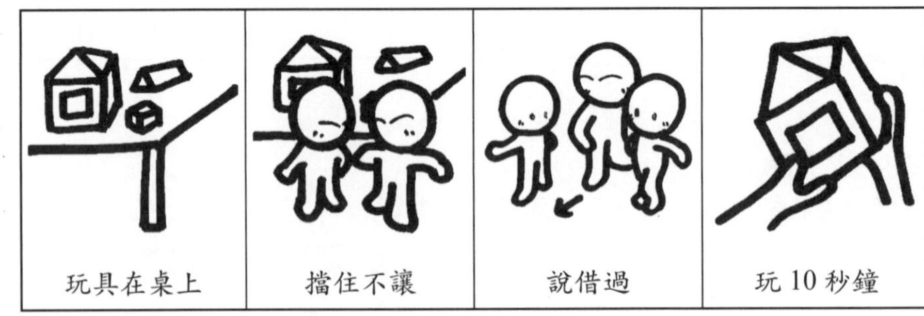

玩具在桌上　擋住不讓　說借過　玩 10 秒鐘

階段二

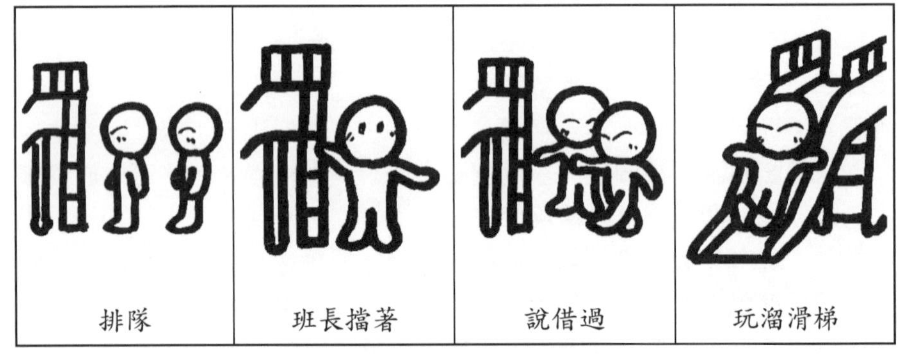

排隊　班長擋著　說借過　玩溜滑梯

階段三

過山洞　唱借過歌　唱完圈住　說借過繼續玩

單元主題 9：向他人請求幫忙

雷雅萍

理論基礎

社交互動困難是自閉症者的主要特徵之一，自閉症者常因表達有困難，或他人無法滿足其需求，而出現負面情緒反應，故須教導自閉症者在請求他人幫助時，能正確使用口語表達出來，以增進社會人際互動。

教學目標

㈠能以卡片或口語表達出「請幫忙」。

㈡能有禮貌的表達請求幫忙。

㈢能類化到任何需要幫助的情境，表達請求幫忙。

適用對象

低、中、高功能自閉症者（幼稚園至國小階段）。

先備能力

能認識簡單的圖卡、基本認知能力（聽、說）。

教學材料

教學圖卡、牛奶、視聽設備（電視、錄音機、錄音帶）。

教學策略

㈠示範：

1. 動作：示範拿卡片給老師，請老師幫忙打開牛奶盒。

2. 口語：示範說：「我要看電視，請幫忙。」

㈡提示：

1. 圖卡：

(1)「牛奶」：想喝牛奶要拿「牛奶」卡片給老師。

(2)「請幫忙」：拿「請幫忙」卡片請老師幫忙打開牛奶盒。

(3)「電視」：看電視要拿「電視」卡片貼在電視機上。

2. 肢體：示範者牽著學生的手去拿「請幫忙」的圖卡給老師看。

3. 聲音：學生想看電視、需要幫忙時，老師播放三次錄有「我要看電視」、「請幫忙」語句的錄音帶給學生聽。

※學生如果能自行完整說出：「我要看電視，請幫忙。」可逐漸褪除錄音帶和圖卡的提示。

㈢時間延宕：給學生 3 秒鐘的回應時間，計時默數方式：001、002、003，依過動狀況決定延宕時間的長短，過動愈嚴重者，延宕時間愈短。

㈣增強：

1. 增強物：選擇學生喜歡的物品作為教學材料和增強物，例如：牛奶紙盒。紙盒較不容易打開，當他打不開時，若能拿卡片來請老師幫忙，就幫他打開讓他喝。

2. 自然增強：學生喜歡看電視，若能向老師說出：「我要看電視，請幫忙。」就幫他打開電視讓他看 10 秒鐘後，即關上電視。

㈤類化：

1. 活動：可變換成開冰箱或其他活動，讓學生拿卡片表達「幫忙」。

2. 情境：地點換成其他地方，學生都可以類化學習到任何情境。

3. 人物：加入其他讓學生練習的對象，例如：家人或同學。

教學步驟

階段一：示範者示範拿「請幫忙」卡片請老師幫忙打開牛奶，請學生指出「牛奶」卡片表達想要喝，再以卡片跟老師換牛奶，示範者協助學生拿「請幫忙」卡片請老師幫忙打開

「請幫忙」卡片＋口語說「請幫忙」→拿「牛奶」卡片→拿「請幫

忙」卡片。

步驟一：老師給示範者一瓶牛奶，示範者拿「請幫忙」卡片，並說：「請幫我開牛奶。」

步驟二：老師立即幫示範者打開牛奶盒讓他喝（讓自閉症學生看到）。

步驟三：老師另外拿出一瓶牛奶給自閉症學生看，在學生面前放兩張圖卡（牛奶、餅乾），並請學生指出牛奶的卡片。

㈠正確反應：教學者給與口語與肢體的鼓勵。

1. 低功能：教學者豎起大拇指說：「好棒！」

2. 高功能：教學者豎起大拇指說：「好棒，你答對了！」

㈡錯誤反應：示範者在學生身邊給與口語、手勢、肢體協助的提示。

1. 低功能：示範者可拉著他去拿牛奶放在牛奶卡片上，並告訴他：「牛奶。」

2. 高功能：示範者口語提示：「找牛奶在哪裡！」

步驟五：請學生拿牛奶卡片跟老師換取牛奶。

步驟六：當學生不會開牛奶，老師接著問：「要幫忙嗎？」

步驟七：示範者牽著學生的手腕去拿「請幫忙」的圖卡給老師看，並代替學生說：「請幫忙。」

步驟八：老師從學生手中拿到卡片後，立即幫他打開牛奶盒。

階段二：示範者說：「我要看電視。」並將「電視」卡片貼在電視機上，之後拿「請幫忙」的卡片請老師打開電視，看10 秒後關上電視，再問學生是否要看電視？並播放錄有「我要看電視」、「請幫忙」語句的錄音帶讓學生練習仿說，直到達成目標

「電視」卡片→拿「請幫忙」卡片→看 10 秒電視→播放錄音帶（我要看電視）→仿說（我要看電視）→播放（請幫忙）→仿說（請幫忙）。

步驟一：老師拿出「電視」卡片告訴全班說：「這是電視，要看電視可以拿卡片去貼在電視機上。」

步驟二：老師問全班：「你們要不要看電視？」

步驟三：示範者舉手說：「我要看電視。」並將「電視」卡片貼在電視機上面。

步驟四：示範者再拿「幫忙」卡片給老師看，並說：「請幫忙。」

步驟五：老師告訴示範者：「看 10 秒鐘。」並打開電視數 1 到 10 秒鐘後，關上電視。

步驟六：老師問自閉症學生：「你要不要看電視？」老師手比電視機，提示學生拿「電視」卡片去貼在電視機上，並播放三次錄有「我要看電視」語句的錄音帶給學生聽。給學生 3 秒鐘的回應時間，計時默數方式：001、002、003，等待學生說出：「我要看電視。」

步驟七：若學生未能說出「我要看電視」，可讓學生跟著老師仿說：「我要看電視。」直到完整說出來。

步驟八：老師接下來說：「需要幫忙嗎？」提示學生拿「請幫忙」卡片給老師。並播放三次錄有「請幫忙」語句的錄音帶給學生聽。給學生 3 秒鐘的回應時間，計時默數方式：001、002、003，等待學生說出：「請幫忙。」

步驟九：㈠若學生順利說出「請幫忙」，老師打開電視讓學生看 10 秒鐘。
㈡學生仍未能說出「請幫忙」，可讓學生跟著老師仿說：「請幫忙。」直到完整說出來。

單元主題 10：向他人說對不起

雷雅萍

理論基礎

社交互動困難是自閉症者的障礙缺陷之一。自閉症者常常有些不當的口語和動作會遭人誤解，因此適當地表達抱歉，能有效增進良好的人際關係。

教學目標

㈠能說出「對不起」。

㈡能根據情境表達「對不起」。

㈢能應用到實際生活中。

適用對象

中、高功能自閉症者（國小至國中階段）。

先備能力

有口語能力、能認字、能閱讀短文。

教學材料

教學圖卡、學習單、紅筆。

教學策略

㈠示範：請協助者示範唸文章。

㈡提示：

1. 方式：學生動作停頓時，適當的給與口語、圖卡提示。

2. 次數：依據學生能力與學習狀況，增減提示的次數，並逐漸褪除

提示。

㈢增強：

1. 口頭：「對了」、「好棒」。

2. 手勢：拍手鼓勵、豎起大拇指表示好棒。

3. 增強：學生喜歡聽音樂，實際演練若能達到目標，則以聽音樂為增強；無法達到目標則關上音樂，再次教導學生欠缺的步驟。

㈣自然情境教學：利用教室情境進行教學與實際練習，融入學生喜歡的增強物效果尤佳。

㈤類化：能將此能力類化於不同的情境與人物之中。

1. 情境類化：學生不小心弄壞東西的情境、學生和同學吵架的情境等。

2. 人物類化：能依據不同的情境和對象來表示，例如同學或兄弟姊妹。

教學步驟

唸文章→找「對不起」句子→看圖卡→回答「對不起」→寫學習單。

階段一：老師逐一請協助者（二至三人）大聲唸出文章，最後再請學生唸文章（內容如下，老師可自行更換成自己學生的名字）

步驟一：老師先幫每個人各準備一篇文章（主角是每個人自己），先請第一位協助者大聲唸出文章內容。

步驟二：請第二位協助者再唸一遍文章內容，主角為第二位協助者自己的名字，接著輪第三位協助者唸，以此類推。

步驟三：最後請學生唸文章，如果遇到不會唸的字，可以請其他人協助。

步驟四：如果能唸完文章，老師可以口頭說「對了」、「好棒」，以及拍手鼓勵、豎起大拇指表示好棒。

階段二：老師請每一個學生輪流找出文章有哪些句子要說對不起，找出重點並簡化句子，請學生在簡化的句子旁邊畫紅線，最後再唸有畫紅線的句子

步驟一：老師問：「哪些句子有說到『對不起』？請你們找一找。」

步驟二：如果學生找不到，老師可以先舉例。

步驟三：老師提示學生找出重點句子，例如：小維今天早上上學遲到了，老師希望小維能說：「對不起。」請學生輪流發表。

步驟四：再請學生找出有關「對不起」的句子。

步驟五：為了要簡化句子，老師問：「為什麼要說對不起？」學生回答出：因為小維遲到了，要向老師說：「對不起。」請學生用紅筆將簡化的句子逐一畫紅線，例如：小維遲到了，能說：「對不起。」

步驟六：請每個學生唸畫紅線的句子，學生也唸一次。

步驟七：學生完成目標，可以讓他聽喜歡的音樂 10 秒鐘後關上。

階段三：老師利用教學圖卡來讓學生之間練習說「對不起」

步驟一：老師先將圖卡給協助者看，請他唸出旁邊的句子，接著請學生來練習。

步驟二：老師展示圖一，並說：「吵架，要說什麼？」請協助者回答出：「對不起。」

步驟三：輪流展示圖一到圖五，隨機問學生：「○○，要說什麼？」請學生回答出：「對不起。」

步驟四：㈠如果學生回答不出來，使用口語或文字提示之。

㈡如果學生可以回答，請他看圖卡描述出：「吵架，要說對不起。」

步驟五：反覆練習，直到學生能正確回答圖卡。

階段四：填寫學習單

學習單

吵架，要說：「＿＿＿＿＿。」	搶別人的東西，要說：「＿＿＿＿＿。」
打人，要說：「＿＿＿＿＿。」	遲到，要說：「＿＿＿＿＿。」
摔破碗，要說：「＿＿＿＿＿。」	□ 好棒 □ 再加油

附圖說明

教學圖卡

圖一	吵架，要說：「對不起。」
圖二	打人，要說：「對不起。」
圖三	搶別人的東西要說：「對不起。」
圖四	遲到，要說：「對不起。」
圖五	摔破碗，要說：「對不起。」

社會故事——對不起

小維今天早上上學遲到了，

老師希望小維能說：「對不起。」

小維玩玩具的時候搶小志的玩具，

小志希望聽到：「對不起。」

小維上體育課，在玩棒球時和小明吵架，

應該要向小明說：「對不起。」

小維生氣地打了小明的臉，

也應該向小明說：「對不起。」

小維回家之後，不小心摔破媽媽的碗，

要向媽媽說：「對不起。」

單元主題 11：請等一下

雷雅萍

理論基礎

社交互動困難是自閉症者的障礙缺陷之一。「等待」是日常生活中常有的社交技能，自閉症者常常無法等待而會出現焦躁的情緒，所以學習等待可以使自閉症者融入團體生活。

教學目標

㈠能說「請等一下」。
㈡能等待別人。
㈢能增加人際互動。

適用對象

低、中、高功能自閉症者（幼稚園至國小階段）。

先備能力

視聽功能正常、有簡單的口語表達和理解能力。

教學材料

教學步驟圖卡、腳印、聯絡簿、椅子、沙漏。

教學策略

㈠示範：請協助者做正確動作，讓學生模仿。
㈡提示：
 1. 方式：學生動作停頓時，適當的給與口語、肢體提示（協助敲門、坐下）、圖卡提示（腳印）、視覺提示（沙漏）。

2. 次數：依據學生能力與學習狀況，增減提示的次數，並逐漸褪除提示。

㈢增強：

1. 口頭：「對了」、「好棒」。
2. 手勢：拍手鼓勵、豎起大拇指表示好棒。
3. 自然增強：學生喜歡拿聯絡簿（代表要回家），就利用拿聯絡簿來進行教學，增加學生的學習動機，當學生能夠等待老師，直到老師寫好聯絡簿，就給與他最喜歡的聯絡簿作為自然增強。

㈣自然情境教學：利用教室情境進行教學與實際練習，融入學生喜歡的增強物效果尤佳。

㈤類化：能將此能力類化於不同的情境與人物之中。

1. 情境類化：學生要拿糖果的情境、學生正在玩玩具的情境等。
2. 人物類化：學生能夠向老師或同學表達請等一下。

教學步驟

階段一：放學時間收書包，學生想跟老師拿聯絡簿，老師還沒寫好，老師說：「請等一下。」學生能在旁邊等待，等老師寫好再拿給學生

拿聯絡簿→老師說「請等一下」→在腳印上等待→沙漏漏完→給聯絡簿。

步驟一：放學時間，老師請學生準備收書包，協助者來跟老師拿聯絡簿。

步驟二：老師告訴協助者：「聯絡簿還沒寫好，請等一下。」

步驟三：協助者能在旁邊等待，直到老師寫好交給他。

步驟四：請協助者帶學生來老師旁邊拿聯絡簿。

步驟五：老師告訴學生：「聯絡簿還沒寫好，請等一下。」請學生在腳印上等待，並放置一個沙漏，告訴學生等沙漏裡的沙全部漏完，就可以拿聯絡簿了。

步驟六：先在地上畫兩個腳印，學生可以在腳印上等待，並看著沙漏漏完，老師把寫好的聯絡簿給他。

階段二：協助者先進去上廁所，老師和學生敲門，協助者說：「請等一下。」學生要在外面等候，等協助者出來換學生進去，再請協助者在門外敲門，老師提示學生要說：「請等一下。」

上廁所敲門→口語說「請等一下」→在椅子上等待→上完廁所出來→可以進去。

步驟一：老師帶兩位協助者和學生到廁所外面，協助者先進去上廁所。

步驟二：老師和學生在外面敲門，裡面的協助者示範說：「請等一下。」

步驟三：老師告知學生要在門外面等待。

補充說明：如果學生無法等待，可以搬一張椅子放在門外邊，讓學生坐下等待。

步驟四：等協助者出來，學生才能進去上廁所。

步驟五：再請協助者在門外敲門，老師提示學生要說：「請等一下。」

㈠正確反應：老師給與口語與肢體的鼓勵。

1. 低功能：老師豎起大拇指說：「好棒！」

2. 高功能：老師豎起大拇指說：「好棒，有說請等一下！」

㈡錯誤反應：老師在學生身邊給與口語、手勢、肢體協助的提示。

1. 低功能：老師請學生仿說「請等一下」，直到學生達成目標（若無口語能力者，可用敲門兩下表示裡頭有人，請等一下）。

2. 高功能：老師口語提示：「請等一下！」

附圖說明

教學圖卡

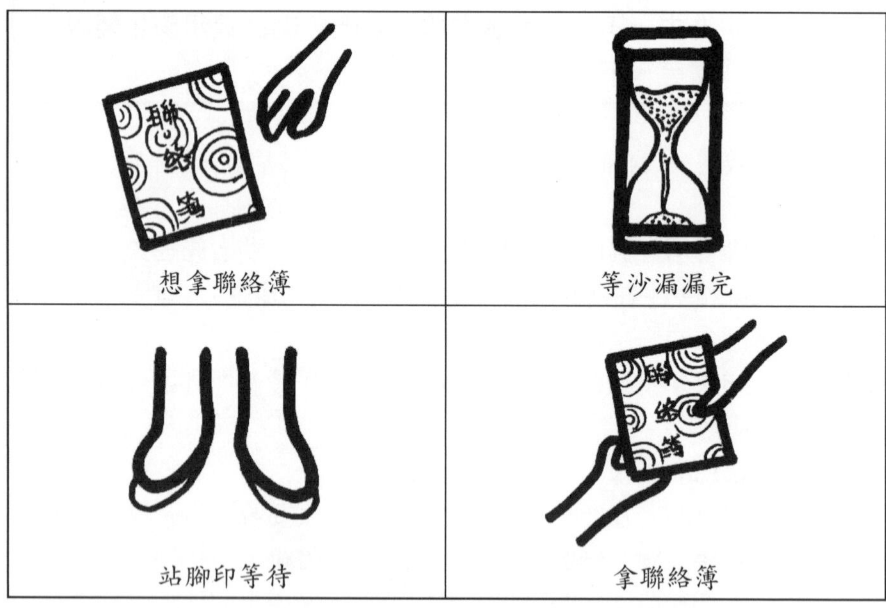

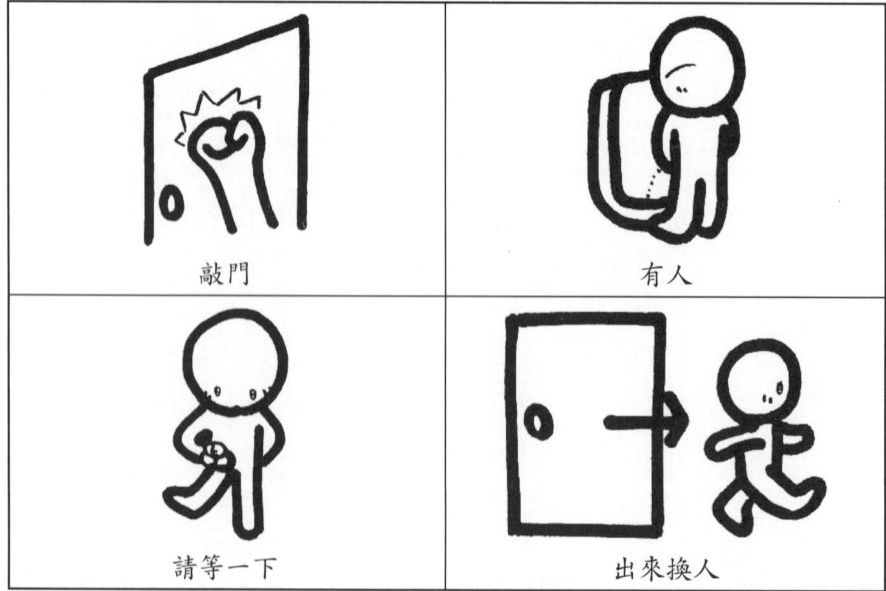

單元主題 12：向他人表達感謝

雷雅萍

理論基礎

自閉症者常常因為表達語言不完整，會使其他人誤以為不禮貌，所以必須教導自閉症者在請求他人幫助之後，能正確使用口語表達感謝之意，如此亦可增進社會人際互動。

教學目標

(一)能說出謝謝。
(二)能有禮貌地向他人點頭表示感謝。
(三)能增加人際互動。

適用對象

低、中、高功能自閉症者（幼稚園至國小階段）。

先備能力

視聽功能正常、有簡易的仿說能力、會模仿簡單動作。

教學材料

提示圖卡、餅乾（有不易打開的包裝）。

教學策略

(一)示範：請協助者口語示範向老師說：「謝謝！」
(二)提示：

1. 動作：學生動作停頓時，老師適當的給與肢體提示，輕扶學生的頭協助點頭。

2.口語：老師先說一遍「謝謝」，讓學生跟著老師仿說「謝謝」。
3.次數：依據學生能力與學習狀況，增減提示的次數，並逐漸褪除提示。

㈢時間延宕：固定式時間延宕3秒鐘，老師心中默數001、002、003，依過動狀況決定延宕時間的長短，過動愈嚴重者，延宕時間愈短。

㈣增強：
1.口頭：「對了」、「好棒」。
2.手勢：拍手鼓勵、豎起大拇指表示好棒。
3.增強物：選擇學生喜歡的物品作為教學材料和增強物，例如：當他想吃餅乾卻因打不開而來請老師幫忙，在老師打開之後，若有說謝謝，就讓他吃餅乾。

㈤自然情境教學：利用教室情境進行教學與實際練習，融入學生喜歡的增強物效果尤佳。

㈥類化：能將此能力類化於不同的情境與人物之中。
1.情境類化：老師可於不同幫助他的情境中（幫他拿東西、開飲料），讓學生開口說：「謝謝。」
2.人物類化：加入其他讓學生練習的對象，例如：其他老師或小朋友，能跟其他老師或是同學表示謝謝等。

教學步驟

階段一：老師幫忙打開餅乾，協助者示範跟老師點頭並說：「謝謝。」並詢問學生要不要吃餅乾，等老師幫他打開餅乾後，要求學生跟老師說謝謝，如果學生無口語能力，可用點頭代替，若學生停頓沒有做出反應，請協助者協助學生做出正確動作

示範點頭＋口語說「謝謝」→老師問「要不要吃？」→老師幫忙打開餅乾包裝→等待學生說「謝謝」→或是用「點頭」動作代替。

步驟一：老師問協助者要不要吃餅乾？幫協助者打開餅乾之後，協助者向老師示範說：「謝謝。」並讓學生在旁邊觀看整個活動。

步驟二：老師接下來問學生：「你要不要吃餅乾？」
步驟三：如果學生表示要吃，老師立刻幫他打開餅乾。
步驟四：老師先示範點頭動作並說「謝謝」，提示學生要向幫忙者道謝。
步驟五：給學生 3 秒鐘的回應時間，計時默數方式：001、002、003，等待學生說一次。

㈠正確反應：老師給與口語與肢體的鼓勵。

1. 低功能：老師豎起大拇指說：「好棒！」

2. 高功能：老師豎起大拇指說：「好棒，有跟老師說謝謝！」

㈡錯誤反應：協助者在學生身邊給與口語、手勢、肢體協助的提示。

1. 低功能：協助者兩手輕扶學生的頭，協助學生做出點頭動作。

2. 高功能：協助者口語提示：「謝謝！」

步驟六：學生如果說出謝謝，就讓他吃餅乾。

階段二：延續並擴展階段一的教學內容

老師問：「有沒有人要吃餅乾？」→舉手說：「老師，我要吃餅乾好嗎？」→等待回應→口語說：「謝謝。」

老師在吃點心時間問全班同學：「有沒有人要吃餅乾？」協助者舉手示範，向老師說：「老師，我要吃餅乾好嗎？」而且能等待老師說：「好。」老師將餅乾放在協助者的盤子中，等協助者回應老師說：「謝謝！」才可以拿來吃。老師接著詢問大家：「還有沒有人要吃餅乾？」如果學生無法舉手表示想要，老師可以個別問他：「○○，你要吃嗎？」請學生模仿協助者如何跟老師要求和表達感謝。

步驟一：老師問全班：「有沒有人要吃餅乾？」
步驟二：協助者舉手並說：「老師，我要吃餅乾好嗎？」
步驟三：協助者坐在位置上等待老師回應，老師說：「好！」
步驟四：老師將餅乾放在協助者面前的盤子中，協助者立刻向老師大聲說：「謝謝！」等他說完才可以拿取盤子中的餅乾。
步驟五：老師接下來問：「還有沒有人要吃餅乾？」

步驟六：等待學生舉手並說出：「老師，我要吃餅乾好嗎？」延宕時間為 3 秒鐘。

㈠正確反應：老師給與口語與肢體的回應，豎起大拇指說：「好棒，你很有禮貌！」

㈡錯誤反應：老師以口語、手勢、肢體動作提示。

1. 請協助者先抓著學生的手協助舉手，以表示要吃餅乾。

2. 褪除手的抓握提示，口語提醒學生：「舉手」。

3. 老師口語提示：「說——老師」，讓學生跟著仿說一次「老師」，直到學生說出正確話語。

4. 老師口語提示：「我要吃餅乾好嗎？」讓學生跟著仿說「我要吃餅乾好嗎？」一次，直到學生達成目標。

步驟七：等學生正確說出：「老師，我要吃餅乾好嗎？」之後，老師再將餅乾放在學生面前的盤子裡，等待學生回應說：「謝謝！」才讓學生拿取餅乾吃。

單元主題 13：請再說一遍

林嘉齊

理論基礎

自閉症者的偏窄視覺，常會讓一般人誤以為他們心不在焉，眼神飄移不定，也許沒聽見別人剛剛說的話。因此請別人再說一次，或者是請他再說一遍剛剛自己說過的話的機會很多，這些都有助於社交技巧的發展。

教學目標

㈠能自己重複一次自己剛剛講過的話。
㈡能請別人再說一次剛剛說過的話。
㈢能自己重複一次別人剛剛說過的話。

適用對象

高功能自閉症者（國小至高中階段）。

先備能力

㈠聽覺能力良好。
㈡能聽過後記住關鍵字詞。
㈢視覺記憶良好。

教學材料

溝通圖卡、紙、筆。

教學策略

㈠示範：教學者擔任示範，實際示範一次流程。
㈡提示：

1. 教學者可指或拿關鍵字詞的卡片給與學生提示。
2. 教學者以語言提示個案。

㈢時間延宕：固定式時間延宕：各個步驟中，學生反應延宕時間3秒鐘。

㈣增強：社會性增強：言語鼓勵「很棒」、「做得很好」。

㈤類化：

1. 將談話者更換，並更換說話的內容，使學生練習至少五次。
2. 可置換長短不一的句子，使學生常常練習。

教學步驟

個別指導教學→情境模擬練習→置換情境練習。

階段一：個別指導教學

步驟一：教學者與學生進行一對一個別教學。

步驟二：教學者先提示學生要注意聽，如果聽不清楚，可以請教學者「再說一遍」。

步驟三：教學者對學生說出一段話包括人物、時間、地點及事件，例如「老師明天要去宜蘭開會」。說完之後，詢問學生是否已聽清楚。

步驟四：學生如表示聽不清楚，教學者以語言提示可以要求教學者「請再說一遍」。

步驟五：教學者說「好」，並將剛剛的話再重說一次。

步驟六：請學生自己「再說一遍」。

步驟七：請學生將說過的話寫下來，對照教學者說過的話是否一致。

階段二：情境模擬練習

準備活動→

教室中教學者正在宣布戶外的教學計畫：「下星期一要去海邊玩」，教學者發覺學生似乎不太專心，詢問學生是否聽清楚了。

步驟一：教學者詢問學生是否有聽見剛剛教學者說的話。

㈠正確的反應：給與社會性增強。能明確表達有沒有聽清楚。

㈡錯誤的反應：給與語言提示並輔以卡片提示。有的話請拿起「○」的卡片，並重複剛剛教學者說過的話，沒聽清楚的話請拿「╳」的卡片。

步驟二：請學生再說一遍教學者剛說過的話。等待 3 秒鐘，學生仍說不出來時，教學者以口語提示：「可以請老師再說一次。」同時舉起手指比出數字 1。

步驟三：學生請教學者「再說一遍」。

㈠正確反應：給與語言增強。學生主動說出：「請老師再說一遍。」

㈡錯誤反應：給與肢體、動作或語言提示。延宕 3 秒鐘，學生仍不知如何表達時，教學者可拿出卡片「再說一遍」提示。

步驟四：教學者再重複說一遍，並詢問學生是否聽清楚了。

階段三：置換情境練習

㈠情境類化：上實用語文課時、說明重要事情時等。

㈡人物類化：校長在朝會宣布事情時，同學間的對話時……

附圖說明

教學圖卡

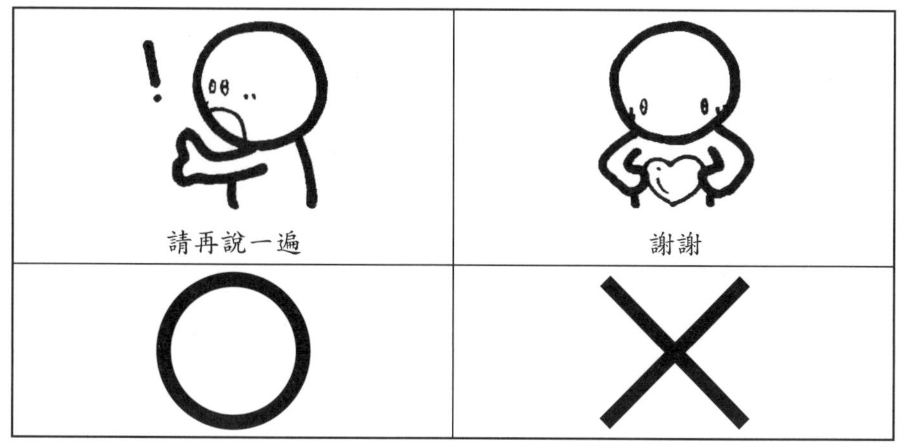

單元主題 14：如何向他人緊急求助

林嘉齊

理論基礎

自閉症者對於周邊發生的事件常漠不關心，如果身邊發生了有人受傷等等的緊急事件，往往不知所措，也不知如何處理，透過本單元的練習，可以讓自閉症者練習如何簡單求助。

教學目標

㈠能發覺身旁有緊急事件發生。
㈡能以正確方式引起注意，並請求協助。
㈢能熟練緊急求助的方式。

適用對象

中、高功能自閉症者（國小至高中階段）。

先備能力

㈠能辨認緊急事件卡片。
㈡能指、拿溝通圖卡。
㈢短期記憶佳。
㈣能撥打電話（高功能）。
㈤能概略描述事情及地點（高功能）。

教學材料

㈠緊急事件情境圖卡六張（流血、跌倒、火災、搶劫、車禍、昏倒）。
㈡處理方式卡片三張（找人幫忙、110、119）。
㈢溝通圖卡、溝通簿（可攜式）。

教學策略

㈠示範：請普通班學生擔任示範者，實際示範一次流程。

㈡提示：

1. 教學者可指或拿卡片給與學生提示。
2. 教學者以肢體動作提示學生。
3. 教學者以語言提示學生。

㈢時間延宕：固定式時間延宕：各個步驟中，學生反應延宕時間。

1. 中、低功能：5 至 7 秒鐘。
2. 高功能：3 秒鐘。

㈣增強：社會性增強——言語鼓勵「很棒」、「做得很好」。

㈤類化：

1. 增加情境圖卡，讓學生有更多的經驗。
2. 讓學生練習以電話模擬通報緊急事件。

教學步驟

個別指導教學→情境模擬練習→置換情境練習。

階段一：個別指導教學

步驟一：指認六種情境圖卡。

步驟二：挑選能力相近的同學組成小團體，依據每一種情境圖卡，演出一段小短劇，增加學生對事件的印象。演出可不用台詞，讓觀眾自行猜測是哪一種情境。演出盡量誇張，並強調各種事件中的關鍵動作或物品，如跌倒的動作、搶劫時的刀子。讓學生參與演出更能增加印象。

步驟三：演出完畢後再逐一說明六種情境事件的危險性及急迫性。

步驟四：教學者說明可以解決的方式，並拿出三種處理方式的卡片作為提示。

步驟五：挑出三位同學演出三種解決方式，撥打電話時須簡單描述事件及發生地點和自己的名字，教學者可在演出打電話時，拿出「什

麼事」、「在哪裡」、「名字」等卡片來提示該說的話。

步驟六：讓學生配對緊急情境及解決方式卡片（流血、跌倒、昏倒可以找人幫忙；火災可撥打 119；搶劫、車禍可撥打 110）（高功能）。

步驟七：向學生說明 110 及 119 為緊急電話，是不可以隨便撥打的。

階段二：情境模擬練習

準備活動

操場上有同學突然跌倒受傷，學生剛好看見，他要馬上向老師報告，並請求老師協助。

步驟一：學生察覺同學跌倒了，一直在哭。

㈠正確的反應：給與社會性增強。

㈡錯誤的反應：給與肢體、動作或語言提示。

1. 中功能：學生對跌倒同學不為所動，教學者應給與卡片「跌倒」及語言提示「有人跌倒了」，並要學生轉頭去注意。
2. 高功能：學生對跌倒同學不為所動時，協助者以口語提示學生「有人跌倒了」，並要學生轉頭去注意。

步驟二：學生馬上跑到老師身旁，說明有人跌倒。

㈠正確反應：給與社會性增強。

㈡錯誤反應：給與肢體、動作或語言提示。學生在原地看熱鬧，協助者立即提示學生「去找老師」。

步驟三：帶領老師到跌倒受傷同學的位置。

㈠正確反應：給與社會性增強。

㈡錯誤反應：給與肢體、動作或語言提示。學生待在原地不動，老師手拉著學生的手並提示「帶老師去」。

步驟四：協助老師扶同學到保健室搽藥。

㈠正確反應：給與社會性增強。

㈡錯誤反應：給與肢體、動作或語言提示。學生待在原地不動，老師手拉著學生的手，並提示「和老師一起扶同學」。

階段三：置換情境練習

㈠情境類化：家中、公共場所等。

㈡人物類化：替換不同人物。

附圖說明

情境圖卡

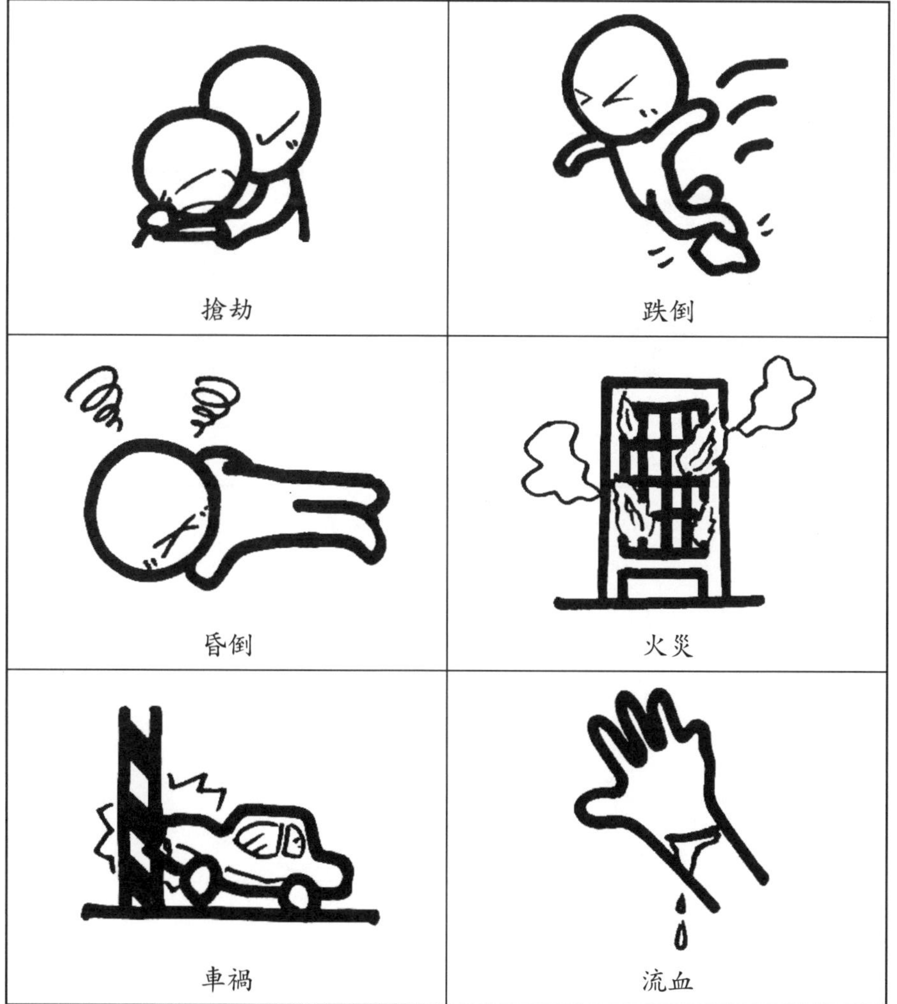

搶劫　跌倒

昏倒　火災

車禍　流血

處理方式卡片

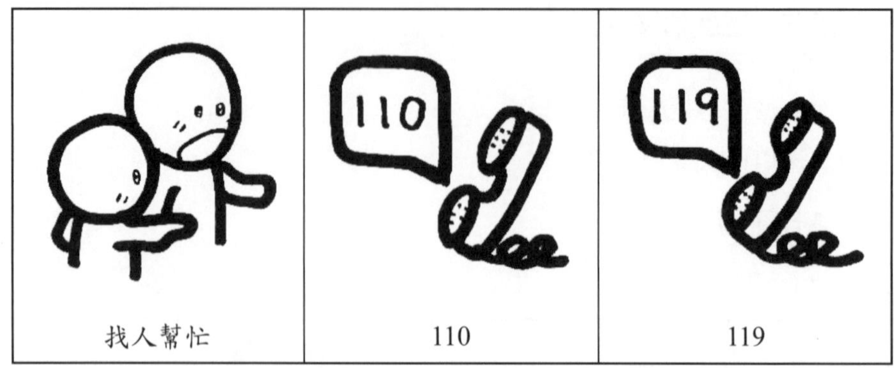

提示圖卡

單元主題 15：如何表達感官的不舒服

林嘉齊

理論基礎

自閉症者的感官是相當敏銳的，在比較嘈雜的環境中，他們會覺得不舒服，但是又常常無法正確表達出來，本單元旨在讓自閉症者主動表達不舒服及學習解決的方式。

教學目標

㈠能感覺視聽覺刺激的不舒服。
㈡能正確表達視聽覺刺激的不舒服。
㈢能設法阻斷不舒服的刺激來源。

適用對象

低、中、高功能自閉症者（國小至高中階段）。

先備能力

㈠能使用溝通圖卡。
㈡手眼協調度佳。

教學材料

溝通圖卡、溝通簿（可攜式）、錄音機、電視機、大型耳機（可遮住耳朵）。

教學策略

㈠示範：請能力較佳的學生擔任示範者，實際示範一次流程。
㈡提示：

1. 協助者可指或拿「不舒服」的卡片給與學生提示。
2. 協助者以肢體動作提示學生。

㈢增強：社會性增強：言語鼓勵「很棒」、「做得很好」。

㈣類化：

1. 情境類化：家中或公共場所。
2. 隨身攜帶隨身聽及耳機，當聽到不舒服的聲音時，可以馬上戴上耳機。

教學步驟

個別指導教學→情境模擬練習→置換情境練習。

階段一：個別指導教學

步驟一：教學者教導學生認識「不舒服」的卡片。

步驟二：教學者預先錄下學生害怕聽見的聲音或影像，並先告知學生待會兒要播放，只要學生拿起、碰觸「不舒服」的卡片或說出「我不舒服」時，教學者就會中止播放。

步驟三：開始先播放其他不相關的聲音或影像，然後切入學生不喜歡聽到的部分，協助者此時應立即提示學生拿起卡片或說出「不舒服」，教學者立即中斷播放。

步驟四：再一次播放聲音，當學生再拿起卡片或說出「不舒服」時，協助者拿耳機幫學生戴上，減少聽覺方面的刺激，並安撫學生情緒。

步驟五：協助者提示學生，可以向老師借耳機來減少聽覺刺激，並讓學生主動向協助者借耳機。

階段二：情境模擬練習

準備活動→

教室中學生正在上課，突然聽到窗外有一種聲音，讓他全身很不舒服，學生要向老師表達不舒服的感覺，並尋求解決方式。

步驟一：以正確的方式引起注意。

㈠正確的反應：給與社會性增強。

㈡錯誤的反應：給與肢體、動作或語言提示。

學生焦躁不安，以手摀住耳朵大叫時，教學者應提示學生要先舉手引起老師的注意。

步驟二：當教學者注意到學生時，學生表達有「不舒服」的感官刺激。

㈠正確反應：給與社會性增強。

㈡錯誤反應：給與肢體、動作或語言提示。

1. 中、低功能：學生仍只是摀住耳朵，教學者拉著學生的手拿出「不舒服」的卡片，並指著耳朵。

2. 高功能：學生只是摀著耳朵，教學者以動作加口語提示，手指耳朵說：「很吵，不舒服。」

步驟三：學生請求教學者設法阻斷「不舒服」的刺激感官。

㈠正確反應：教學者阻斷「不舒服」的刺激感官。

㈡錯誤反應：給與肢體、動作或語言提示。

1. 中、低功能：請學生拿出「耳機」或「關窗戶」的卡片給教學者，此時教學者才視狀況給與耳機或是將窗戶關上。

2. 高功能：教學者提示學生說：「外面很吵，可以關窗戶嗎？」當教學者關上窗戶後，引導學生記得說：「謝謝。」

階段三：置換情境練習

㈠情境類化：正在吃飯時、上戶外課時、在家中等。

㈡人物類化：父母親、其他老師……

附圖說明

教學圖卡

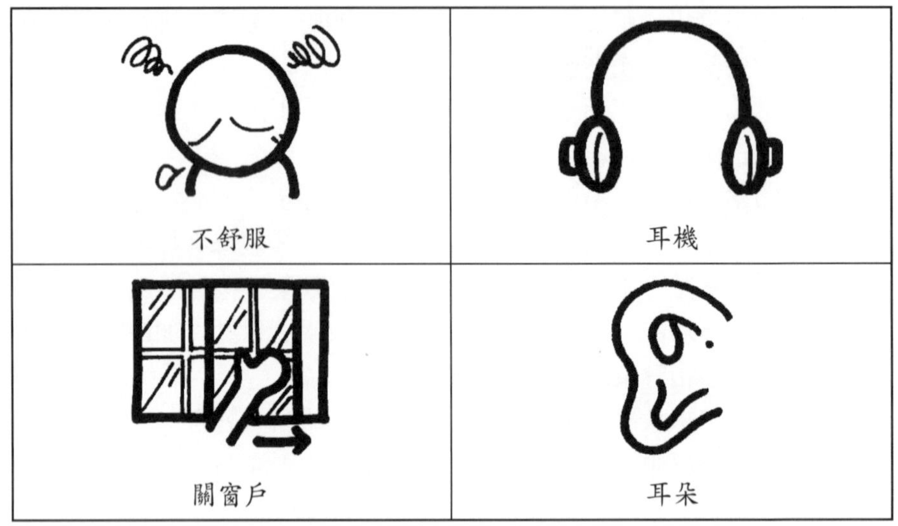

單元主題 16：自我介紹

雷雅萍

理論基礎

社交互動是自閉症者的障礙缺陷之一。自閉症者因為表達溝通方面有很大的缺陷，故難以去拓展新的人際關係，而要認識新朋友，第一步就是要能夠自我介紹，以踏出自閉症者狹窄的交友圈。

教學目標

㈠能向他人介紹自己（使用照片和名字卡片）。

㈡能向他人介紹自己，說：「我是○○○。」

㈢能增加人際互動。

適用對象

低、中、高功能自閉症者（幼稚園至國小階段）。

先備能力

㈠能指認出「自己」的照片、名字。

㈡有簡單的口語，能說出「我」、「是」、「名字——○○○」。

㈢能認字「我」、「是」、「名字——○○○」。

教學材料

照片、字卡、黑板、葡萄乾。

教學策略

㈠示範：請三位普通班同學輪流示範自我介紹，如教學步驟。

㈡提示：

1. 卡片：拿照片和字卡提示學生做自我介紹，在黑板上排出字卡——「我」、「是」、「○○○」。
2. 聲音：其他同學幫他說出：「我是○○○。」
3. 次數：依據學生能力與學習狀況，增減提示的次數，並逐漸褪除提示。

㈢時間延宕：固定式時間延宕7秒鐘，老師心中默數001、002、003、004、005、006、007。

㈣增強：
1. 社會性增強：口頭稱讚「你說對了」、「你好棒」。
2. 物品增強物：當他上台做完自我介紹，老師則給他吃一粒葡萄乾作為增強。

㈤自然情境教學：利用教室情境進行教學與實際練習，融入學生喜歡的增強物效果尤佳。

㈥類化：能將此能力類化於不同的情境與人物之中。
1. 情境類化：學生在普通班的情境、學生在遊戲區的情境等。
2. 人物類化：學生能跟老師做自我介紹，學生能跟同學做自我介紹等。

教學步驟

階段一：老師先請三位普通班學生示範使用自己的照片和名字上台自我介紹，說：「我是王小明。」最後再請學生拿著照片和名字上台做介紹，如果沒有口語能力者，可請協助者大聲幫他唸出來

發照片和名字→第一位拿照片和名字＋口語說「我是王小明」→第二位拿照片和名字＋口語說「我是李小明」→第三位拿照片和名字＋口語說「我是林小明」→學生拿照片和名字＋口語說「我是○○○」。

步驟一：老師和三位其他同學（普通班學生）加上自閉症學生在台下圍成一圈坐。

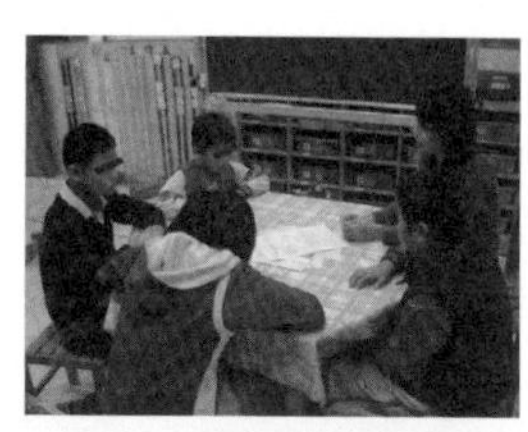

步驟二：老師先分給每人一份屬於自己的照片和名字卡片各一張。

步驟三：老師先請第一位同學上台自我介紹。

步驟四：第一位同學拿出照片並說「我是」，接著再拿出名字卡片說「王小明」（註：此時說話速度不可太快）。

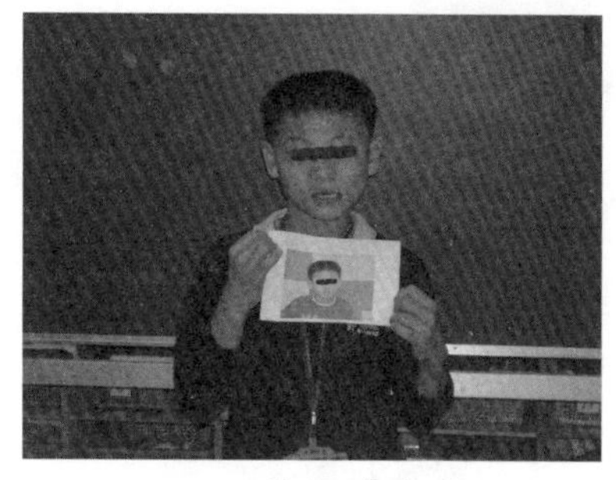
示範說「我是」

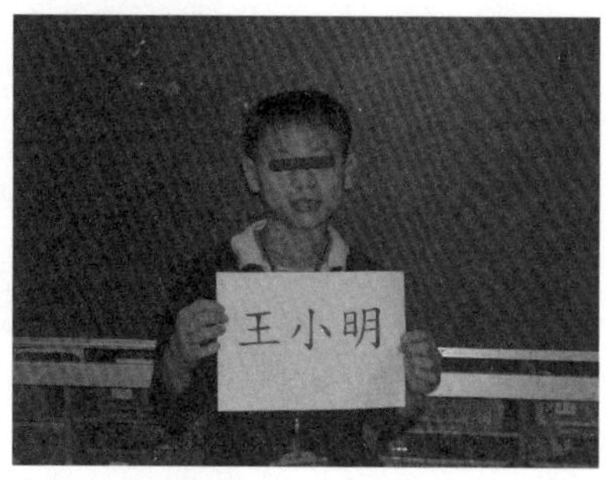

示範說「王小明」

步驟五：第二位同學拿出照片並說「我是」，接著再拿出名字卡片說「李小明」（註：此時說話速度不可太快）。

步驟六：第三位同學拿出照片並說「我是」，接著再拿出名字卡片說「林小明」（註：此時說話速度不可太快）。

步驟七：輪到自閉症學生上台。

步驟八：給學生 7 秒鐘的回應時間，計時默數方式：001、002……007，等待他拿出自己的照片和名字。

步驟九：老師提示學生先拿出「照片」，同時，其他同學大聲幫他說「我是」。

學生能知道這是自己的照片

步驟十：老師提示學生再拿出「名字」的卡片，其他同學大聲幫他說「○○○」——他的名字。

學生能知道這是自己的名字

步驟十一：學生能做對以上動作，給他吃葡萄乾作為鼓勵。

階段二：老師先請三位普通班學生示範使用字卡上台自我介紹，依序排出：「我」「是」「李小明」，並大聲說出「我是李小明」，最後再請學生拿著字卡上台排出「我」「是」「○○○」

發字卡→第一位排字卡「我」「是」「李小明」＋口語說「我是李小明」→第二位排字卡＋口語說「我是王小明」→第三位排字卡＋口語說「我是林小明」→學生排字卡＋協助者口語說「我是○○○」。

步驟一：老師和三位其他同學（普通班學生）加上自閉症學生在台下圍成一圈坐。

步驟二：老師先分給每人三張字卡——「我」「是」「○○○」。

步驟三：老師先請第一位同學上台自我介紹。

步驟四：第一位同學在黑板上由左至右排出「我——是——李小明」，並手指著字卡唸一遍「我是李小明」（註：唸的速度不可太快）。

步驟五：第二位同學在黑板上由左至右排出「我——是——王小明」，並手指著字卡唸一遍「我是王小明」（註：唸的速度不可太快）。

步驟六：第三位同學在黑板上由左至右排出「我——是——林小明」，並手指著字卡唸一遍「我是林小明」（註：唸的速度不可太快）。

步驟七：輪到自閉症學生上台。

步驟八：老師先請學生分別唸出自己手中的三張字卡。

步驟九：老師提示學生在黑板上排出「我是○○○」，同時旁邊的同學大聲幫他唸出：「我是○○○。」

步驟十：請自閉症學生手指著字卡唸一遍：「我是○○○。」

步驟十一：學生能做對以上動作，給他吃葡萄乾作為鼓勵。

單元主題 17：如何借東西

林嘉齊

理論基礎

自閉症者與人互動是有困難的，如能學會正確的向別人借東西的方式，不但可獲得想要的東西，而且可以促進人際關係發展。

教學目標

㈠走近某人的身旁而且以正確方式引起注意。
㈡能表達出想要借的東西。
㈢能等待他人回應，並且在離開前表示謝意。

適用對象

低、中、高功能自閉症者（幼稚園至高中階段）。

先備能力

㈠能等待短暫時間。
㈡能辨認、拿取溝通圖卡。
㈢能表示出要借的東西。
㈣能說「謝謝」。

教學材料

玩具數個、溝通圖卡、溝通簿。

教學策略

㈠協助：請能力較好學生擔任協助者，實際示範一次教學流程。
㈡提示：老師可利用「玩具」、「借我」的卡片給與學生提示。

㈢時間延宕：固定式時間延宕。

1. 高功能 3 秒鐘。
2. 中、低功能 5 至 7 秒鐘。

㈣增強：

1. 自然增強：以借得的物品作為增強物。
2. 社會性增強。

㈤類化：

1. 情境類化：可將情境轉移至家中、公共場所。
2. 人物類化：可置換不同的物品。

教學步驟

個別指導教學→情境模擬練習→置換情境練習。

階段一：個別指導教學

兩位協助者正在玩玩具，學生想要向其中一位借玩具玩。

步驟一：學生走近兩位協助者身旁並做出下列動作的其中之一。

㈠眼神注視協助者，並且等在一旁。

㈡輕拉協助者衣角。

㈢輕聲叫喚協助者的名字，可使用錄音裝置錄下學生聲音，並播放適當大小音量，提示輕聲叫喚的音量（高功能）。

步驟二：學生等在一旁等待協助者的交談中斷。

步驟三：待學生做出上述其一動作後，老師立即給與社會性增強，如：「好棒！」「做得很好，要等一下喔！」

步驟四：當協助者注意到學生時，學生做出下列動作之一。

㈠拿出或指著「玩具」的圖卡，並以手指指自己。

㈡拿出溝通簿組成「玩具借我」的短句（高功能）。

㈢說出：「玩具借我好嗎？」可依學生能力增加語句長度（高功能）。

步驟五：協助者將一個玩具交給學生。

步驟六：學生拿到玩具後，須做出下列動作之一。

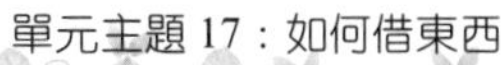

㈠點頭表示「謝謝」。

㈡拿出或指著「謝謝」的卡片。

㈢說出「謝謝」（高功能）。

步驟七：學生離開自行去玩玩具。

階段二：情境模擬練習

準備活動

遊戲角中兩個學生正在玩玩具，學生想要借其中一個玩具來玩。

步驟一：學生走近兩個學生身旁，以正確方式引起注意。

㈠正確反應：給與社會性增強。

1. 中、低功能：學生走近兩位學生身旁，手輕拉他們衣角，等他們注意到學生。
2. 高功能：學生走近兩位學生身旁，並小聲叫出其中一位學生的名字。

㈡錯誤反應：給與肢體、動作或語言提示。

1. 中、低功能：等待 5 秒鐘，學生無反應，協助者拉著學生的手去拉住正在玩玩具學生的衣角。
2. 高功能：等待 3 秒鐘，學生仍在原地無行動時，協助者以口語提示學生去找正在玩玩具的學生。

步驟二：向其中一位學生表示要借玩具來玩。

㈠正確反應：給與社會性增強。

1. 中、低功能：學生拿出溝通圖卡，並用手指指著玩具並指著「借我」圖卡後，以手指自己表示要借玩具給自己。
2. 高功能：學生走近兩位學生身旁，並向其中一位學生說出：「玩具借我好嗎？」

㈡錯誤反應：給與肢體、動作或語言提示。

1. 中、低功能：等待 5 秒鐘，學生無反應，協助者手拉著學生的手拿出「玩具」、「借我」的卡片。
2. 高功能：等待 3 秒鐘，學生無反應，協助者以口語提示：

「要怎麼說？」或以仿說方式引導學生說出完整句子。

步驟三：在離開前表示謝意。

㈠正確反應：給與社會性增強。

1. 中、低功能：拿到玩具後，拿出或指著「謝謝」的卡片。

2. 高功能：當對方給與學生玩具後，學生說出：「謝謝。」

㈡錯誤反應：給與肢體、動作或語言提示。

1. 中、低功能：等待 5 秒鐘，學生無反應，協助者手拉著學生的手拿出「謝謝」卡片，或以動作提示點頭表示謝意。

2. 高功能：等待 3 秒鐘，學生仍在原地無行動時，協助者以口語提示：「該說什麼？」或引導學生說出：「謝謝。」

階段三：置換情境練習

㈠情境類化：借文具、借書本等。

㈡人物類化：老師在和學生談話時，其他學生在玩玩具時……

附圖說明

教學圖卡

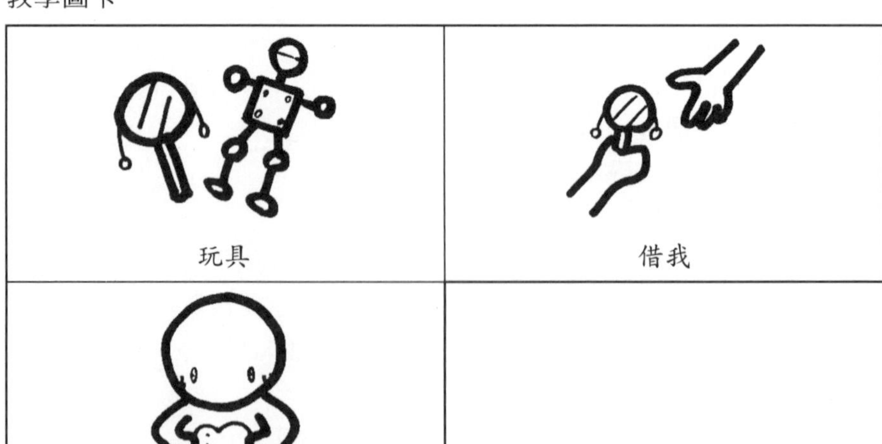

溝通圖卡

單元主題18：如何傳遞東西

林嘉齊

理論基礎

傳遞物品給他人或要求別人遞物品過來是一種簡單的動作，也是一種社交技巧，但對自閉症者來說，卻是需要經過相當程度的訓練方能習得的技能。

教學目標

㈠能聽清楚別人要求協助的工作。

㈡能說清楚要求別人協助的工作。

㈢能將物品遞過來或傳過去。

適用對象

中、高功能自閉症者（國小至高中階段）。

先備能力

㈠能使用溝通圖卡進行溝通。

㈡能理解一個以上指令。

㈢具備卡片與實物配對的能力。

教學材料

溝通圖卡數張、可攜式小溝通簿、人物照片數張、抽取式面紙一盒、玩具一個、杯水或其他飲料數罐。

教學策略

㈠示範：請能力較好的同學擔任示範者，實際示範一次小團體教學流程。

㈡提示：

1. 教學者可拿溝通圖卡給與提示。

2. 教學者以語言或肢體動作提示學生。

3. 教學者以溝通簿組成句子，提示該說的語言。

㈢時間延宕：固定式時間延宕：各個步驟中，容許學生反應延宕時間。

1. 中、低功能：5 至 7 秒鐘。

2. 高功能：3 秒鐘。

㈣增強：

1. 社會性增強：言語鼓勵「很棒」、「做得很好」，或摸摸學生的頭表示很棒。

2. 增強物：完成任務後，給與增強物或是喜愛的活動。

㈤類化：

1. 將目標人物做更換，使同學練習至少五次。

2. 可延伸遞送方式：如請傳給下一位、傳給指定人物等。

教學步驟

個別指導教學→情境模擬練習→置換情境練習。

階段一：個別指導教學

步驟一：選擇班上能力相近的小朋友四至五名，組成一個小團體進行小組教學。

步驟二：教學者示範如何請協助者將玩具遞送過來。

㈠教學者與協助者並排而坐，將玩具放置於離協助者較近一側。

㈡教學者示範以語言請求傳遞東西：「○○，請將玩具傳給我好嗎？」

㈢教學者示範以溝通圖卡請求傳遞東西，以手指輕觸協助者手背，並呈現溝通圖卡組句子「請幫忙」「拿」「玩具」，並以手指著玩具。

步驟三：在拿到玩具後說：「謝謝。」

㈠中功能：以點頭或拿出「謝謝」的溝通圖卡。

㈡高功能：口語說「謝謝」。

步驟四：如果協助者表示拒絕時，會自己站起來走過去拿玩具。

步驟五：教學者示範如何接受協助者請求，並將玩具遞送給協助者。

㈠協助者向教學者提出請求：「玩具拿給我好嗎？」並用手指著玩具。

㈡教學者找到玩具後，拿給協助者，並且說：「玩具給你。」

㈢如學生無口語，應教導以點頭或是其他替代方式，來告知要將玩具交付給對方。

階段二：情境模擬練習

準備活動一

教室中同學正在用午餐，學生的嘴巴沾到了湯汁，但面紙離他旁邊的同學比較近，他必須請求同學將面紙傳過來給他。

步驟一：學生須先判斷哪一位同學能幫他拿到面紙。

步驟二：學生請求同學幫忙拿面紙給自己。

㈠正確反應：給與社會性增強，語言增強：「好棒」。向隔壁同學表示要面紙，並請求他將面紙傳過來。

㈡錯誤反應：給與肢體、動作或語言提示。

1. 中、低功能：等待 5 秒鐘，學生仍未拿到面紙擦拭嘴角，拿著學生的手輕觸旁邊同學的手背，並以手指著面紙。
2. 高功能：學生要自己站起來拿時，提示他可以請同學幫忙傳過來。

準備活動二

老師正在發飲料，請前面同學傳給下一個，一個個傳下去，學生正好是其中一個人，每個人的桌上都放著一張飲料的提示圖卡。

步驟一：當隔壁同學傳飲料過來時，應該將飲料立刻拿給下一位同學。

㈠正確反應：給與社會性增強，語言增強：「好棒」。

㈡錯誤反應：給與肢體、動作或語言提示。

1. 中、低功能：將飲料放在自己的卡片上未傳給下一位同學，教學者以卡片「傳過去」給與提示，並拿著學生的手拿起飲料傳給下一個同學。

2. 高功能：將飲料留在自己位置上未傳給下一位同學，教學者以口語提示「飲料先傳過去」，或以溝通圖卡提示。

步驟二：等到後面一位同學告訴學生說「我有飲料了」時，可以將飲料留在自己的卡片上。

㈠正確反應：給與社會性增強。

㈡錯誤反應：給與肢體、動作或語言提示。

1. 中、低功能：仍將飲料要傳給下一位同學時，以動作提示學生，手指著下一位同學的卡片，卡片上已放置了飲料，不用再傳過去了，可以將飲料放置在自己的卡片上。

2. 高功能：繼續要將飲料傳給下一位同學時，立即介入停止動作，請學生看看下一位同學的卡片上是否已放置了飲料，如果已經放有飲料了，就可以把飲料留下來。

步驟三：告知前一位同學：我拿到飲料了，不用再傳過來了。

㈠正確反應：給與飲料當作增強物。

㈡錯誤反應：給與肢體、動作或語言提示。

1. 中、低功能：拿出卡片「×」，給前面一位同學看，表示不需要了。

2. 高功能：向前面一位同學搖搖手，並說出：「不用再傳過來了。」

階段三：置換情境練習

㈠物品類化：更換成各種物品。

㈡人物類化：人物換成家長、其他教學者、同學……

附圖說明

教學圖卡

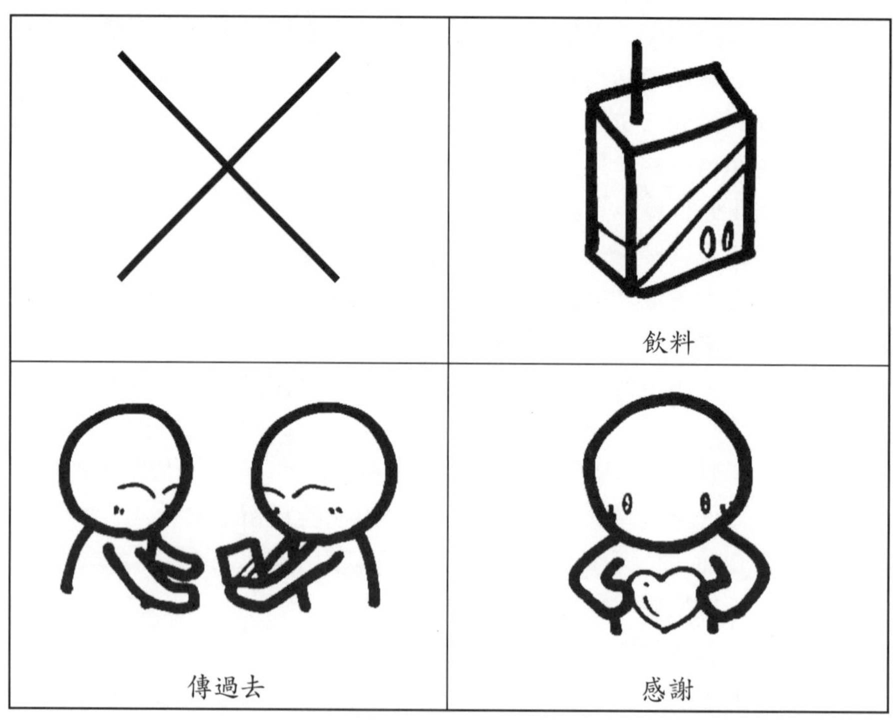

溝通圖卡

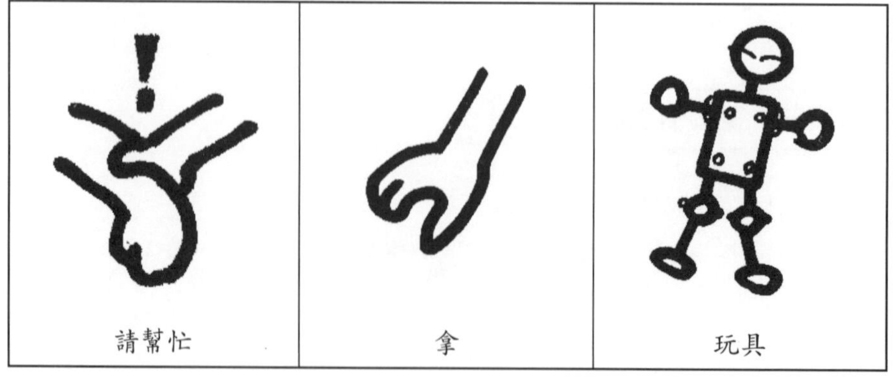

單元主題 19：如何遞送東西給別人

林嘉齊

理論基礎

遞送物品給他人是一種簡單的動作，但對自閉症者來說，卻是需要經過相當程度的訓練方能習得的技能。這不單只是一種社交技能，也是辦公室內職業訓練的基礎。

教學目標

㈠能了解交付的工作。

㈡能尋找到正確的人，交予物品。

㈢能等待他人回應，並且在離開前表示謝意。

適用對象

中、高功能自閉症者（國小至高中階段）。

先備能力

㈠能做照片與人物的配對。

㈡能使用溝通圖卡進行溝通。

㈢能理解兩個以上的指令。

教學材料

㈠附夾子墊板一個、原子筆一支、便利貼。

㈡溝通圖卡、溝通簿（可攜式）。

㈢人物照片數張。

教學策略

㈠示範：請能力較好學生擔任示範者，實際示範一次流程。

㈡提示：

1. 教學者可拿目標人物的照片給與學生提示。
2. 教學者以語言或肢體動作提示學生目標人物位置。
3. 教學者以溝通簿組成句子，提示該說的語言。

㈢時間延宕：固定式時間延宕。各個步驟中，容許學生反應延宕時間。

1. 中、低功能：5 至 7 秒鐘。
2. 高功能：3 秒鐘。

㈣增強：

1. 社會性增強：言語鼓勵「很棒」、「做得很好」，或摸摸學生的頭表示很棒。
2. 增強物：完成任務後，給與增強物或是喜愛的活動。

㈤類化：

1. 將目標人物做更換，使學生練習至少五次。
2. 可延伸遞送距離，如常去的教室、辦公室……

教學步驟

個別指導教學→情境模擬練習→置換情境練習。

階段一：個別指導教學

步驟一：認識目標人物的特徵及外表。

㈠教學者以單一人物照片呈現，並告知學生該人物的姓名、性別、特徵，並讓學生反覆熟記。

㈡教學者呈現多張人物照片，請學生找出正確的人物照片，確認學生認得該照片中之人物。

㈢讓學生手持人物照片尋找正確人物。

步驟二：教學者給與學生工作指令。

㈠中功能者給與兩個指令的工作，如「找林老師簽名」。

㈡高功能者給與三個指令以上的工作，如「到辦公室找黃主任領書」。

步驟三：教學者帶領學生找尋正確的目標人物。

㈠中功能：可將人物照片掛在手上，隨時確認。

㈡高功能：若無法確定人物，請學生回教學場地再看一次照片。

步驟四：教學者跟隨學生找尋正確目標人物。

㈠教學者給與學生一張目標人物的照片，請學生依照片在教室內尋找協助者。

㈡如學生一直無法主動尋找協助者，教學者可請協助者發出聲音召喚，教學者並帶領學生至協助者處，確認照片與人相符。

步驟五：教學者給與學生一份文件，並附上一張便利貼（寫上要交付給協助者），並指示將文件交予協助者。

步驟六：學生找到協助者時，以正確方式引起注意（參閱「正確引起注意的方法」）。

步驟七：學生遞送文件時，做出下列動作之一。

㈠以溝通圖卡組成「給」＋「人物照片」，表示要將東西給這個人。

㈡先叫出協助者名字，如：「林老師，有東西要交給你」。

步驟八：待協助者向學生說謝謝後，學生須表示出「不客氣」。

㈠對協助者拿或指出「不客氣」的卡片。

㈡向協助者說出「不客氣」。

階段二：情境模擬練習

準備活動

教室中，教學者正在徵求學生幫忙送東西給目標人物。學生被教學者指示要拿東西給目標人物。

步驟一：教學者給學生看目標人物的照片，或說出目標人物的姓名，並交給學生要送的東西。

步驟二：學生拿著東西自行去尋找目標人物。

㈠正確反應：給與社會性增強，語言增強：「好棒」。學生找到正確的目標人物。

㈡錯誤反應：給與肢體、動作或語言提示。

1. 中、低功能：等待 5 秒鐘，學生仍在原地時，教學者拉著學生的手拿出目標人物的照片，說「去找老師」，並以手指指著方向，提示概略位置。

2. 高功能：學生仍找不到目標人物時，協助者以語言提示學生「可以到××去找找看」，引導尋找方向。

步驟三：學生找到目標人物時，以正確方式引起注意（參閱正確引起注意的方法）。

步驟四：學生遞送文件時，做出下列動作之一。

㈠正確反應：給與社會性增強。

1. 中功能：以溝通圖卡組成「給」＋「人物照片」。

2. 高功能：叫出協助者名字，如：「林老師，有東西要交給你」。

㈡錯誤反應：給與肢體、動作或語言提示。

1. 教學者協助學生拼組溝通圖卡，組成「給」＋「人物照片」的短句，並指導學生將物品雙手遞給收件者。

2. 說出協助者名字，如：「林老師，有東西要交給你」。

步驟五：待協助者向學生說謝謝後，學生須表示出「不客氣」。

㈠正確反應：給與社會性增強。

1. 中功能：指或拿出溝通圖卡「不客氣」。

2. 高功能：說出「不客氣」。

㈡錯誤反應：給與肢體、動作或語言提示。

1. 中功能：教學者協助學生拿或指著溝通圖卡「不客氣」。

2. 高功能：等待 3 秒鐘，口語提示：「聽到謝謝後，要記得說什麼？」

階段三：置換情境練習

㈠地點類化：延伸至教室外之地點如辦公室、其他班級教室，以學生

常去的地點為主。

㈡人物類化：更換收件者，換成家長、其他教學者、同學……

附圖說明

教學圖卡

 人物照片五張	 不客氣
 給	

溝通圖卡

 給	 人物照片

單元主題 20：如何表示要出去和回來

雷雅萍

理論基礎

社交互動困難是自閉症者的主要特徵之一，表達和理解更是自閉症者的障礙之一。自閉症者常常沒有預告就恣意行動，如果能教導自閉症者如何表達要出去及回來，必可增加社會性的溝通。

教學目標

㈠能說「我出去了」。
㈡能說「我回來了」。
㈢能表達出自己的行動。

適用對象

低、中、高功能自閉症者（幼稚園至國小階段）。

先備能力

視聽功能正常、會開關門、有簡單的口語能力、能看文字或圖。

教學材料

提示圖卡、字卡、布偶、桌子、100 元鈔票、醬油、鈴鐺。

教學策略

㈠示範：請協助者做正確動作，讓學生模仿。
㈡提示：

1. 方式：學生動作停頓時，適當的給與視覺線索、口語、圖卡提示（我出去了、我回來了）。

2. 次數：依據學生能力與學習狀況，增減提示的次數，並逐漸褪除提示。

㈢時間延宕：固定式時間延宕 3 秒鐘，教學者心中默數 001、002、003。

㈣增強：

1. 口頭：「對了」、「好棒」。
2. 手勢：拍手鼓勵、豎起大拇指表示好棒。
3. 自然增強：學生喜歡到外面散步，若學生能自行說出「我出去了」，就給與到教室外散步作為自然增強，若學生回來教室能說「我回來了」，就可以讓學生進教室休息或跟其他小朋友一起玩。

㈤自然情境教學：利用教室情境進行教學與實際練習，融入學生喜歡的增強物效果尤佳。

㈥類化：能將此能力類化於不同的情境與人物之中。

1. 情境類化：學生要去外面上廁所的情境，或從其他地方回來教室等。
2. 人物類化：學生能跟在教室裡的人說「我出去了」或「我回來了」等。

教學步驟

階段一：請兩位協助者使用布偶以戲劇方式演出如何表達出去以及回來

布偶演出→布偶＋口語說「我出去了」→布偶＋口語說「我回來了」→文字和圖片「我出去了」＋口語說「我出去了」→散步→文字和圖片「我回來了」＋口語說「我回來了」→進教室。

步驟一：準備兩個布偶（例如小猴子和媽媽）、桌子、100 元鈔票、醬油等道具來演出。

＊主角：小猴子和媽媽。

＊情境：媽媽正在廚房煮飯，小猴子放學回家後正在寫功課。

媽媽說：「小猴子，幫媽媽去買醬油，好不好？」
小猴子說：「媽媽，好！我馬上來。」
媽媽說：「這裡有100元，拿去！」
小猴子說：「媽媽，我出去了，再見！」
小猴子到商店買完醬油，回到家裡。
小猴子說：「媽媽，我回來了！」
媽媽說：「小猴子，你好乖喔，謝謝你！」

步驟二：教學者問全班：「剛剛小猴子出去有沒有跟媽媽說呢？」
步驟三：協助者說：「小猴子有說我出去了！」
步驟四：教學者問全班：「剛剛小猴子回來有沒有跟媽媽說呢？」
步驟五：協助者說：「小猴子有說我回來了！」
步驟六：請學生練習扮演小猴子，教學者可在旁提示學生台詞，跟另一位協助者一同演出。
補充說明：台詞可依據學生能力來增減句子。

階段二：教學者實際帶學生在教室門口練習說：「我出去了。」

步驟一：教學者在門口裡面的地上貼上視覺線索（文字或圖）。
1. 高功能：（文字）我出去了。
2. 中功能：（圖片加文字）。
3. 低功能：（圖片加鈴聲）。

補充說明：門上可掛鈴鐺。
步驟二：教學者問學生要不要去教室外面散步，如果學生表示想要去，教學者指地上的視覺線索，請學生唸：「我出去了。」
㈠正確反應：教學者給與口語的鼓勵和增強（可以出去散步）。
1. 低功能：教學者豎起大拇指說：「好棒！」
2. 高功能：教學者豎起大拇指說：「好棒，有說我出去了！」
㈡錯誤反應：協助者在學生身邊給與口語、肢體協助的提示。
1. 低功能：協助者手拉學生的手搖鈴，並說：「我出去了！」
2. 高功能：協助者口語提示：「我——要出去了！」

步驟三：直到學生達成目標後，可以讓學生自己開門，帶他出去散步一次（約 1 分鐘即可）。

步驟四：如果學生能夠自己正確說出，可慢慢褪除提示。

補充說明：可在門上掛鈴鐺，開門時會有聲音，可作為聲音提示。

階段三：教學者實際帶學生在教室門口練習說：「我回來了。」

步驟一：教學者在門口外面的地上貼上視覺線索（文字或圖）。

㈠高功能：（文字）我回來了。

㈡中功能：（圖片加文字）。

㈢低功能：（圖片加鈴聲）。

步驟二：延續階段二的活動，散步完回來進行教學，請學生自己開門之後，教學者帶學生到門口看地上的視覺線索，請學生唸：「我回來了。」

㈠正確反應：教學者給與口語的鼓勵和增強（可以進教室休息）。

1. 低功能：教學者豎起大拇指說：「好棒！」
2. 高功能：教學者豎起大拇指說：「好棒，有說我回來了！」

㈡錯誤反應：協助者在學生身邊給與口語、肢體協助的提示。

1. 低功能：協助者手拉學生的手搖鈴，並說：「我回來了！」
2. 高功能：協助者口語提示：「我——回來了！」

步驟三：直到學生達成目標後，可以讓他進教室休息。

附圖說明

地上的視覺線索（圖卡和文字）

單元主題21：正確的開門方式

林嘉齊

理論基礎

有禮貌也是社交技巧範圍，自閉症者因無法設身處地為他人著想，往往依自己意思來行動，無法兼顧到禮貌是否周到，經由開門的小動作可以讓自閉症者練習有禮貌的敲門方式。

教學目標

㈠能在門外等待。
㈡能用手指輕敲門板三下。
㈢能等待他人回應，並且決定能否進入。

適用對象

低、中、高功能自閉症者（幼稚園至高中階段）。

先備能力

㈠能開關門。
㈡能敲擊物品。
㈢能操作溝通板。
㈣能理解「請進」的意思。
㈤能理解「請等一下」的意思。

教學材料

㈠有色圓點貼紙。
㈡小型語音溝通板。
㈢「請勿打擾」的牌子一個。

教學策略

㈠示範：教學者與協助者一名，實際示範一次流程。

㈡提示：

1. 協助者可指或拿「敲門」、「等待」的卡片給與學生提示。
2. 協助者以肢體動作提示學生以正確方式敲門。

㈢時間延宕：

1. 漸進式時間延宕：在門外等待時間做彈性調整，時間從1至10秒鐘。
2. 固定式時間延宕：各個步驟中，學生反應延宕時間。
   ⑴中、低功能：5至7秒鐘。
   ⑵高功能：3秒鐘。

㈣增強：社會性增強：言語鼓勵「很棒」、「做得很好」。

㈤類化：

1. 地點類化：更換不同地點，使學生練習至少五次。
2. 可置換各種開門情境，如要上廁所、要進辦公室等等。

教學步驟

個別指導教學→情境模擬練習→置換情境練習。

階段一：個別指導教學

步驟一：教學者帶領學生至一扇關著的門前，而協助者在裡面。

步驟二：在門上貼上圓點貼紙，提示敲門的地方。

步驟三：用手輕敲門板三下，並詢問：「我可以進來嗎？」無口語者則以按壓溝通板發出語音來替代。

步驟四：如無聽到回應，再重複一次相同動作。

步驟五：當聽到「請進」時，自行開門入內。

步驟六：當聽到「請等一下」時，須在門外等待，不可一直敲門。

步驟七：如門上掛著「請勿打擾」的牌子時，就不可以敲門，並且離開門前，不須一直等待。

階段二：情境模擬練習

準備活動

學生要到隔壁教室找教學者，剛好門是關上的，因此他必須要先敲門詢問後才能進去。

步驟一：用手輕敲門板三下，並詢問：「我可以進來嗎？」無口語者則以按壓溝通板發出語音來替代。

㈠正確的反應：給與社會性增強。

㈡錯誤的反應：給與肢體、動作或語言提示。

1. 中、低功能：等待 5 秒鐘，學生仍在原地不動時，教學者以動作提示要敲門，並拿著學生的手按溝通板。
2. 高功能：用卡片提示每一個動作流程「敲門」、「我可以進來嗎」、「等待」，可輔以圖案提示。

步驟二：如無聽到回應，再重複一次相同動作。

㈠正確反應：給與社會性增強。

㈡錯誤反應：給與肢體、動作或語言提示。

1. 中、低功能：學生開始焦躁不安，教學者以口語提示「再敲一次門」，並拿起學生的手再做一次動作。
2. 高功能：教學者以口語提示「再敲一次門」。

步驟三：當聽到「請進」時，才開門進去。

㈠正確反應：給與社會性增強。

㈡錯誤反應：給與肢體、動作或語言提示。

1. 中、低功能：聽到「請進」時，學生無反應，協助者手拉著學生的手按住門把，開門進教室。
2. 高功能：聽到「請進」時，學生無反應，教學者以卡片提示「可以進去」。

步驟四：當聽到「請等一下」時，須在門外等待，不可一直敲門。

㈠正確反應：給與社會性增強。

㈡錯誤反應：給與肢體、動作或語言提示。

1. 中、低功能：聽到「請等一下」時，學生開始焦躁不安，

教學者拿出「安靜」的卡片提示，再拿出「等一下」的卡片，拉著學生的手在外面等待。

2. 高功能：聽到「請等一下」時，學生仍在敲門，教學者應口語提示：「在外面等一下。」

步驟五：如看見門上掛著「請勿打擾」的牌子時，就不可以敲門，並且離開門前，不須一直等待。

㈠正確反應：給與社會性增強。

㈡錯誤反應：給與肢體、動作或語言提示。

1. 中、低功能：學生沒看見門上掛著「請勿打擾」的牌子時，教學者以動作提示，手指著牌子，再拿出「不可以進入」的卡片，告知學生不可以進入，待會兒再來。

2. 高功能：聽到「請等一下」時，學生仍在敲門，教學者應口語提示：「在外面等一下。」並示意停止敲門。

階段三：置換情境練習

㈠情境類化：要學生到不同的辦公室敲門進入等。

㈡人物類化：家長、其他教學者……

附圖說明

教學圖卡

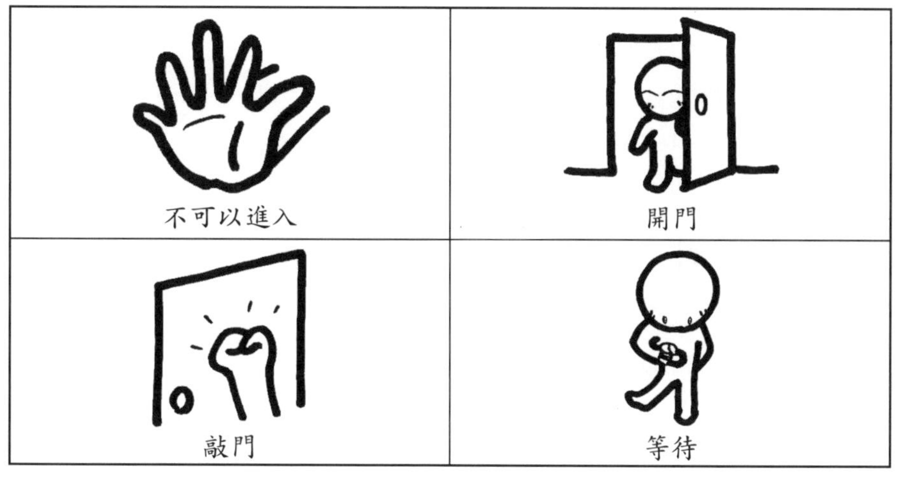

單元主題 22：如何觀看別人工作

林嘉齊

理論基礎

好奇心是人類的天性，自閉症者對於別人正在進行的工作也有相當的興趣，但如果能學會以正確的方式來詢問是否可以觀看工作，較容易獲得別人正面的回應。

教學目標

㈠走近某人的身旁，保持適當距離。
㈡以正確方式引起注意。
㈢詢問是否可以觀看。

適用對象

中、高功能自閉症者（國小至高中階段）。

先備能力

㈠能安靜等待短暫時間。
㈡能指／拿溝通圖卡。
㈢能理解「有事嗎？」的意思（高功能）。
㈣能說出疑問句「請問……」（高功能）。

教學材料

㈠拼圖一組。
㈡溝通圖卡、溝通簿（可攜式）。
㈢自我提示卡。

教學策略

㈠示範：請能力較好的學生擔任示範者，完整示範一次教學流程。
㈡提示：
1. 協助者可指或拿卡片給與學生提示。
2. 協助者以肢體動作提示學生。

㈢時間延宕：固定式時間延宕：各個步驟中，學生反應延宕時間。
1. 中功能：5 至 7 秒鐘。
2. 高功能：3 秒鐘。

㈣增強：社會性增強：言語鼓勵「很棒」、「做得很好」。
㈤類化：
1. 將工作者更換，使學生練習至少五次。
2. 可置換各種正在進行的工作或活動。

教學步驟

個別指導教學→情境模擬練習→置換情境練習。

階段一：個別指導教學

準備活動→

協助者正在做拼圖的工作，學生想要靠過去了解他在做什麼。

步驟一：學生從前方接近協助者，並在適當距離時停下來（請參閱「正確引起注意的方法」）。

步驟二：以正確方式引起協助者注意，並靜待協助者的回應。

步驟三：當協助者注視學生，或問「有事嗎？」時：
㈠學生回答：「我可以看你工作嗎？」（高功能）
㈡學生拿出溝通圖卡組成「我」「可以」「看」「老師」「工作」的句子（中功能）。

步驟四：協助者回答「可以」後，學生應表達謝意，然後，可以繼續在原地觀看協助者工作。

步驟五：如協助者回答「不行」時，學生仍應表達謝意，然後離去。

階段二：情境模擬練習

準備活動

教室中教學者正在製作教具，學生沒見過教學者製作的東西，想要靠過來看一下教學者正在做什麼。

步驟一：學生從前方接近教學者，並在適當距離時停下來。

㈠正確的反應：給與社會性增強。

㈡錯誤的反應：給與肢體、動作或語言提示。

1. 中功能：以動作提示，協助者拿起學生的手臂，提示學生要與教學者保持大約一個手臂長的距離。
2. 高功能：當學生太過接近教學者時，協助者以語言提示：「要站遠一點。」

步驟二：以正確方式引起教學者注意，並靜待教學者的回應。

㈠正確反應：給與社會性增強。

㈡錯誤反應：給與肢體、動作或語言提示。

1. 中功能：學生如以不正確方式引起注意，協助者可以動作或溝通圖卡給與提示。
2. 高功能：語言提示：「可以揮揮手或是小聲地叫老師。」讓教學者注意到學生。

步驟三：當教學者注意到學生，並詢問「有事嗎？」時，學生須有所回應。

㈠正確反應：給與社會性增強。

1. 中功能：拿出溝通圖卡組成「我」「可以」「看」「老師」「工作」的句子。
2. 高功能：說出：「我可以看老師的工作嗎？」

㈡錯誤反應：給與肢體、動作或語言提示。

1. 中功能：學生無反應時，協助者手拉著學生的手拿出溝通圖卡組句子。
2. 高功能：學生仍說不完整，協助者提示學生仿說：「我可

以看老師的工作嗎？」

階段三：置換情境練習

㈠情境類化：其他職業的工作、戶外教學參觀時……

㈡人物類化：其他正在忙於工作的人……

附圖說明

自我提示卡

我可以看老師的工作嗎？	可以揮揮手 或是小聲地叫老師

溝通圖卡

單元主題23：如何合作搬運東西

▶林嘉齊◀

理論基礎

社交互動困難是自閉症者主要特徵之一，如能與別人建立適當的合作模式，可得到別人的協助，也可增進人際關係。

教學目標

㈠找尋適合的夥伴。
㈡提出自己的請求，要求一起搬運物品。
㈢等待他人回應，並且在完成工作後表示謝意。

適用對象

中、高功能自閉症者（幼稚園至高中階段）。

先備能力

㈠大肌肉發展正常。
㈡能指／拿溝通圖卡，拼組句子。
㈢能說疑問句（高功能）。
㈣能說出請幫忙的事（高功能）。

教學材料

桌子一張、箱子一個、溝通圖卡、圓點貼紙。

教學策略

㈠示範：請能力較好學生擔任示範者，實際示範一次流程。
㈡提示：

1. 教學者可指或拿溝通卡片給與學生提示。

2. 教學者以肢體動作提示學生。

3. 在桌緣貼上貼紙，提示抬桌子的地方。

㈢時間延宕：固定式時間延宕——各個步驟中，學生反應延宕時間。

1. 中功能：5 至 7 秒鐘。

2. 高功能：3 秒鐘。

㈣增強：社會性增強：言語鼓勵「很棒」、「你做得很好」。

㈤類化：

1. 將協助搬運者更換，使學生練習至少五次。

2. 可置換各種學生無法獨自搬運的物品，如衣櫃、鞋櫃……

教學步驟

個別指導教學→情境模擬練習→置換情境練習。

階段一：個別指導教學

步驟一：教學者與協助者示範兩人一起搬運桌子，將桌子搬到遠一點的地方。

步驟二：請學生邀請一位同學，請他和學生一起將桌子搬運回來。

步驟三：教學者提示學生，和別人說話時要看著對方，並詢問對方：「我們一起搬桌子好嗎？」如學生無口語，則用溝通圖卡替代「一起」「搬桌子」。

步驟四：如果對方回答說「好」時，學生須先表示謝意，再偕同協助的同學一起走到桌子旁。

步驟五：如果對方表示拒絕，學生則須再邀請另一位同學幫忙。

步驟六：走到桌子旁時，以大拇指按住桌上貼紙位置，四指在下的方式，將桌子抬起來。

步驟七：學生和協助的同學一起將桌子抬回來。

階段二：情境模擬練習

準備活動

影片欣賞時，因為場地不夠大，須將桌子搬走，才放得下所有的椅子，老師要求學生先和同學一起將桌子搬走。

步驟一：學生找到身旁的一位同學。

㈠正確的反應：給與社會性增強。

1. 中功能：找到同學後，以正確的方式引起注意。
2. 高功能：眼睛注視著同學肩膀以上的地方。

㈡錯誤的反應：給與肢體、動作或語言提示。

1. 中功能：學生仍在原地不動時，教學者帶領學生走至同學身旁。
2. 高功能：學生仍在原地不動時，協助者以口語提示學生去找一位同學。

步驟二：詢問同學是否願意和自己一起搬桌子。

㈠正確的反應：給與社會性增強。

1. 中功能：拿出溝通圖卡組句子「一起搬桌子」，並拿給同學觀看。
2. 高功能：問同學：「我們一起搬桌子好嗎？」

㈡錯誤的反應：給與肢體、動作或語言提示。

1. 中功能：教學者提示學生拿卡片出來組句子。
2. 高功能：教學者以口語提示：「要說什麼？」

步驟三：當同學表示同意時，學生拉著同學一起走到桌子旁。

㈠正確反應：給與社會性增強。手拉手一起走到桌子旁。

㈡錯誤反應：給與肢體、動作或語言提示。學生自己一個人走到桌子旁，教學者將學生帶回來並以動作提示牽著同學的手一起走。

步驟四：當協助的同學完成幫忙搬桌子，個案須表達謝意。

㈠正確反應：給與語言增強。

1. 中功能：點頭、拿出「謝謝」的卡片。
2. 高功能：說出：「謝謝你。」

㈡錯誤反應：給與肢體、動作或語言提示。

1. 中功能：學生無反應，教學者手拉著學生的手拿出「謝謝」的卡片。
2. 高功能：學生仍說不出來，協助者提示學生「該說什麼」，或引導學生說「謝謝」。

階段三：置換情境練習

㈠情境類化：要搬很重的櫃子、要拿很大的垃圾等。

㈡人物類化：請求教學者一起幫忙搬，請求媽媽一起搬……

附圖說明

教學圖卡

提示圖卡

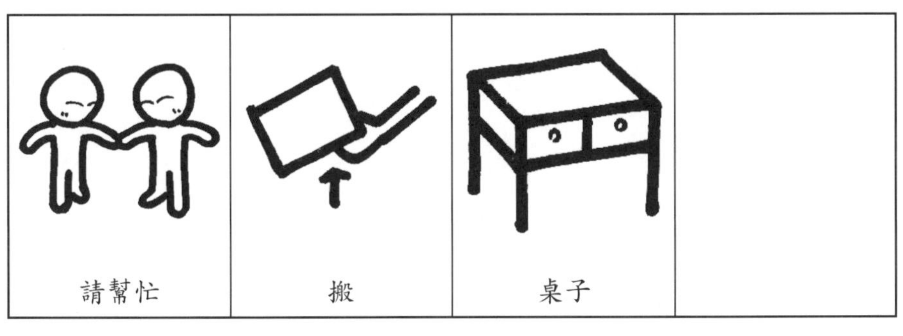

單元主題 24：邀請別人用餐

雷雅萍

理論基礎

人際互動困難是自閉症者的障礙缺陷之一。須培養自閉症者正向的社交技巧。能邀請別人用餐是象徵禮貌性的社交行為，這有助於自閉症者建立良好的人際關係。

教學目標

(一)能等待客人、長輩、老師先用餐。

(二)能請老師、家人用餐。

(三)能表現出有禮貌的態度。

適用對象

低、中、高功能自閉症者（國小至國中階段）。

先備能力

簡單的仿說能力、基本的語言和圖卡理解能力、能認識二至三位老師、會做照片和人物的配對。

教學材料

提示圖卡、自編教材（我會請老師吃飯）、增強物（好棒圖卡）。

教學策略

(一)示範：請協助者做正確動作，讓學生模仿。

(二)提示：

1. 方式：學生動作停頓時，適當的給與口語、手勢提示（手指向某

位老師）、文字提示（請王老師吃飯）、圖卡提示（老師的照片、吃飯）。

2. 次數：依據學生能力與學習狀況，增減提示的次數，並逐漸褪除提示。

㈢增強：

1. 口頭：「對了」、「好棒」。
2. 手勢：拍手鼓勵、豎起大拇指表示好棒。
3. 自然增強：學生說出請老師吃飯，或是拿吃飯卡片給老師看，就可以到工作表撕下一張吃午餐的卡片，學生能等待老師先用餐之後，就可以開動吃飯作為自然增強。

㈣自然情境教學：利用教室和家庭情境進行教學與實際練習，融入學生喜歡的增強物效果尤佳。

㈤類化：能將此能力類化於不同的情境與人物之中。

1. 情境類化：學生正在吃點心的情境、學生正在吃晚餐的情境等。
2. 人物類化：請學校內其他老師或是叔叔、阿姨讓學生練習等。

教學步驟

口訣「客人先用、長輩先用、老師先用」→口語說「老師吃飯」＋圖卡→排工作表「1 請老師吃飯」→「2 吃飯」→撕下卡片 1 貼到「我會請老師吃飯」簿子上→找到老師說「老師吃飯」或拿圖卡「吃飯」給老師看→老師貼「好棒」或「再加油」卡片→學生開動吃飯→注意隨時有老師進來→請進來的老師吃飯。

階段一：教導全班學生唸吃飯有禮貌的口訣：「客人先用、長輩先用、老師先用」

步驟一：老師告訴全班學生要先等待別人用餐才是有禮貌的行為。

步驟二：吃飯之前讓小朋友唸口訣：「客人先用、長輩先用、老師先用。」

步驟三：讓學生常常練習唸口訣直到熟練為止，可以隨機問學生：「吃飯誰先用？」讓學生一起回答：「客人先用、長輩先用、老師先用。」

步驟四：可以在有客人或其他老師進來時，練習先讓其他老師用餐，學生必須在位置上等待。

補充說明：如果學生無法等待，可以在桌上畫手印，讓他把手放在手印上等待。

階段二：學生能在吃飯時間主動邀請老師吃飯

步驟一：老師問：「吃飯誰先用？」讓學生一起回答：「客人先用、長輩先用、老師先用。」

步驟二：讓示範者去請另一位王老師吃飯，口語說：「老師吃飯。」並拿吃飯的圖卡給老師看。功能較高的可以說：「請王老師吃飯。」

步驟三：老師告訴自閉症學生：「去請王老師吃飯。」

步驟四：㈠有口語能力者，會說：「老師吃飯。」

㈡無口語能力者，可以拿吃飯的圖片去給老師看。

步驟五：如果老師正在上課或是在忙，必須等待老師有空或講話停下來之後，再邀請老師吃飯。

階段三：排工作表（午餐、晚餐），請○老師吃飯

步驟一：老師可事先幫自閉症學生排定工作表：請老師吃飯→吃午餐。

例如：

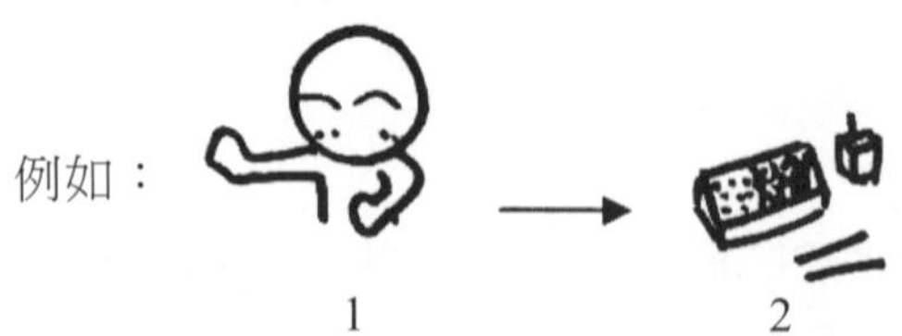

步驟二：先將卡片 1 撕下貼到我會請老師吃飯的簿子上，請王老師吃飯。

㈠高功能：看著文字去找王老師，口語說：「請王老師吃飯。」

㈡中功能：看著照片去找王老師，口語說：「老師吃飯。」

㈢低功能：看著照片去找王老師，拿吃飯的卡片給王老師看，如果還是不知道要找誰，協助者可加上口語提示（王老師在那邊），手指向王老師，或是帶他去王老師面前。

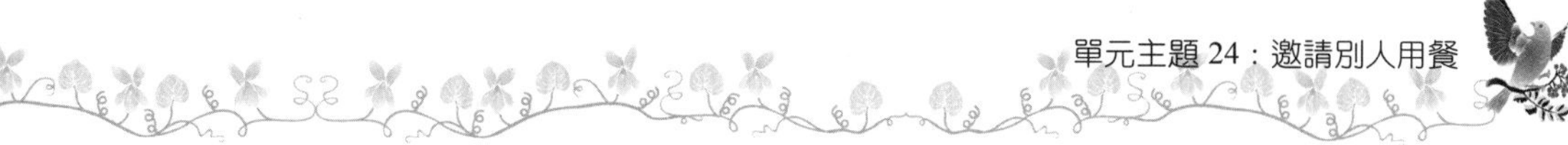

步驟三：王老師可依據學生有沒有說對，卡片有沒有拿對、是否有禮貌，幫學生貼上 好棒 或是 再加油 的卡片，並拍手鼓勵，口頭說：「對了，好棒！」作為回饋，等學生都請完兩位老師之後，再將簿子拿回來交給老師，可檢閱學生是否確實完成工作。

步驟四：工作都完成了，學生可以開動吃飯。

階段四：吃飯時間能注意到有人來，並請他吃飯

步驟一：事先安排請另一位老師在吃飯時間開門進入教室，老師可先說：「請老師吃飯。」

步驟二：請二至三位示範者接著說：「老師吃飯。」

步驟三：老師可以個別叫自閉症學生的名字：「○○，請老師吃飯。」或要學生拿吃飯卡片給老師看。

㈠正確反應：

1. 高功能：老師可以說：「好棒，有說老師吃飯！」
2. 低功能：老師可以豎起大拇指說：「好棒！」

㈡錯誤反應：

1. 高功能：可以請學生站起來跟著老師說一遍：「老師吃飯。」
2. 低功能：請協助者帶著學生去找老師，並拿吃飯卡片給老師看。

補充說明 1：高功能者，能表達已經有請哪位老師吃飯，哪些老師不在。

補充說明 2：也可設計成晚餐時請家人吃飯。

附圖說明

高功能者（文字）

高○○	我會請老師吃飯
請王老師吃飯	好棒
請林老師吃飯	再加油

中功能者（照片＋口語）

	我會請老師吃飯
老師吃飯	
老師吃飯	

低功能者（圖卡）

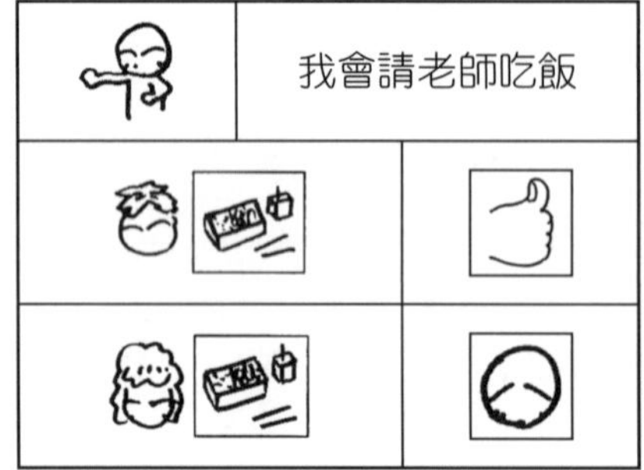

	我會請老師吃飯

單元主題 25：用餐禮儀

雷雅萍

理論基礎

社交技巧困難是自閉症者的障礙缺陷之一。用餐禮儀是其中一種社交技巧，教導自閉症者用餐時的禮儀，可以使他們學習到基本的生活技巧，也能更融入團體生活，並增進日常生活基本的社交技能。

教學目標

(一)能完成吃飯前後的工作流程。
(二)能消除不雅的動作。
(三)能培養良好的用餐習慣。

適用對象

低、中、高功能自閉症者（幼稚園至國小階段）。

先備能力

能理解圖卡內容、會操作簡單的指令、會模仿簡單動作。

教學材料

教學步驟圖卡、工作序列、腳印、手印、圓點貼紙。

教學策略

(一)示範：老師示範做正確動作，讓學生模仿。
(二)提示：
1. 方式：學生動作停頓時，適當的給與口語、肢體提示（協助完成工作）、圖卡提示（工作序列表）、視覺提示（手印、腳印、圓

點）。

2. 次數：依據學生能力與學習狀況，增減提示的次數，並逐漸褪除提示。

㈢增強：

1. 口頭：「做對了」、「好棒」。

2. 手勢：拍手鼓勵、豎起大拇指表示好棒。

3. 增強：學生如果能確實完成工作，可以讓學生吃喜歡的食物，或是讓學生做自己喜歡做的事情。

㈣自然情境教學：利用實際吃午餐的情境進行教學與練習，融入學生喜歡的增強物效果尤佳。

㈤類化：能將此能力類化於不同的情境與人物之中。

1. 情境類化：學生在家裡吃晚餐的情境、學生在校外用餐的情境等。

2. 人物類化：有客人一起用餐，或是跟家人一起用餐等。

教學步驟

「洗手」圖卡＋動作→「拿碗」圖卡＋動作→「排隊」圖卡＋動作→「端好」圖卡＋動作→「坐下」圖卡＋動作→「手印」圖卡＋等待開動。

階段一：老師先示範工作序列的內容（圖一），帶著學生做一遍，學生如果不會，給與口語、卡片、動作提示

步驟一：午餐前，老師展示飯前的工作序列給學生看。

步驟二：利用圖卡練習工作一，教導學生到洗手台洗手，打開水龍頭，抹上肥皂，手背手心必須搓十下，用水沖乾淨。

補充說明：洗手台可加上洗手的工作分析表。

步驟三：利用圖卡練習工作二，請學生去拿自己的餐具。

補充說明：個人的餐具須標上視覺線索，例如使用顏色或名字。

步驟四：利用圖卡練習工作三，教導學生練習排隊裝飯菜。

補充說明：地上腳印可幫助學生排隊，可使用噴漆或貼上腳印的紙。

步驟五：利用圖卡練習工作四，請學生端好自己的碗回座位。

補充說明：須扶著碗的地方，可畫上小手印，注意走路要慢慢走。

步驟六：利用圖卡練習工作五，請學生在自己的位置上坐好。
補充說明：可以在餐桌或椅子上標上學生的顏色或名字。
步驟七：利用圖卡練習工作六，學生能等待，聽到開動才吃飯。
補充說明：如果學生無法等待，可在桌上畫上手印請學生把手貼好。

階段二：吃飯時，老師先展示對和錯的圖卡，如果吃飯時學生出現錯誤的行為，可立即以口語或圖卡提示之

步驟一：老師展示教學圖卡，告知哪些行為是對的，哪些是錯誤的行為。
步驟二：老師可拿圖卡問學生問題，例如：吃飯可不可以跑來跑去？也可用手勢代替回答，手交叉代表錯誤，手圈起來代表正確。
步驟三：吃飯時，老師可隨時注意學生有沒有出現錯誤的行為，立即糾正錯誤的行為，例如學生飯掉在碗外面，老師可用正確方式的口語或圖卡提示之，可以說：「飯掉了，要撿起來。」或拿乾淨的圖卡提示他。

㈠正確反應：老師給與口語與肢體的鼓勵。
1. 低功能：老師豎起大拇指說：「好棒！」
2. 高功能：老師豎起大拇指說：「好棒，做對了！」

㈡錯誤反應：協助者在學生身邊給與口語、手勢、肢體協助的提示。
1. 低功能：老師可把正確方式的圖卡拿到學生面前看，並加上動作協助。
2. 高功能：老師口語提示正確的方式：「咳嗽要摀住嘴巴！」

階段三：吃完午餐後，老師先示範工作序列的內容（圖二），帶著學生做一遍，學生如果不會，給與口語、卡片、動作提示

步驟一：吃完飯，老師展示飯後的工作序列給學生看。
步驟二：利用圖卡練習工作一，教導學生擦拭嘴巴，拿一張衛生紙來回擦拭嘴巴五次，直到嘴角沒有油油的，衛生紙用完後要丟進垃圾桶。

步驟三：利用圖卡練習工作二，教導學生將剩下的菜渣倒進廚餘桶或垃圾桶。

補充說明：須指導學生小心不要倒出外面。

步驟四：利用圖卡練習工作三，教導學生練習洗碗，先用水沖一遍，再倒一些洗碗精，拿菜瓜布刷裡外，再用水沖洗乾淨。

補充說明：水槽可貼上洗碗的步驟和工作序列。

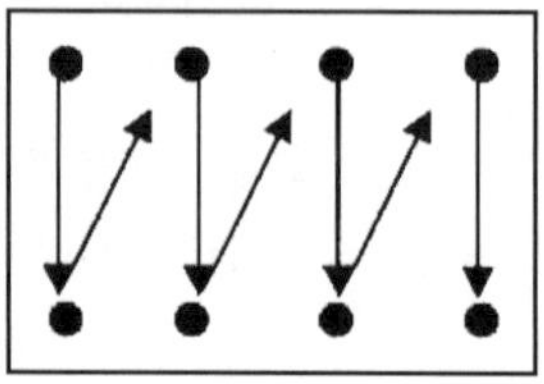

步驟五：利用圖卡練習工作四，請學生擦拭桌面。

補充說明：擦桌子時，可在桌上貼上圓點貼紙，按照箭頭及順序來擦拭。

步驟六：利用圖卡練習工作五，請學生將椅子靠好。

補充說明：可以在餐桌或椅子上標上學生的顏色或名字。

步驟七：利用圖卡練習工作六，學生吃完飯能拿卡片去刷牙。

補充說明：可以在刷牙的地方貼上刷牙的步驟和工作序列。

附圖說明

教學步驟圖卡

吃飯前	
 洗手	 拿餐具
 排隊拿飯	 端好盤子
 坐好	 等開動

吃飯時	
╳ 跑來跑去 	○ 坐好吃飯 
╳ 邊吃邊說 	○ 小聲交談 
╳ 咳嗽 	○ 摀住嘴巴 

吃飯時	
✕ 菜掉滿地 	○ 保持乾淨 
✕ 趴桌上 	○ 手肘夾緊 
✕ 湯流下來 	○ 擦乾淨 

吃飯後	
 擦嘴巴	 倒菜渣
 洗碗	 擦桌子
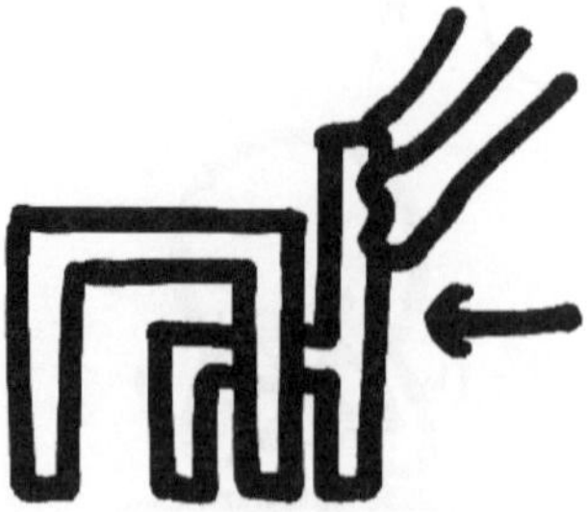 椅子靠好	 刷牙

單元主題 26：撥打電話

塗秋薇

理論基礎

電話是人們溝通的工具。能打電話與他人聯絡，對自閉症者而言，不僅增廣與人溝通的方式，在面對急難（如遇難、受傷、迷路）時，更能自我保護或救助他人。故藉由視覺線索的提示，幫助自閉症者學習撥打電話，以提高自閉症者與別人交往及生活自理的技巧，以達適應社區生活的目的。

教學目標

㈠能按電話號碼按鍵撥打電話。
㈡能撥打電話與特定對象交談。

適用對象

中、高功能自閉症者（國小至高中階段）。

先備能力

㈠能使用口語表達。
㈡能使用「你好」、「謝謝」、「再見」等常用的社交用語。
㈢能聽簡單指令。
㈣能指認數字 0 到 9。

教學材料

玩具電話、圖卡、字卡。

教學策略

㈠示範：請示範同學示範。

㈡提示：利用口語及視覺圖卡，提示學生正確的反應。
㈢增強：當學生反應正確時，給與增強鼓勵。
⑴實物增強：給與學生喜愛的物品，如：糖果、玩具。
⑵口頭增強：「好棒！」「好厲害唷！」

教學步驟

準備活動

調查與學生生活上有關的人員或在學校常來往的同學的電話號碼，製作學生的個人電話本。

階段一：能正確的使用電話

步驟一：能正確的使用聽筒，讓耳朵和嘴巴放在適當的位置。

㈠教學者拿著電話問學生：「這是什麼？」若學生能正確說出，立即給與增強。若學生未能正確的回答，則指導學生認識電話。

㈡教學者請示範同學做聽電話。教學者說：「○○○（示範同學），怎麼聽電話？」若示範同學做出正確的動作，立即給與增強，並強調其動作：將「聽筒」對著耳朵，「話筒」對著嘴巴。

㈢教學者問：「○○○（示範同學），怎麼聽電話？」若學生能正確說出，立即給與增強。

㈣若學生無法做出正確的反應：

1. 若學生沒有反應，協助者給與口語提示：「聽筒」對著耳朵，「話筒」對著嘴巴。
2. 若學生做出不正確的使用方式，利用視覺提示在電話的聽筒上貼「耳朵」圖卡，在話筒上貼「嘴巴」圖卡，指導學生正確的聽電話方式。

㈤反覆練習，直到學生能正確的使用聽筒。

步驟二：能依指令，正確按壓指定的數字。

㈠利用玩具電話，向學生及示範同學說明電話上有 0 至 9、＊和＃的數字鍵。

㈡教學者拿「9」數字卡放在示範同學面前，對示範同學說：「按這個數字」，若示範同學做出正確的動作，立即給與增強。

㈢教學者拿「8」數字卡放在學生面前，對學生說：「按這個數字」，若學生做出正確的動作，立即給與增強。

㈣若學生無法做出正確的反應：

1. 若學生沒有反應，協助者給與口語提示：「8」。
2. 若學生按壓錯誤數字鍵，協助者給與口語提示：「8」並給與肢體協助，引導學生按壓正確的數字鍵。

㈤利用不同的數字卡反覆練習，直到學生能正確按壓數字鍵。

階段二：能依指示，撥打指定人物的電話號碼

步驟一：能按壓一組電話號碼。

㈠利用玩具電話，教學者拿有一組數字「1345712」的數字卡放在示範同學面前，對示範同學說：「按順序說出數字。」若示範同學做出正確的動作，立即給與增強。

㈡教學者指著「1345712」的數字卡，對示範同學說：「按這組數字。」若示範同學做出正確的動作，立即給與增強。

㈢教學者拿有一組數字「3223065」的數字卡放在學生面前，對學生說：「按順序說出數字。」

1. 若學生做出正確的動作，立即給與增強。
2. 若學生無法依序唸出，則由協助者給與肢體協助，拉著學生的手指著數字依序唸出。

㈣教學者指著「3223065」的數字卡，對學生說：「按這組數字。」若是學生做出正確的動作，立即給與增強。

㈤若學生無法做出正確的反應：

1. 若學生沒有反應，協助者給與口語提示：「3」，提醒學生由哪開始。
2. 若學生按壓錯誤數字鍵或無法依序按壓數字，則由協助者

給與肢體協助，拉著學生的手指著數字唸出數字，唸一個按一個，逐字依序完成。

㈥利用不同的數字組卡反覆練習，直到學生能正確依序按壓數字鍵。

步驟二：能說出家裡的電話號碼。

㈠教學者拿出寫著人名與電話的號碼。對學生及示範同學說：「想要跟家裡的人說話，就要打自己家的電話號碼。」

王小明　9312385	林小英　9312464	陳小榮　9312414

㈡教學者問示範同學說：「你家的電話號碼是幾號？」若示範同學能拿起並唸出自己家的電話號碼，做出正確的動作，立即給與增強。

㈢教學者問學生說：「你家的電話號碼是幾號？」若學生能拿起並唸出自己家的電話號碼，做出正確的動作，立即給與增強。

1. 學生沒有唸出電話號碼，則由協助者給與口頭提示，提示學生逐字唸出。
2. 若學生無法拿出正確的電話號碼，則由協助者給與口語提示：「○○（學生）的名字在哪裡？」再適當的給與肢體協助，拉著學生的手拿取正確的卡片。

步驟三：能按壓家裡的電話號碼。

㈠教學者對學生及示範同學說：「想要跟家裡的人說話，就要打自己家的電話號碼，在電話上按下家裡的電話號碼。」

㈡教學者對示範同學說：「按你家的電話號碼。」若示範同學能依照電話號碼條或直接的正確按出家裡的電話號碼，做出正確的動作，立即給與增強。

㈢教學者對學生說：「按你家的電話號碼。」若學生能依照電話號碼條或直接正確按出家裡的電話號碼，做出正確的動作，立即給與增強。

㈣若利用電話號碼條，學生無法依序按出電話號碼，則由協助者給與肢體協助，拉著學生的手指著數字唸出來，唸一個按

一個，逐字依序完成。

階段三：利用工作序列卡，能打電話給某人

步驟一：能閱讀「打電話」故事短文（圖一）。

步驟二：利用工作序列卡，說明打電話的順序。

㈠將工作序列卡擺放在桌面上，按順序排列（圖二）。

㈡教學者說明打電話的順序：「找電話」，找到了就「拿起聽筒」，「按電話號碼」，當電話裡有人說：「喂！請問找誰？」你要說「找○○○」。

步驟三：利用工作序列卡，能排列打電話的活動流程。

㈠將工作序列卡擺放在桌面上，不按順序排列。

㈡教學者問示範同學：「打電話，怎麼做？」若示範同學排出正確的順序，立即給與增強。

㈢教學者問學生：「打電話，怎麼做？」若學生排出正確的順序，立即給與增強。

㈣若學生無法做出正確的反應：

1. 若學生沒有反應，協助者給與口語提示：「找電話，然後呢？」
2. 若學生無法做出正確反應，協助者由身後給與口語提示，並給與肢體協助，引導排列正確的順序。

㈤反覆練習，直到學生皆能獨自、正確的完成。

步驟四：利用工作序列卡及玩具電話，能打電話。

㈠利用玩具電話，並拿出一張有班上幾個學生電話的小通訊錄。教學者指導學生做打電話操作活動。

㈡教學者對示範同學說：「打電話給王小明。」

㈢示範同學先由通訊錄中「找王小明的電話」，「拿起話筒」，邊說邊「按下王小明的電話」，當玩具電話鈴聲響三到四下後，教學者接起電話說：「喂！請問找誰？」示範同學說：「找王小明。」若示範同學按正確順序完成，立即給與增強。

㈣教學者對學生說：「打電話給王小明。」若學生能依序完成整個活動，立即給與增強。

㈤若學生無法做出正確的反應：

1. 若學生沒有反應，協助者利用工作序列卡，指著「找電話號碼」的圖卡，提示學生找電話號碼。
2. 若學生無法做出正確反應，協助者由身後給與口語提示及肢體協助，利用工作序列卡，引導學生依順序完成動作。

㈥反覆練習，直到學生皆能獨自、正確的完成。

階段四：利用工作序列卡，針對不同的狀況，能有適當的回應

步驟一：利用工作序列卡，當找的人不在家，能做適當的回應。

㈠教學者完成部分的工作序列，並呈現其他可選擇的圖卡（圖三）。

㈡教學者問示範同學：「如果小明不在家，怎麼辦？」若示範同學選出正確的圖卡及排出正確順序（說：「謝謝，再見！」掛上電話），立即給與增強。

㈢教學者問學生：「如果小明不在家，怎麼辦？」若學生做出正確的反應，立即給與增強。

㈣若學生無法做出正確的反應：

1. 若學生沒有反應，協助者給與口語提示：說「謝謝」，然後呢？
2. 若學生無法做出正確反應，協助者由身後給與口語提示，並給與肢體協助，引導排列正確的順序。

㈤反覆練習，直到學生皆能獨自、正確的完成。

步驟二：利用工作序列卡，當打錯電話時，能做適當的回應。

㈠教學者完成部分的工作序列，並呈現其他可選擇的圖卡（圖三）。

㈡教學者問示範同學：「打錯電話，怎麼辦？」若示範同學選出正確的圖卡及排出正確順序（說：「對不起，再見！」掛上電話），立即給與增強。

㈢教學者問學生：「打錯電話，怎麼辦？」若學生做出正確的

反應，立即給與增強。

㈣若學生無法做出正確的反應：

1. 若學生沒有反應，協助者給與口語提示：說「對不起」，然後呢？
2. 若學生無法做出正確反應，協助者由身後給與口語提示，並給與肢體協助，引導排列正確的順序。

㈤反覆練習，直到學生皆能獨自、正確的完成。

附圖說明

圖一

許多人喜歡用電話交談。

有時候我的外公或外婆會打電話給我，我們會用電話聊天。
有時候我會打電話給外婆。
我會試著拿起電話聽筒，
在數字鍵上，按下外婆家的電話，
當按完電話號碼時，
有時候我會聽到短短的「嘟」聲，
我會掛上電話聽筒，再按一次電話號碼。
有時候我會聽到長長的「嘟」聲，
我會安靜等對方接電話。
當我聽到電話裡有人說：「喂！請問找誰？」
我會說：「我要找外婆。」
有時候，我會打錯電話，
當我聽到電話裡有人說：「沒有這個人。」
我會說：「對不起。」然後說：「再見。」掛上電話。

圖二

我的電話簿

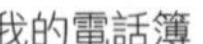

王小明	9312385
林小英	9312386
陳小榮	9312464
王小中	9312414

找電話號碼

拿聽筒

按號碼

圖三

我的電話簿

王小明	9312385
林小英	9312386
陳小榮	9312464
王小中	9312414

找電話號碼

拿聽筒

按號碼

喂！請問找誰？

我要找王小明

王小明不在家

（魔鬼氈）

（魔鬼氈）

這裡沒有這個人

謝謝，再見

對不起再見

掛電話

王小明不在家

謝謝，再見

你打錯了

單元主題 27：接聽電話

塗秋薇

理論基礎

電話是人們溝通的工具，而接聽電話也是考驗應對能力的時候。故藉由視覺線索的提示，幫助自閉症者學習恰當的接聽電話，以提高自閉症者與別人交往的技巧，以達適應社區生活的目的。

教學目標

㈠能表現出基本的接聽禮儀，說：「喂」、「請問找誰」、「請等一下」。
㈡能根據來電內容，將電話轉交給指定的人。

適用對象

中、高功能自閉症者（國小至高中階段）。

先備能力

㈠能使用口語表達。
㈡能使用「你好」、「謝謝」、「再見」等常用的社交用語。
㈢能聽簡單指令。

教學材料

玩具電話、圖卡、字卡。

教學策略

㈠示範：請示範同學示範。
㈡提示：利用口語及視覺圖卡，提示學生正確的反應。
㈢增強：當學生反應正確時，給與增強鼓勵。

1. 實物增強：給與學生喜愛的物品如糖果、玩具。
2. 口頭增強：「好棒！」「好厲害唷！」

教學步驟

準備活動

調查學生家庭常往來親友的名字與稱謂，作為教材準備。

階段一：利用故事短文，說明電話的功用（圖一）

階段二：能接電話

步驟一：能正確的使用聽筒，讓耳朵和嘴巴放在適當的位置。

㈠教學者拿著電話問學生：「這是什麼？」若學生能正確說出，立即給與增強。若學生未能正確的回答，則指導學生認識電話。

㈡教學者請示範同學做聽電話的樣子。教學者說：「○○○（示範同學），怎麼聽電話？」若示範同學做出正確的動作，立即給與增強，並強調其動作：將「聽筒」對著耳朵，「話筒」對著嘴巴。

㈢教學者問學生：「怎麼聽電話？」若學生能正確做出，立即給與增強。

㈣若學生無法做出正確的反應：

1. 若學生沒有反應，協助者給與口語提示：「聽筒」對著耳朵，「話筒」對著嘴巴。
2. 若學生做出不正確的使用方式，利用視覺提示在電話的聽筒上貼「耳朵」圖卡，在話筒上貼「嘴巴」圖卡，指導學生正確的聽電話方式。

㈤反覆練習，直到學生能正確的使用聽筒。

步驟二：當電話鈴聲響起時，能拿起電話說：「喂，請問找誰？」

㈠利用會發出鈴聲的玩具電話，進行訓練。

㈡當玩具電話鈴聲響起，教學者問：「○○○（示範同學），

怎麼辦？」若示範同學做出正確的動作，立即給與增強，並強調其動作：「接起電話，說：『喂，請問找誰？』」

㈢當玩具電話鈴聲響起，教學者問學生：「怎麼辦？」若學生能做出正確的動作，立即給與增強。

㈣若學生無法做出正確的反應：

1. 若學生沒有反應，協助者給與口語提示：「接電話」。
2. 若學生接電話，協助者由身後給與口語提示：「喂，請問找誰？」

㈤反覆練習，直到學生能正確的接聽電話。

階段三：能依電話的內容，找符合的人聽電話

步驟一：能聽指令，找出適當的人物照片。

㈠將每一個學生家中親人的照片放置在桌子上，包含爸爸、媽媽、兄弟姊妹，或其他同住的親人。

㈡教學者問示範同學：「拿爸爸的照片。」若示範同學做出正確的動作，立即給與增強。

㈢教學者問學生：「拿爸爸的照片。」若學生做出正確的動作，立即給與增強。

㈣若學生無法做出正確的反應：

1. 若學生沒有反應，協助者給與口語提示：爸爸的照片在哪裡？
2. 若學生無法找出正確照片，協助者由身後給與「這是爸爸」的口語提示，並給與肢體協助，引導學生拿爸爸的照片。

㈤依上述步驟，教學者要求學生依教學者指令，拿出指定的親人照片，直到學生皆能獨自、正確的完成。

步驟二：能聽指令，找適當的人轉達內容。

㈠請數位班上同學站在不一樣的地方。

㈡教學者對示範同學說：「找『學生一』說：老師找你。」若示範同學做出正確的動作（能站在「學生一」前面，並對「學生一」說：老師找你），立即給與增強。

㈢教學者對學生說：「找『學生二』說：老師找你。」若學生做出正確的動作，立即給與增強。

㈣若學生無法做出正確的反應：

1. 若學生沒有反應，協助者給與口語提示：找誰？在哪裡？
2. 若學生找到對象但沒有轉達，協助者由身後給與「老師找你」的口語提示。
3. 若學生無法做出正確反應，協助者由身後給與「『學生二』在哪裡？」的口語提示，並給與肢體協助，引導走向「學生二」，再給與「老師找你」的口語提示。

㈤依上述步驟，教學者要求學生依教學者指令，找指定的人轉達內容，直到學生皆能獨自、正確的完成。

步驟三：能聽電話內的指令，找適當的人轉達內容。

㈠請數位班上同學站在不一樣的地方，並將玩具電話放在固定的位置上。

㈡當鈴聲響起時，請示範同學接電話，教學者透過話筒說：「找『學生一』接電話。」若示範同學做出正確的動作（能站在「學生一」前面，並對「學生一」說：接電話），立即給與增強。

㈢當鈴聲響起時，請學生接電話，教學者透過話筒說：「找『學生二』接電話。」若學生做出正確的動作（能站在「學生二」前面，並對「學生二」說：接電話），立即給與增強。

㈣若學生無法做出正確的反應：

1. 若學生沒有反應，協助者給與口語提示：找誰？在哪裡？
2. 若學生無法做出正確反應，協助者由身後給與「找誰？」「在哪裡？」的口語提示，並給與肢體協助，引導走向「學生二」，再給與「接電話」的口語提示。

㈤依上述步驟，透過話筒，教學者要求學生依教學者指令，找指定的人轉達內容，直到學生皆能獨自、正確的完成。

階段四：利用工作序列卡，進行接聽電話的活動

步驟一：利用工作序列卡，說明接聽電話的順序。

㈠將工作序列卡擺放在桌面上，按順序排列（圖二）。

㈡教學者說明接聽電話的順序：電話響了→接電話→對著話筒說：「喂！請問找誰？」→聽「找○○○」→說：「請等一下。」→找人聽電話。

步驟二：利用工作序列卡，能排列接聽電話的活動流程。

㈠將工作序列卡擺放在桌面上，不按順序排列。

㈡教學者問示範同學：「接聽電話，怎麼做？」若示範同學排出正確的順序，立即給與增強。

㈢教學者問學生：「接聽電話，怎麼做？」若學生排出正確的順序，立即給與增強。

㈣若學生無法做出正確的反應：

1. 若學生沒有反應，協助者給與口語提示：電話響了，然後呢？
2. 若學生無法做出正確反應，協助者由身後給與口語提示，並給與肢體協助，引導排列正確的順序。

㈤反覆練習，直到學生皆能獨自、正確的完成。

步驟三：利用工作序列卡及玩具電話，能接聽電話。

㈠利用玩具電話，教學者指導學生做實地接聽電話活動。

㈡電話響了，示範同學接起電話，對著話筒說：「喂！請問找誰？」教學者在電話另一端說：「找○○○。」示範同學聽「找○○○」，說：「請等一下。」「○○○聽電話。」若示範同學按正確順序完成，立即給與增強。

㈢電話響了，協助者由身後給與「接電話」的口語提示「接電話」，提示學生接電話。若學生能依序完成整個活動，立即給與增強。

㈣若學生無法做出正確的反應：

1. 若學生沒有反應，協助者利用工作序列卡，指著「接電話」的圖卡，提示學生接電話。
2. 若學生無法做出正確反應，協助者由身後給與口語提示及肢體協助，利用工作序列卡，引導排列正確的順序。

㈤反覆練習，直到學生皆能獨自、正確的完成。

附圖說明

圖一

許多人喜歡用電話交談。

有時候我的外公或外婆會打電話給我，我們會用電話聊天。

有時候其他人會打電話找我。

當電話響了，

我會試著接起電話，說：「喂！請問找誰？」

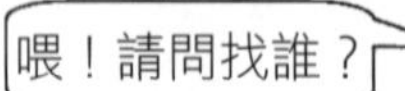

有時候打電話來的人要找媽媽，

我會說：「請等一下。」

然後對媽媽說：「媽媽，聽電話。」

（接下頁）

（續上頁）

有時候打電話來的人要找爸爸，

我會說：「請等一下。」

然後對爸爸說：「爸爸，聽電話。」

有時候打電話來的人要找我，

我會說：「我就是。」

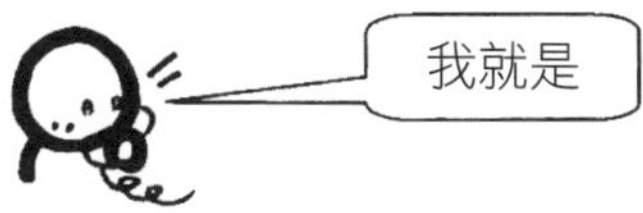

有時候，有人會打錯電話，
我會說：「對不起，你打錯電話。」然後說：「再見。」掛上電話。

圖二

單元主題 28：給與他人適當的協助

塗秋薇

理論基礎

表達對他人的關心是增進人際關係的方法之一，自閉症者在理解他人表情及動作上有困難，所以較難與人有進一步的交往。故利用活動與視覺線索的提示，指導自閉症者學習觀察他人的動作並給與適當的協助。

教學目標

㈠能依他人的需求給與適當的物品。
㈡能表現出對他人的關心。
㈢能表現適當的社交禮儀。

適用對象

中、高功能自閉症者（國小至高中階段）。

先備能力

㈠能說出物品的用途與時機。
㈡能聽簡單指令。
㈢能使用「謝謝」、「不客氣」等常用的社交用語。

教學材料

衛生紙、外套、情境圖卡。

教學策略

㈠示範：教學者先示範，再請能力佳的同學示範。
㈡提示：

1. 方式：口語、肢體動作、工作序列卡、故事短文。

2. 次數：依學生學習狀況，減少提示的次數與內容，並慢慢褪除。

㈢增強：增強系統、社會性增強。

1. 教學情境：當學生能做出教學者指示的動作或回應，立即給與獎勵貼紙，並同時給與社會性增強（如：好棒！）。

2. 一般情境：當學生能在提示下或獨自做出動作，立即給與社會性增強（如：好棒！）。

教學步驟

階段一：利用圖卡配對，能說出物品的使用時機

步驟一：能將物品與情境圖卡配對。

㈠依學生能力，將二到數組圖卡放置於桌面上（圖一）。教學者問：「頭髮亂了，需要什麼？」學生若能正確的反應，立即給與增強。

㈡若學生無法做出正確的反應：

1. 協助者由身後給與口語提示（梳頭髮，頭髮就會整齊），協助學生找出正確的圖卡。

2. 協助者由身後給與口語提示（拿梳子梳頭髮，頭髮就會整齊），並給與肢體協助，指導學生找出正確的圖卡。

㈢教學者重複詢問：吃飯、流鼻涕、梳頭、下雨等情況，需要什麼？直到學生能做出正確的回應。

步驟二：能依需要拿出適當的物品。

㈠依學生能力，將二到數個圖卡放置於桌面上（圖二）。

㈡教學者問：「頭髮亂了，需要什麼？」學生若能正確的反應，立即給與增強。

㈢若學生無法做出正確的反應：

1. 協助者由身後給與口語提示（梳頭髮，頭髮就會整齊），協助學生找出正確的圖卡。

2. 協助者由身後給與口語提示（拿梳子梳頭髮，頭髮就會整

齊），並給與肢體協助，指導學生找出正確的圖卡。

㈣教學者重複詢問：吃飯、流鼻涕、梳頭、下雨等情況，需要什麼？直到學生能做出正確的回應。

階段二：利用演練，能給與他人適當的物品

步驟一：教學者示範需求，學生能表示關心。

㈠教學者將外套、衛生紙、梳子放在桌子上。位置須明顯，讓學生能看到且可輕易取得。

㈡教學者站在示範同學前，用雙手抱緊，不停地顫動，表示很冷。

㈢示範同學說：「怎麼了？」教學者立即給與增強。並說：「好棒！○○○（示範同學）問老師怎麼了，○○○（示範同學）在關心別人。」

㈣教學者站在學生前，用雙手抱緊，不停地顫動，表示很冷。

㈤協助者提示學生注意教學者的動作。確認學生有注意教學者的動作。

㈥時間延宕 3 秒鐘，觀察學生是否有反應。

1. 若學生做出正確的反應，立即給與增強。
2. 若學生無法做出正確的反應，則由協助者在學生身後，用耳語給與口語提示，由學生仿說：「怎麼了？」

步驟二：學生能依需求，給與適當的物品。

㈠教學者說：「我好冷，我需要什麼？」然後指向桌上的三件物品。

㈡時間延宕 3 秒鐘，觀察學生是否有反應。

㈢若學生能做出正確的反應，拿外套給教學者，立即給與增強。

㈣若學生無法做出正確的反應：

1. 若學生沒有反應，教學者重複發抖的動作，並指向外套，說：「○○（學生）拿外套給我。」
2. 若學生做出不正確反應（不是拿外套），則由協助者在學生身後，用耳語給與口語提示，說：「好冷，要穿外套。」

並以肢體協助引導學生取外套。

步驟三：教學者表示感謝，請學生給與適當的回應。

㈠將外套拿給教學者時，教學者說：「謝謝。」

㈡若學生能做出正確的反應，說：「不客氣。」立即給與增強。

㈢若學生無法做出正確的反應，教學者再說一次「謝謝」，由協助者在學生身後，用耳語給與口語提示，說：「不客氣。」

步驟四：重複練習，直到學生了解他人的需求並給與適當的物品。

㈠教學者假裝打噴嚏，請學生給與衛生紙，讓他擦鼻子。

㈡教學者假裝撥亂頭髮，請學生給與梳子，讓他梳頭。

階段三：情境類化

假設情境

吃飯的時候，爸爸故意只拿著碗，沒有拿筷子，而其他人都有碗和筷子。

步驟一：表示關心。

㈠爸爸坐在學生旁邊，當大家都開始吃飯，爸爸都沒有吃。

㈡學生說：「怎麼了？」

1. 若學生沒有反應，由媽媽提醒學生注意爸爸的動作。
2. 若學生無法說出口語反應，由媽媽在學生身後，用耳語給與口語提示，由學生仿說：「怎麼了？」

步驟二：給與適當的物品。

㈠爸爸說：「我少了東西。」

㈡學生拿筷子給爸爸：

1. 若學生沒有反應，媽媽指向桌上的筷子，說：「○○（學生），爸爸需要什麼？」
2. 若學生做出錯誤的反應，則由媽媽說明：「吃飯要用碗和筷子。」並給與肢體協助，做出正確的反應。

步驟三：對他人的感謝，給與適當的回應。

㈠當學生將東西交給爸爸時，爸爸說：「謝謝！」

㈡學生說：「不客氣！」

㈢若學生無法做出正確的反應，爸爸再說一次「謝謝」，由媽媽在學生身後，用耳語給與口語提示，說：「不客氣。」

附圖說明

圖一

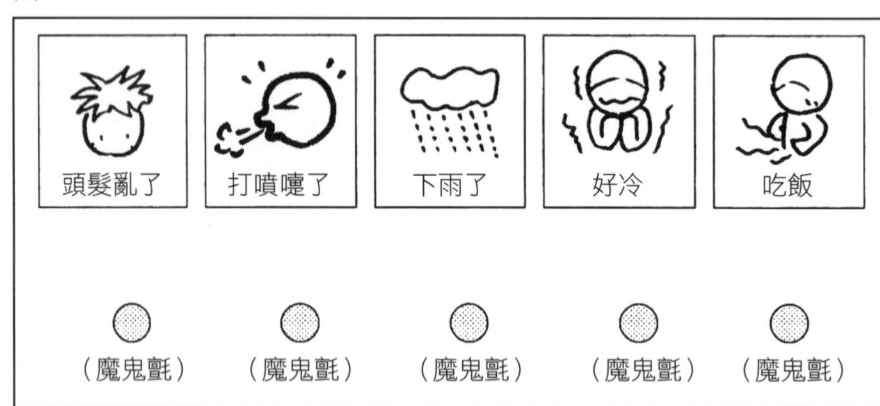

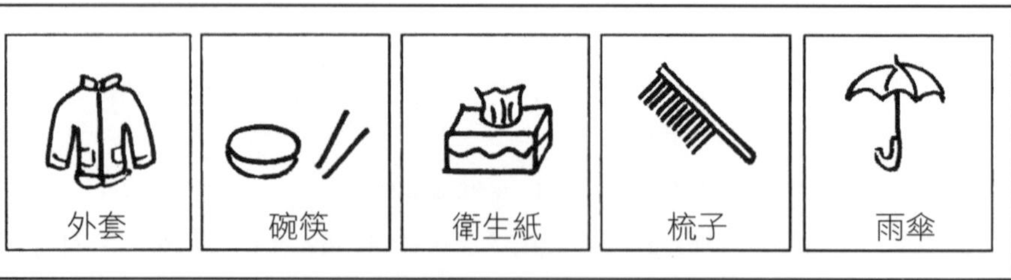

圖二

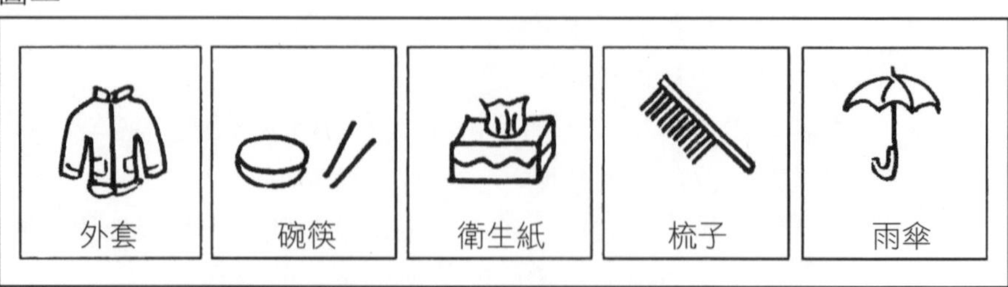

單元主題 29：表示反抗與拒絕

塗秋薇

理論基礎

自閉症者對於不喜歡的事物，常會以不適當的方式抗拒，如大叫、丟棄物品、自傷等，故藉由視覺線索及自我提示的學習，訓練自閉症者以適當的方式表達反抗與拒絕。

教學目標

能以適當的口語或手勢表示想法。

適用對象

高功能自閉症者（國小至高中階段）。

先備能力

㈠能使用口語表達。

㈡能對人、事、物做簡單的描述。

㈢能了解他人的語意。

教學材料

圖卡、字卡。

教學策略

㈠示範：請示範同學示範。

㈡提示：

1. 口語提示：

⑴教學者可說「打叉叉」，提示學生表示拒絕。

(2)若學生有情緒上的反應，教學者可利用「放輕鬆」，提示學生進行放鬆運動。

2. 動作提示：

(1)教學者可利用「雙手手臂在胸前交叉的手勢」、「搖頭」提示學生表示拒絕。

(2)若學生有情緒上的反應，教學者可利用「深呼吸（雙手畫大圓）」、「從 1 數到 10（手指數數）」的手勢或肢體協助，提示學生放輕鬆。

3. 視覺提示：

(1)教學者可利用「不」（打叉）的圖卡，提示學生表示拒絕。

(2)若學生有情緒上的反應，教學者可給與工作序列卡，提示學生依圖卡進行放鬆運動。

(三)增強：當學生反應正確時，給與增強鼓勵。

1. 實物增強：給與學生喜愛的物品如糖果、玩具。

2. 口頭增強：「好棒！」「好厲害唷！」

(四)隔離：此策略只在學生無法控制情緒時暫時使用。

1. 地點：在教室角落設置安靜角，懸掛小白板，並將工作序列卡及社會故事教材放置在白板上。

2. 時機：當學生有情緒、無法自我控制時，立即帶至角落，引導學生依提示冷靜下來。

3. 時間：學生情緒達到控制，立即帶離。

教學步驟

準備活動→

觀察學生平日與同儕互動的情形與方式，記錄引起學生表示拒絕與反抗的情境及學生處理的方式，作為教材資源。

階段一：藉由看圖說故事活動，指導學生說出故事主角的情緒

步驟一：學生能在引導下看圖說故事（圖一）。

㈠教學者問：「發生了什麼事？」若學生能說出正確描述，立即給與增強。

㈡若學生無法做出正確的描述，則由人物的動作及表情，協助學生說故事。

1. 教學者問：「○○（配角）在做什麼？」

2. 教學者問：「○○（主角）怎麼了？」

步驟二：能觀察他人的動作及表情的意圖。

㈠教學者問：「○○（配角）為什麼要這樣做？」若學生能說出正確描述，立即給與增強。

㈡若學生無法做出正確的描述，則由人物的動作及表情，協助學生了解。

1. 表情：○○（配角）在笑，覺得有趣！

2. 動作：○○（配角）拿著蛇，一直靠近○○（主角）。

㈢教學者問：「○○（主角）覺得怎樣？」「○○（主角）喜歡嗎？」若學生能說出正確描述，立即給與增強。

㈣若學生無法做出正確的反應，則由人物的動作及表情指導學生。

1. 表情：○○（主角）眉毛向下，嘴角向下。

2. 動作：○○（主角）身體發抖，害怕，不喜歡。

階段二：指導學生對他人的動作或語意做出適當的回應

步驟一：利用社會故事，說明表示拒絕的方法（圖二）。

步驟二：能說出自己的喜惡。

㈠利用事先調查好的喜惡事項，讓學生說出自己喜歡與不喜歡的事情。

㈡教學者說：「當（怎樣）時，你喜歡還是不喜歡？」請學生將喜歡與不喜歡的卡片分開放置（圖三）。

步驟三：能做出適當的回應，表示拒絕。

㈠以學生不喜歡的事件為例。教學者問：「有人碰我，怎麼辦？」

㈡若學生能做出正確的回應，如說不要、離開他人等，立即給與增強。並再次強調：「有人碰我，我不喜歡。」「我會說不喜歡，離開他。」

㈢若學生無法做出正確的回應，則利用角色扮演的方式，給與動作及口語的實際指導。

㈣依學生經驗，逐一練習不同的情形下，表示拒絕的適當回應。

㈤將情境與適當反應製作成小卡，作為自我提示。如下：

有人拿我的玩具， 我會說： 不要！請不要碰。	媽媽要我吃討厭的蘋果， 我會說： 不要！請拿走。

附圖說明

圖一

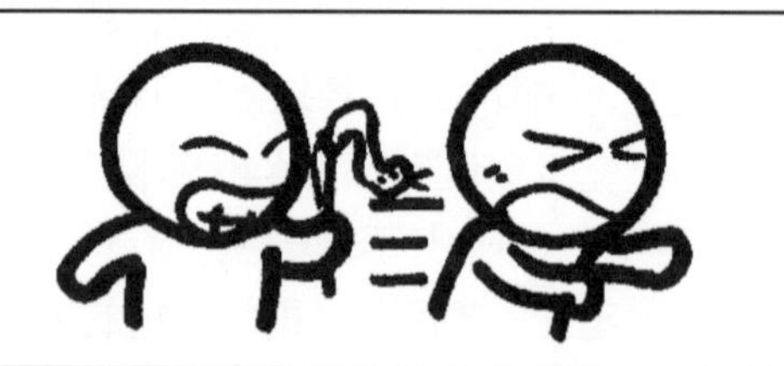

圖二

別人會對我們做一些事，

有時候是我們喜歡的事，有時候是我們不喜歡的事。

當別人對我們做一些我們不喜歡的事，我會對他說：不要！

我會對他搖搖頭請他停止。

不

這樣做很好。

圖三

我喜歡 

我不喜歡 

有人要我放鞭炮

有人要我坐校車

有人罵我

有人坐我的椅子

有人拿走我的東西

有人碰我

單元主題30：接受拒絕

塗秋薇

理論基礎

自閉症者對於想要獲得東西或想要進行的活動遭到拒絕時，常會不知如何是好，甚至引發不適當的情緒反應，故藉由視覺線索及自我提示的學習，訓練自閉症者面對拒絕時，能有一個適當的回應，並減少不適當的情緒反應或縮短不當反應時間。

教學目標

㈠能接受拒絕，無不適當情緒反應。
㈡能提出其他想法，接受被拒絕的原因。

適用對象

中、高功能自閉症者（國小至高中階段）。

先備能力

㈠能聽簡單指令。
㈡能說出自己的情緒。
㈢能使用字卡或口語表達自己的需求。
㈣能在協助下進行放鬆運動。

教學材料

圖卡、工作序列卡、小白板。

教學策略

㈠提示：

1. 口語提示：

⑴教學者可利用「沒關係」提示學生接受拒絕。

⑵若學生有情緒上的反應，教學者可利用「放輕鬆」，提示學生進行放鬆運動。

2. 動作提示：

⑴教學者可利用「沒關係」（左右揮手，如再見的手勢）提示學生接受拒絕。

⑵若學生有情緒上的反應，教學者可利用「深呼吸（雙手畫大圓）」、「從 1 數到 10」（手指數數）的手勢或肢體協助給與學生提示。

3. 視覺提示：

⑴教學者可利用「沒關係」（左右揮手，如再見的手勢）的圖卡，提示學生接受拒絕。

⑵若學生有情緒上的反應，教學者可給與工作序列卡，提示學生依圖卡進行放鬆運動。

㈡增強：當學生反應正確時，給與增強鼓勵。

1. 實物增強：給與學生喜愛的物品如糖果、玩具。

2. 口頭增強：「好棒！」「好厲害唷！」

㈢隔離：此策略只在學生無法控制情緒時暫時使用。

1. 地點：在教室角落設置安靜角，懸掛小白板，並將工作序列卡及短文教材放置在白板上。

2. 時機：當學生有情緒、無法自我控制時，立即帶至角落，引導學生依提示冷靜下來。

3. 時間：學生情緒達到控制，立即帶離。

教學步驟

準備活動

調查學生喜愛的東西與活動。教學時可依學生能力，先採個別教學（一位自閉症兒童搭配一位教學者與協助者），藉由學生與教學者互動時的情境，由協助者引導學生做出適當的反應。待學生能力穩固後，再

安排情境教學，加強學生能力。

階段一：能做放鬆運動

步驟一：能說出自己的情緒。

㈠教學者在桌上擺放生氣及高興表情的圖卡。

㈡利用圖卡說明情境，教學者問學生：「他怎麼了？」若學生做出正確的反應，立即給與增強（圖一）。

㈢若學生無法做出正確的反應，則由協助者拿學生的手協助作答，教學者配合圖卡，強調：「不能看電視，很生氣。」

步驟二：能說出控制情緒的方式。

㈠教學者問：「生氣，怎麼辦？」若學生能做出「不生氣，我可以從 1 數到 10，大口呼吸三次，這樣比較好」的反應時，立即給與增強。

㈡若學生無法做出正確、完整的反應，利用工作序列卡提示進行。

階段二：能正確的表達需求

步驟一：能依情境，表達需求。

㈠教學者問：「想看電視可以怎麼說？」

㈡學生說：「我想看電視，可以嗎？」或：「我可以看電視嗎？」

1. 如果學生做出正確的反應，立即給與增強與鼓勵！
2. 如果學生無法做出正確的反應，則進行下一個教學步驟。

步驟二：利用情境及字卡，指導學生說出表達需求。

㈠利用圖卡，教學者問：「你想要什麼？」（圖二）

㈡指導學生利用字卡，排出句子順序，並說出句子。

1. 若學生能正確排出句子，即立即給與增強。
2. 若學生無法正確進行，則由協助者自身後給與口語提示，引導學生找出字卡，排出句子。
3. 若學生無法在口語提示下進行，則由協助者自身後給與肢體上的協助，引導學生完成句子，並口述一次（圖三）。

階段三：能接受拒絕

步驟一：能由情境中說出所提出的要求被拒絕的原因。

㈠教學者拿出「午睡時間」的情境圖，問：「現在是什麼時間？」

1. 若學生能做出正確的反應，立即給與增強鼓勵。
2. 若學生無法做出正確反應，則利用圖卡上的線索引導，說出情境。

㈡教學者說明情境的主題：現在是午睡時間。小朋友想要玩積木。

小朋友問老師：「我想玩積木，可以嗎？」或：「我可以玩積木嗎？」

老師回答說：「不可以！現在是午睡時間，要安靜睡午覺。」

㈢教學者問：「為什麼不可以？」

1. 若學生能說出正確的反應，立即給與增強。
2. 若學生無法說出原因，則利用情境圖再強調一次。

步驟二：能說出面對拒絕的處理方式。

㈠教學者問：「小朋友想要玩遊戲，不可以！怎麼辦？」

㈡教學者以短文方式，指導學生「接受拒絕」的方式（圖四）。

階段四：情境類化

假設情境→

現在是小明寫功課的時間，但是小明想玩遊戲。小明跟老師說他想玩遊戲，老師加以拒絕，並告訴小明拒絕要求的原因是因為他必須先完成工作。

步驟一：小明能複述被拒絕的原因，並表達接受。

㈠小明說：「現在要寫功課，不能玩遊戲！」「沒關係，不生氣！寫完再玩！」繼續寫功課。

㈡若小明能做出正確的反應，立即給與增強。

㈢若小明不能接受拒絕，且開始有情緒的反應，則進行下一個步驟。

步驟二：控制情緒。引導小明保持冷靜。

㈠提醒小明「不生氣」，以口語或動作引導小明「大口呼吸」「從 1 數到 10」，進行放鬆運動。

㈡若小明無法在提示下控制情緒，可再利用工作序列卡提示（圖五）。

步驟三：說明拒絕原因。

㈠老師再次強調拒絕的原因：「因為現在要寫功課，所以不能玩遊戲！」

㈡如果班上有使用作息表，可利用作息表提示小明現在是做功課的時間，或利用工作序列卡提示小明，等功課做完就可以玩遊戲。

附圖說明

圖一

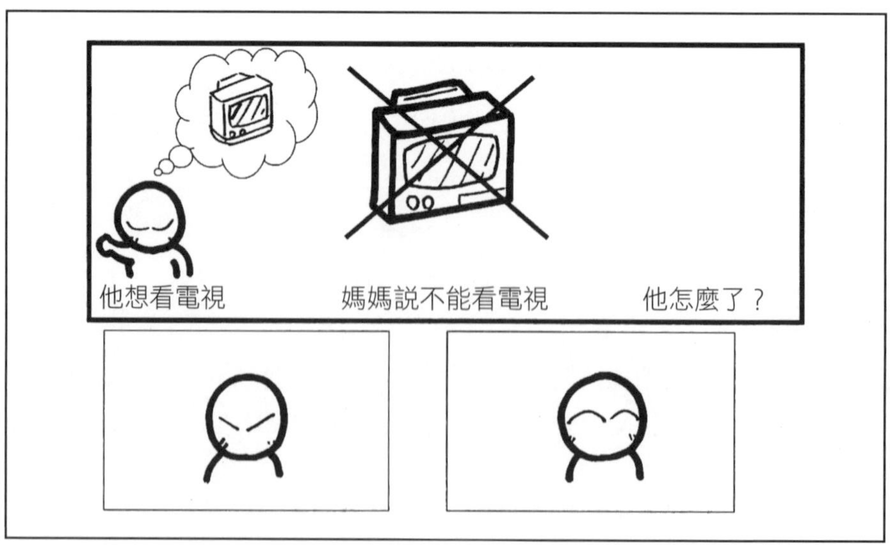

圖二

圖三

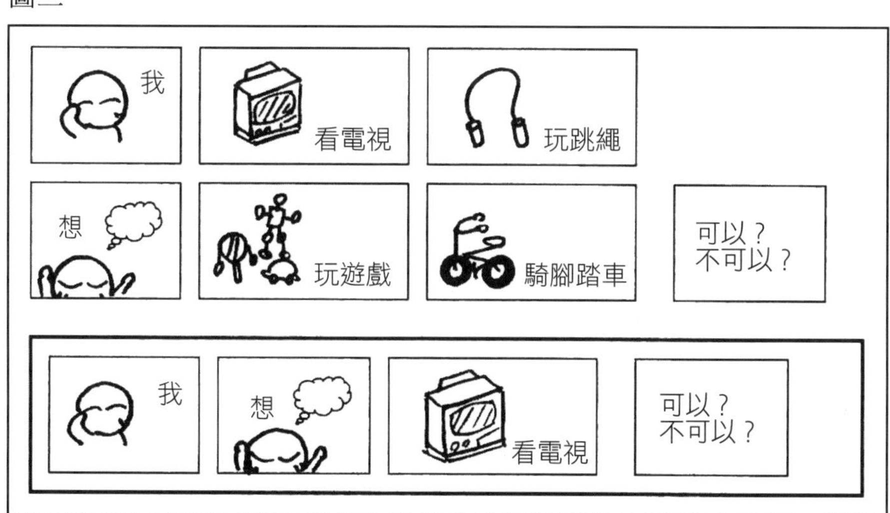

圖四

當我想要某個東西或想要做某件事時，

有時候老師或家人會說：可以！

○

有時候老師或家人會說：不可以！

╳

當老師或家人說「不可以！」的時候，

╳

我會深呼吸，說：沒關係。

這樣做很好！

圖五

生氣了

說出自己的感覺
（因為……所以……）

深呼吸三次

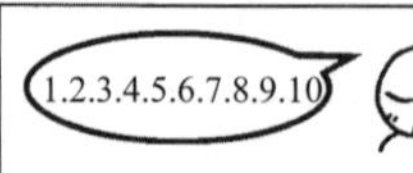

從 1 數到 10

單元主題 31：輪流

賴盈如

理論基礎

社交互動困難是自閉症者主要特徵之一。排隊、等待和輪流是遊戲活動經常使用的規矩，為社會適應必備之社交技能。

教學目標

㈠會依序排隊。

㈡能輪流進行活動。

㈢能遵守與理解社會規範。

適用對象

中、高功能自閉症者（幼稚園至國小階段）。

先備能力

㈠視動協調正常。

㈡具有基礎數學能力（唱數、數數、認識 1 至 10）。

㈢基本聽、說、理解能力。

㈣能辨識自己與他人的照片。

㈤會簡單的圖形配對。

㈥有口語能力。

教學材料

腳印、姓名條、手掌印貼紙、圓點貼紙、號碼牌、個人照、計時器、錄音機、錄音帶。

教學策略

㈠示範：請教學者、協助者與功能高的同學先行示範。

㈡提示：

1. 方式：適當給與視覺線索、口語、肢體提示、圖卡提示。
2. 次數：依據學生能力與學習狀況，增減提示的次數，並逐漸褪除提示。

㈢增強：

1. 口頭：「很棒」、「對了」。
2. 增強系統：能依序輪流者，能實際玩電腦遊戲。

㈣類化：能類化此技能於日常教學活動中，例如上車、盛飯、繳交作業、玩遊戲等。

教學步驟

準備活動

教室地板貼上排隊腳印，準備圓點貼紙和手掌印貼紙備用。

階段一：排隊

步驟一：教導「排隊」的指令，聽到指令走到排隊區，先由同學示範，雙腳站至指定位置，再個別練習，視學習狀況再進行團體性的練習。

步驟二：教導雙手貼在大腿上，為正確站好的姿勢，對於不清楚如何遵守的學生，可使用圓形貼紙、手掌貼紙貼在褲子上作為視覺提示。

步驟三：雙腳站在自己的腳印上，位置的視覺線索可使用姓名條、顏色或個人照片，貼在腳印上方的位置。

步驟四：個別排隊動作教導完成後，將班級團體的排隊順序貼在地上，教學者說出「排隊」的指令，以動作提示學生進行排隊，檢核是否正確站在腳印位置上。

步驟五：教導學生伸出右手，摸著前方同學的右邊肩膀，使用圓形貼紙、

手掌貼紙貼在肩膀的衣服上作為視覺提示，以搭肩代表搭火車。

步驟六：教學者告知學生火車要開動，提醒右手搭著肩膀不放開，火車才會跟著一起走。配合〈火車快飛〉、〈丟丟咚〉的兒歌音樂，在教室或寬敞空間進行搭肩前進練習。

步驟七：教學者喊出「排隊」，學生站到指令位置上排隊，請兩位示範同學兩手互相抓握高舉成山洞，一位示範同學當火車頭，負責控制火車進行方向，配合音樂進行火車過山洞的活動，複習與演練依序排隊與排隊前進的動作。

階段二：輪流排隊

準備活動

在教室地板貼上排隊腳印，第一個位置的右邊加上小腳印往最後一個位置移動的視覺提示。

步驟一：教導學生當發現前面的腳印沒人時，要踩著腳印往前進，先請同學示範往前補位的動作，再由學生實際練習。

步驟二：教學者喊出「排隊」，學生站到指令位置上排隊，請同學示範與教學者擊掌，完成後依循地板上的小腳印線索（圖一），走回到隊伍最後面排隊。

步驟三：輪到學生與教學者完成擊掌動作時，教學者以口語提示沿著小腳印走回隊伍，時間等待 3 秒鐘仍無法正確動作，請協助者立即給與肢體協助，帶領學生依循小腳印走回隊伍後面。

步驟四：播放兒歌音樂，排隊進行擊掌遊戲，實際演練輪流與教學者擊掌，直到音樂結束為止，換成最後一位擊掌者為新擊掌對象。排隊指令完成後，繼續播放兒歌音樂進行輪流擊掌遊戲。

階段三：輪流玩電腦

貼號碼輪流

教學者事先將計時器放置電腦前，每位學生拿取號碼牌，再將魔鬼

氈貼於電腦螢幕右上方。

拿著號碼→貼螢幕→設定計時器→玩電腦→時間到→換人→坐好等待。

步驟一：教學者教導設定計時器的方法，按數字鍵 3→0→0，設定時間遊戲時間 3 分鐘，按下「開始」鍵，先讓示範同學依照動作步驟做正確動作，學生依序練習設定鬧鐘，教學者依照學習狀況給與適當的口語、肢體提示。

步驟二：將動作步驟順序貼在黑板上，教學者講解輪流玩電腦的動作步驟，輪到的號碼可以玩電腦，輪到者把號碼貼在螢幕右上方，設定遊戲時間 3 分鐘，計時器響起則換人玩，學生說：「時間到……1 號好了，換 2 號。」走回位置上坐好，等再次輪到自己的號碼。

步驟三：當最後一個號碼即將時間結束時，教學者提供號碼輪流的視覺提示（圖二），每個人都玩一次後，輪回號碼 1 的學生，繼續輪流玩電腦。

步驟四：學生輪流玩電腦，由 1 號拿著號碼牌開始，將號碼貼在螢幕右上方，設定計時器 3 分鐘，開始玩電腦，直到計時器響起，學生說：「時間到……1 號好了，換 2 號。」回位置上坐好等待，安靜看著別人玩。教學者適當的提示和口語稱讚。

翻照片輪流

教學者事先將計時器放置電腦前，護貝學生的照片，照片設計成可以翻轉，椅子排成一列，最靠近電腦的椅子為打電腦指定座位。

看到自己的照片→設定計時器→玩電腦→時間到→翻照片→坐好等待。

步驟一：教導分辨自己的照片，看到自己的照片出現時，舉手說：「換○○○（自己的姓名）玩。」請同學先示範正確動作，學生模仿並實際練習。

步驟二：完成辨識照片後，加上實際移動座位到打電腦指定座位。

步驟三：練習輪流翻照片，翻完照片的學生回到最後一個椅子坐好。

步驟四：教學者教導設定計時器的方法，按數字鍵 3→0→0，設定時間 3 分鐘，按下「開始」鍵玩電腦。先請同學示範正確動作，學生依序練習設定鬧鐘，教學者依照學習狀況給與適當的口語、肢

體提示。

步驟五：將動作步驟順序貼在黑板上，教學者講解輪流玩電腦的動作步驟，輪到的小朋友（照片）可玩電腦，遊戲時間 3 分鐘，計時器響起即換人，翻到下一張照片說：「時間到……○○○（自己姓名）好了，換○○○（下一位同學的姓名）玩。」走回位置上坐好，等待再次看到自己的照片（學生功能較低時，當計時器響起，直接翻到下一張照片，走回位置上坐好）。

步驟六：教導重複輪流的概念，教學者拿出重複輪流的視覺提示（圖三），教學者告知都玩一次後，再翻回第一張的照片，繼續輪流玩電腦。

步驟七：學生輪流玩電腦，將椅子排列在電腦前，先請示範同學做正確輪流動作，教學者輔以口語引導和講解，再請協助者跟隨第一張照片的學生開始進行活動，依序讓學生實際練習，教學者給與適當口語、圖卡的步驟提示。教學者給與適當的提示和口頭稱讚。

附圖說明

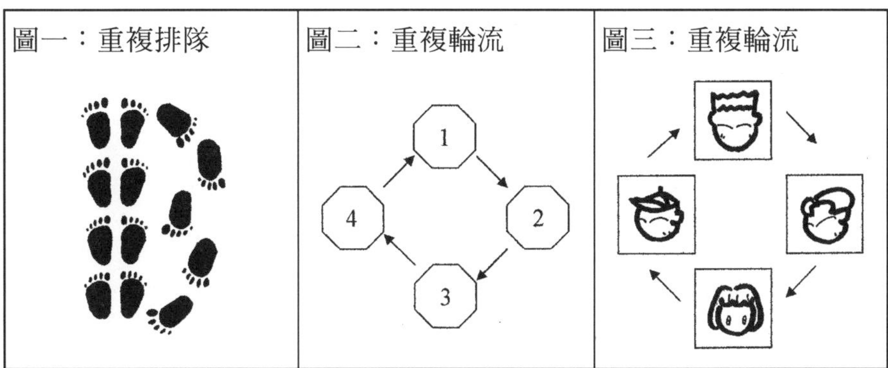

圖一：重複排隊　圖二：重複輪流　圖三：重複輪流

單元主題32：愛的鼓勵

▶賴盈如◀

理論基礎

社交互動困難是自閉症者的主要特徵之一，且其讀心的能力較為拙劣，難以理解他人顯露的情緒。教導通用的「愛的鼓勵」動作，能增進彼此的互動，藉著稱讚與鼓勵別人，也學習模仿正確的行為表現。

教學目標

㈠會拍出愛的鼓勵節奏。
㈡能幫他人鼓勵與加油。
㈢能實際運用於生活中。

適用對象

中、高功能自閉症者（幼稚園至國小階段）。

先備能力

㈠基本聽覺理解能力。
㈡視覺、聽覺正常。
㈢會模仿簡單動作（拍打、拍手）。
㈣具有基礎數學能力（唱數、認數1至4）。

教學材料

海報、鈴鼓、錄音機、錄音帶、鈴鐺、動物圖卡。

教學策略

㈠示範：請教學者、示範同學先行做出正確動作讓學生模仿。

㈡提示：

1. 方式：適當給與聲音、口語、圖形、肢體提示。
2. 次數：依據學生能力與學習狀況，增減提示的次數，並逐漸褪除提示。

㈢增強：

1. 口頭：「好棒」、「對了」。
2. 手勢：愛的鼓勵表示好棒。

㈣聽覺線索：利用錄音機、鈴鼓和鈴鐺的聲音，適應愛的鼓勵節奏與拍打聲音，待學生熟悉之後再逐漸褪除。

㈤視覺線索：將節拍編寫數字，學生依照數字或圓點節奏拍打，能唸讀節拍後逐漸褪除視覺提示。

㈥類化：

1. 情境類化：能類化此技能到實際情境中。
2. 動作類化：愛的拍腿、愛的火花。

教學步驟

階段一：拍打愛的鼓勵節奏

步驟一：讓學生聆聽已錄製完成的愛的鼓勵節奏。

步驟二：將節奏加上錄製數字節奏（邊拍打，邊喊數字）的聽覺提示，讓學生聆聽熟悉節奏的拍子。

步驟三：跟著愛的鼓勵節奏拍打，學生先練習拍打鈴鼓，以鈴鼓增加聲音的刺激及熟悉拍打會發出的聲響，之後褪除鈴鼓，練習用雙手拍打，在學生手指圍繞小鈴鐺（圖一），以維持適應聽覺的刺激，待學生熟悉拍打所發出的響聲後，再褪除聽覺的提示，改以雙手實際拍打練習。此步驟皆由教學者先教導，再請示範同學做正確動作。

步驟四：教導學生聽節奏加上拍打的數字，將節奏與數字口訣書寫於海報上（圖二），練習節奏與口訣配合著音樂拍打。此步驟皆由教學者先教導，再請示範同學做正確動作，學生能拍打正確節奏，給與口頭增強：「好棒，對了。」

步驟五：褪除音樂提示，提供海報的視覺線索，學生數數 1、2、3、4 加上拍手練習。此步驟皆由教學者先教導，再請示範同學做正確動作，若學生無法自行跟著拍打，示範同學在學生身後給與肢體協助，教學者給與節拍的提示，手指著海報，跟著節拍速度移動手指。

步驟六：褪除海報提示，學生自己數數拍打。此步驟皆由教學者先教導，再請示範同學做正確動作給與模仿。教學者剛開始先小聲幫學生一起數節拍，待學生熟悉動作後，再逐漸褪除口語提示。

階段二：實際練習

活動一：進行超級比一比活動，教學者事先準備動物圖卡作為謎題，學生依序上台比手畫腳，讓其他小朋友猜謎，若有人猜對了，給與愛的鼓勵增強。

活動二：進行大歌星選拔活動，教學者準備視聽設備，播放唱歌影片給與同學模仿學習唱歌，給與準備上台和結束下台的同學愛的鼓勵，最後選出班上最佳的歌王歌后。

階段三：動作類化

1. 愛的拍腿：相同的愛的鼓勵節奏，將手在大腿上拍打。
2. 愛的火花：愛的鼓勵之後加上口訣「咻砰！」，動作是先雙手往上伸展，再各往左右兩邊分開，類似火花散開時的形狀。

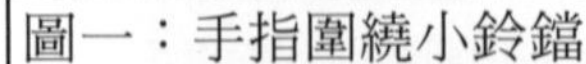

附圖說明

圖一：手指圍繞小鈴鐺	圖二：節奏與數字口訣
	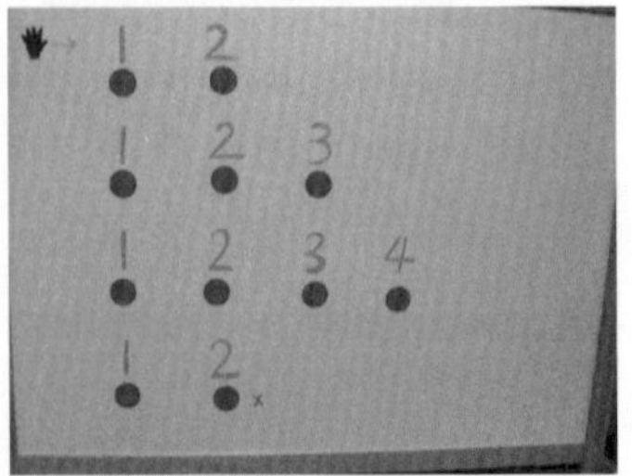

單元主題 33：猜拳～剪刀、石頭、布

賴盈如

理論基礎

社交互動困難是自閉症者的主要特徵之一，對同儕間的遊戲不感興趣、不理解複雜的遊戲規則，而降低了參與遊戲的機會。教導猜拳技能，有助於跨出參與遊戲的第一步，也提升融入同儕互動的機會。

教學目標

㈠會猜拳進行遊戲。
㈡能享受遊戲的樂趣。
㈢能融入同儕的遊戲活動。

適用對象

高功能自閉症者（幼稚園至國中階段）。

先備能力

㈠基本聽覺理解能力。
㈡有口語能力。
㈢基本認知能力，了解剪刀、石頭、布的名稱和功能。
㈣精細動作協調，能模仿比出剪刀、石頭、布的動作。

教學材料

實物與動作對應圖、輸贏比較圖、拳法對應圖。

教學策略

㈠示範：請示範同學做猜拳動作讓學生模仿。

㈡提示：

1. 方式：適當給與圖卡、口語、手勢、肢體提示。

2. 次數：依據學生能力與學習狀況，增減提示的次數，並逐漸褪除提示。

㈢增強：

1. 口頭：「好棒」、「答對了」。

2. 手勢：拍手鼓勵、豎起大拇指表示好棒。

3. 增強：猜拳贏者，可進行立即性增強，例如：吃餅乾、打電腦。

教學步驟

階段一：教導猜拳技能

實物與動作的辨識→猜拳口訣→熟練出拳動作→練習猜拳動作與口訣→平手概念→輸贏概念→實際拳法輸贏概念→完整猜拳動作。

步驟一：教導物品與卡片的對應（圖一）。

㈠請示範同學將剪刀放到剪刀卡片上，並說出：「剪刀」，再由教學者引導學生將兩者配對，時間延宕 3 秒鐘，若未做出正確反應，教學者以口語加上手勢（手比著剪刀與剪刀卡片）提示學生：「剪刀跟剪刀一樣。」再說出：「剪……」由學生接著回答：「剪刀。」

㈡配對重複練習三次，每正確配對一次，教學者給與口頭稱讚。

㈢石頭和布的卡片對應如同步驟㈠。

步驟二：教導猜拳口訣。

㈠教導學生熟悉猜拳動作，將拳法對應圖（圖二）貼在黑板上。

㈡先讓示範同學喊著口訣：「剪刀、石頭、布。」同時做出拳法。

㈢教學者在旁協助學生唸讀口訣：「剪刀、石頭、布。」剛開始以較慢的速度唸讀，改用只唸讀第一個字，例如：「剪……、石……」引導學生獨自接續唸讀，並逐漸褪除口語的提示，加上協助學生對照拳法對應圖做出動作，肢體協助學生能邊喊口訣邊做動作。

步驟三：熟練出拳動作。

㈠教導學生熟悉出拳動作，將拳法對應圖（圖二）貼在黑板上。

㈡先讓示範同學喊著口訣：「剪刀、石頭、布。」同時做出拳法。

㈢教學者在旁協助學生唸讀口訣：「剪刀、石頭、布。」學生熟悉口訣後，教學者逐漸褪除口語的提示。

㈣將拳法對應圖（圖二）由順序「剪刀、石頭、布」變化成「石頭、剪刀、布」、「布、剪刀、石頭」，教導學生精熟拳法的動作，靈活出拳動作的變化。

步驟四：練習猜拳動作與口訣。

㈠先複習喊口訣：「剪刀、石頭、布。」

㈡請兩位示範同學以慢動作實際猜拳，教學者在旁輔以口語提示學生：「喊到布的時候，要出拳。」

㈢學生與示範同學彼此猜拳，先由示範同學引著學生的手腕，當喊口訣喊到布時，則以肢體協助學生做出動作（暫不介入學生出的拳，此步驟只教導正確時機做出動作），並逐漸褪除肢體協助。

㈣若學生仍無法在正確時機做出動作，則由示範同學站在學生左方，以手勢跟著學生一起做出動作，給與學生模仿，先褪除肢體和手勢協助，逐漸改用口語提示，當喊口訣時特意大聲強調「剪刀、石頭、布」的「布」，提示學生出拳的時機。

㈤當學生熟練出拳時機時，再逐漸褪除所有肢體、手勢與口語的提示。

步驟五：教導平手概念。

㈠教學者教導相同圖形的配對。

㈡請示範同學猜拳（提前告知兩人出一樣的拳），並由示範同學一起喊出「平手，再一次」，繼續喊「剪刀、石頭、布」猜拳。

㈢教導平手概念，兩個人出一樣的拳，像是「剪刀和剪刀」、「布和布」、「石頭和石頭」都是一樣的拳，叫作平手，沒有人贏，也沒有人輸，要再猜拳一次，讓學生重複練習喊：「平手，再一次。」

㈣由示範同學再猜拳一次（提前告知兩人出一樣的拳），教學者提示學生說出：「平手，再一次。」當學生可以獨自分辨平手的拳法，則褪除口語提示。

步驟六：教導輸贏概念。

㈠教學者展示三組輸贏比較圖（圖三），示範用實際物品教導輸贏概念，輔以口語說：「剪刀把布剪破，剪刀贏。」「布把石頭包起來，布贏了。」「石頭很硬剪不開，石頭贏。」

㈡讓示範同學依據輸贏比較圖，逐一說出三組的輸贏關係，引導學生跟著唸讀輸贏口訣三遍。

㈢由教學者協助學生進行兩兩相比的輸贏關係，教學者先詢問：「剪刀跟布比賽，誰贏了？」若學生能回答「剪刀把布剪破，剪刀贏」或「剪刀贏」，則立即稱讚學生：「答對了。」等待 3 秒鐘，若學生無法做出正確反應，則給與圖卡提示，指著剪刀和布的輸贏比較圖，問：「剪刀把布剪破，誰贏了？」練習直到答對為止。

㈣了解此組輸贏關係後，再加上其他兩組（布和石頭、石頭和剪刀）的輸贏概念練習。

步驟七：教導辨識實際拳法的輸贏。

㈠請兩位示範同學猜拳，並由學生練習當裁判。

㈡當示範同學喊完口訣「剪刀、石頭、布」，先請示範同學保持動作停止，由教學者引導學生比較輸贏，等待 3 秒鐘，若學生無法做出正確反應，則先給與輸贏比較圖作為參考，詢問學生：「石頭跟布比賽，誰贏了？」請示範同學做出布包住石頭的動作，提供學生動作提示，學生回答正確則給與口語稱讚。

㈢若學生仍無法做出正確反應，則由教學者口語提示：「布把石頭包住，誰贏了？」若依舊沒有正確反應，教學者直接提示：「布把石頭包住，布贏了。」並重複輸贏口訣三遍，要求仿讀「布把石頭包住，布贏了」三遍，以加深輸贏概念。

㈣學生熟悉布與石頭的輸贏概念後，再依序加上其他兩組（布和剪刀、石頭和剪刀）的輸贏概念練習。

步驟八：教導完整猜拳動作。

㈠由學生與示範同學實際開始練習猜拳，教學者以口語提示學生來猜拳，當學生猜出拳後，詢問學生：「誰贏了？」若學生能正確分辨輸贏觀念，立即口頭稱讚：「答對了。」給學生一塊小餅乾作為增強。

㈡若學生無法立即分辨輸贏，教學者以手勢提示學生可以參考輸贏比較圖（圖三），能分辨輸贏概念，則給與口頭和食物增強。

階段二：實際練習

活動一：經由猜拳贏者可以先選擇要玩的休閒活動，例如打電腦或看書。
活動二：猜贏者可以玩戳戳樂，並實際獲得戳到的豐富獎品。

附圖說明

圖一：實物與動作對應圖

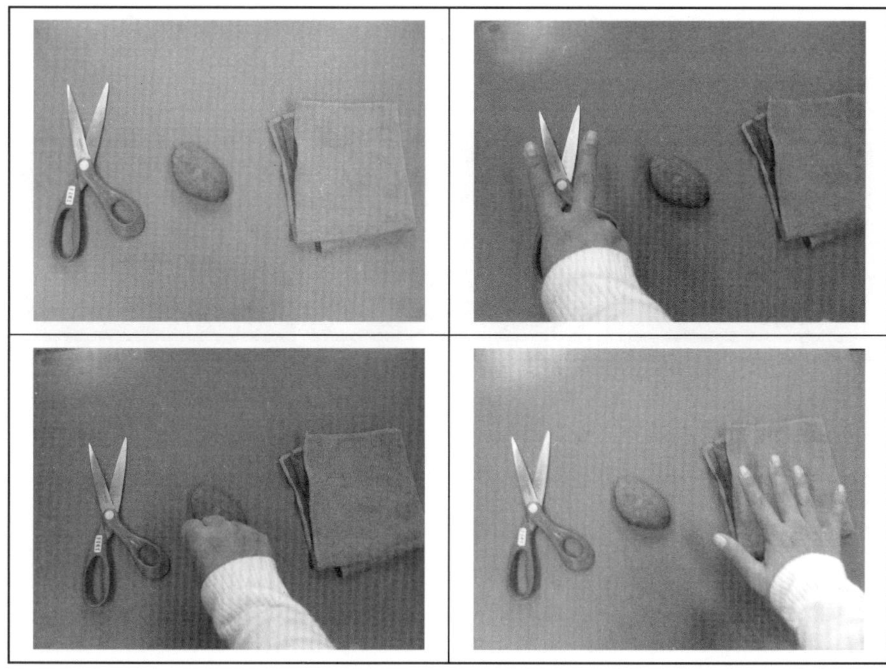

圖二：拳法對應圖

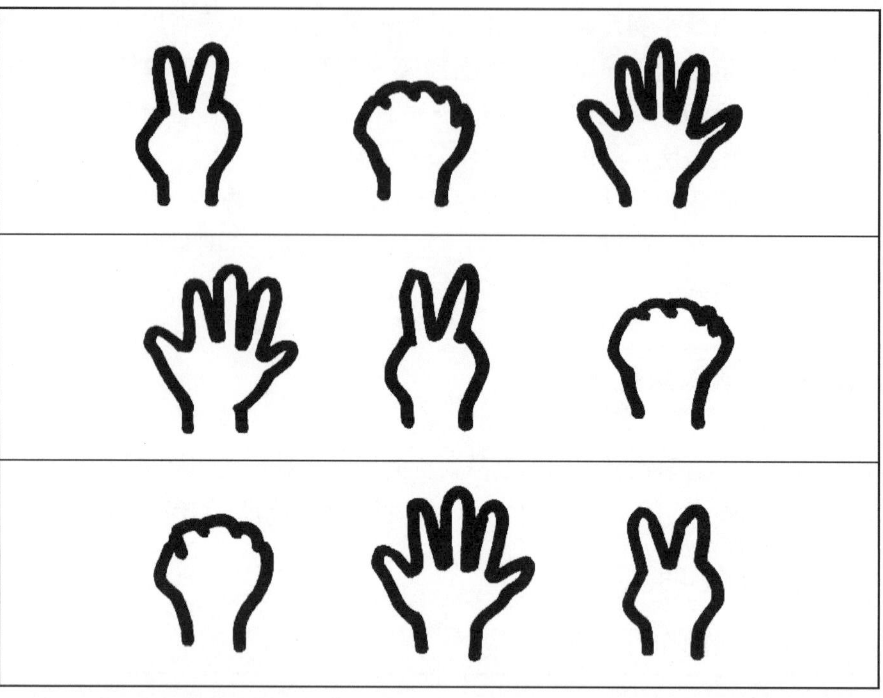

圖三：輸贏比較圖

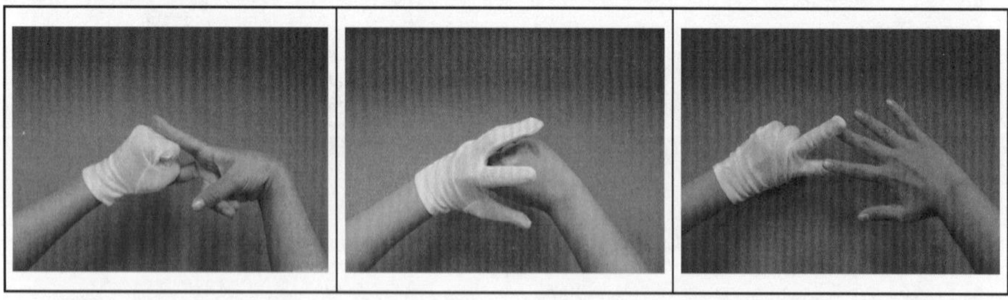

單元主題 34：遊戲～音樂大風吹

賴盈如

理論基礎

社交互動困難是自閉症者的主要特徵之一，因為對同儕間的遊戲不感興趣、不理解繁複的遊戲規則，而減少了參與遊戲的機會。教導大風吹遊戲，能享受團體遊戲時的樂趣，學習融入同儕互動，也提升良好的人際關係。

教學目標

㈠會玩音樂大風吹的遊戲。

㈡能享受遊戲的快樂。

㈢能融入同儕的遊戲活動。

適用對象

中、高功能自閉症者（幼稚園至國小階段）。

先備能力

㈠聽力正常。

㈡肢體動作協調。

㈢基本的聽覺理解能力。

㈣有口語能力。

教學材料

錄音機、兒歌錄音帶、椅子、貼紙、姓名卡、圖卡。

教學策略

㈠示範：請示範同學做正確動作讓學生模仿，再帶領學生進行遊戲。

㈡提示：

1. 方式：適當給與口語、肢體、手勢提示。
2. 次數：依據學生能力與學習狀況，增減提示的次數，並逐漸褪除提示。

㈢視覺線索：待學生熟稔遊戲規則後，逐漸褪除視覺線索。

1. 將黃色貼紙圍繞椅子成圓形狀，作為學生繞圈時的範圍線索。
2. 錄音機按鍵上貼「紅色停、綠色聽」的線索。
3. 白板上的名字表示目前每個人的遊戲狀況。

㈣增強：

1. 口頭：「做對了」、「好棒」。
2. 手勢：拍手鼓勵。
3. 增強：能坐到最後一張椅子的小朋友為獲勝者，可擔任下一回音樂小老師，負責操作錄音機。

㈤類化：

1. 人物類化：能與手足、鄰居玩音樂大風吹的遊戲。
2. 遊戲類化：能關閉錄音機，以一起歌唱的方式進行遊戲，唱完一首歌曲，大家立刻搶椅子坐下。

教學步驟

階段一：說明遊戲規則

步驟一：小朋友依據地板上的視覺線索擺放排列椅子。

步驟二：經由猜拳、抽籤、抽球或自願的方式選出第一回的音樂小老師，選中的音樂小老師將照片貼到音樂小老師的區域，再搬出自己的椅子到牆邊擺放整齊。

步驟三：兒歌音樂開始播放，小朋友隨著音樂旋律繞圈，踩著地上的圓點行走，無法跟上繞圈動作的學生，可將單手搭在前一位小朋

友的肩上，繞著圓圈行走。

步驟四：當音樂旋律停止，小朋友要趕快找最靠近的一張椅子坐下，沒有椅子坐的小朋友到白板撕下自己的卡片，貼到沒有椅子坐的區域，再搬出自己的椅子到牆邊排列，即完成出局動作。

步驟五：遊戲持續進行，椅子將會愈來愈少，永遠比遊戲人數少一張，出局者會愈來愈多，重複步驟三到四的遊戲過程。

步驟六：遊戲一直進行到只剩下兩張椅子，能坐到最後一個椅子的小朋友則為獲勝者，負責重新排列所有的照片，並擔任下一回的音樂小老師播放音樂，負責操作錄音機。

階段二：教導遊戲方法

繞圈練習→聽音樂行走→音樂暫停，找椅子坐→撕照片＋搬出椅子。

準備活動→

教學者將黃色貼紙黏貼於地板上，將遊戲狀況板區分三區域（圖三），小朋友將椅子朝外排列成圓形（圖一）。

步驟一：教學者請兩位示範同學依序遵循黃色貼紙繞圈行走，再請一位示範同學雙手扶著學生肩膀，帶領學生跟著地板上的黃色貼紙行走，逐漸褪除肢體的協助，無法跟上繞圈動作的學生，可將單手搭在前一位同學的肩上，繞著圓圈行走。待學生能獨立繞圈行走後，再加上數張椅子做繞圈練習。

步驟二：聆聽音樂旋律繞圈，教學者播放音樂，提示學生持續繞圈行走。

步驟三：聆聽音樂旋律繞圈，教學者將音樂暫停，大聲說：「坐下。」示範同學用口語提示學生暫停行走，說：「沒有音樂，坐下來。」若學生無法完成正確動作，再以肢體協助學生找椅子坐下。

步驟四：學生隨著音樂旋律繞圈，教學者將音樂暫停，示範同學改用手勢提示學生坐下，若學生無法完成正確動作，再口語提示學生：「坐下。」

步驟五：教學者先拿走一張椅子，大家聆聽音樂旋律繞圈行走，教學者將音樂暫停，示範同學用手勢提示學生坐下，特意設計示範同

學沒有搶到椅子，示範同學走到白板前，將自己的卡片撕下，貼到沒有椅子的區域並說出：「沒有椅子，我出局了！」（圖三）再搬出自己的椅子到白板邊排列整齊，坐著觀察遊戲進行與等待。

步驟六：音樂暫停而學生沒有椅子坐時，示範同學口語提示學生：「撕照片。」給與時間延宕 3 秒鐘，若是學生仍無正確反應，教學者做出撕卡片的動作，以口語提示：「撕照片。」或拿出圖卡提示（圖四），將照片黏貼到沒有椅子的出局區域，說出：「沒有椅子，我出局了！」（有口語能力者唸讀。）再把椅子搬出去，即完成出局動作。

步驟七：重複步驟六進行音樂大風吹，示範同學逐漸褪除口語、肢體動作和圖卡的協助，教學者褪除口語與圖片的提示。

步驟八：遊戲進行到最後，能搶到最後一張椅子的小朋友為優勝者，全體給與拍手鼓勵，並負責重新排列所有的卡片，擔任下一回播放音樂的小老師，負責操作錄音機。

步驟九：教導學生操作錄音機，依據按鍵上的「紅色停（暫停）、綠色聽（播放）」的線索暫停與播放音樂。

步驟十：由學生操作錄音機，其他小朋友進行音樂大風吹的遊戲。

階段三：實際練習

準備活動

白板分出三個區域，將小朋友的卡片貼在有椅子的區域上。

步驟一：經由猜拳、抽籤、抽球或自願的方式選出音樂小老師，選中的人先將自己的卡片貼到音樂小老師的區域，再搬自己的椅子到牆邊擺放整齊，準備播放音樂。

步驟二：實際進行第一回音樂大風吹的遊戲。

步驟三：能搶到最後一張椅子的小朋友為優勝者，可以擔任第二回合的「音樂小老師」，負責操作收音機，教學者口語提示教導，依據按鍵的視覺線索「紅色停、綠色聽」操作。

步驟四：教學者給與表現良好的學生適當增強與鼓勵，將觀察所見給與回饋，再次教導遊戲須注意的規則。

步驟五：教導遊戲類化，將機械性音樂的聽覺線索褪除，以一起歌唱的方式進行遊戲，唱完一首歌曲，大家立刻搶椅子坐下，遊戲規則如同音樂大風吹，出局者須搬走自己的椅子，直到優勝者搶到最後一張椅子，遊戲則結束。

附圖說明

圖一：音樂大風吹環境圖	圖二：坐下圖卡	圖三：遊戲狀況板
		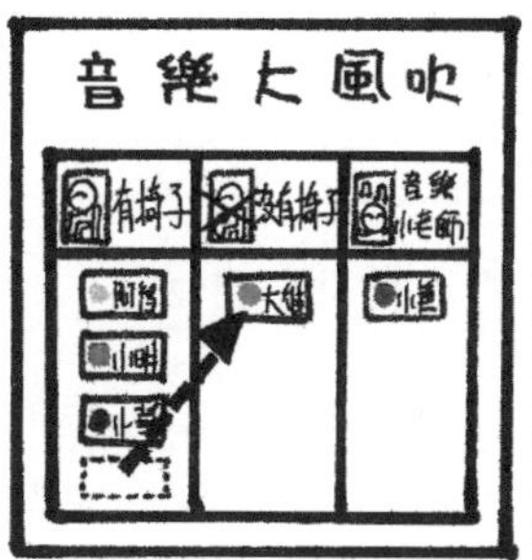
圖四：撕卡片圖卡	圖五：錄音機按鍵「紅色停、綠色聽」	
 撕卡片	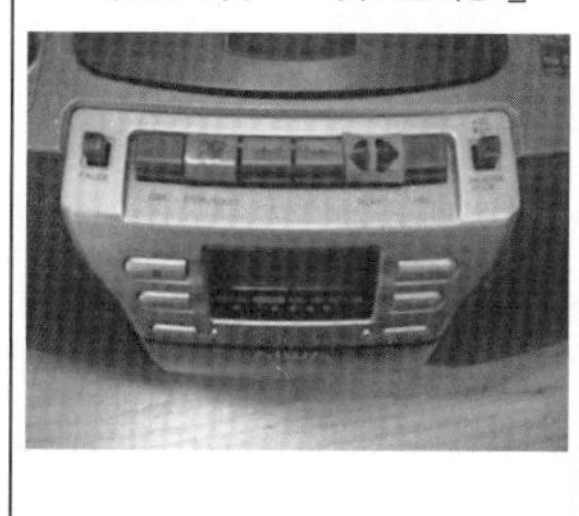	

單元主題35：遊戲～1 2 3 木頭人

▶賴盈如◀

理論基礎

社交互動困難是自閉症者的主要特徵之一，因為對同儕間的遊戲不感興趣、不理解繁複的遊戲規則，而減少了參與遊戲的機會。教導孩童常玩的團體遊戲，能訓練自我控制能力及反應動作，提升良好的人際關係，增加同儕彼此的互動。

教學目標

㈠會玩木頭人的遊戲。
㈡能享受遊戲的快樂。
㈢能融入同儕的遊戲活動。

適用對象

低、中、高功能自閉症者（幼稚園至國小階段）。

先備能力

㈠有口語能力。
㈡有基本認知能力。
㈢肢體動作協調正常。
㈣基本的聽覺理解能力。

教學材料

鈴鐺、手印、紅色膠帶、鬼頭套、遊戲圖、增強系統（代幣、增強版）。

教學策略

㈠示範：請示範同學做正確動作讓學生模仿。

㈡提示：

1. 方式：適當給與口語、肢體提示。
2. 次數：依據學生能力與學習狀況，增減提示的次數，並逐漸褪除提示。

㈢聽覺線索：將學生的手腳套上鈴鐺圈，作為玩遊戲時「動」與「停止」的聽覺線索，待學生熟稔遊戲規則後，逐漸褪除聽覺線索。

㈣視覺線索：以手印、開始線、頭套作為遊戲的視覺線索，待學生熟稔遊戲規則後，逐漸褪除視覺線索。

㈤增強：

1. 口頭：「加油」、「好厲害」。
2. 手勢：拍手鼓勵。

㈥類化：

1. 人物類化：能與手足、同學玩木頭人的遊戲。
2. 遊戲類化：能將「木頭人」的口訣變換成「稻草人」、「睡美人」等。

教學步驟

階段一：説明遊戲規則

步驟一：依照小朋友程度以猜拳、抽籤或自願等方式選出一位扮演「鬼」，戴上「鬼」頭套面對牆壁（圖二），一手貼在手印上，頭枕在手臂上。其餘小朋友站在距離牆壁約十步的起點線後等待。

步驟二：遊戲開始時，「鬼」大聲喊「1、2、3 木頭人」的時候，小朋友都往「鬼」的方向走，聽到「木頭人」三個字立刻停止不動，保持鈴鐺不發出響聲。

步驟三：「鬼」大聲喊完「1、2、3 木頭人」，轉身看後面的小朋友，觀察小朋友是否仍在移動，並藉由鈴鐺作為觀察與聆聽「動」與

「停止」的聽覺線索。「鬼」喊發出聲響的小朋友名字，一手牽住他。沒有發生聲響者，則保持不動，可繼續進行遊戲，直到「鬼」轉身後才能繼續前進。

步驟四：重複以上的步驟，被喊出名字的小朋友依序牽手，遊戲直到有一位小朋友將「鬼」與第一位小朋友的手分開，即完成「救人」的動作，其他小朋友快步跑回起點線，聽到「鬼」喊「1、2、3 停」，小朋友則停止跑步動作，跑最慢的小朋友，則扮演下一回合的「鬼」。

階段二：教導遊戲方法

準備活動

將牆壁貼上手印，在距離牆壁約十步的地方以紅色膠帶貼成直線作為起點線。教學者準備適量的鈴鐺圈（如十元硬幣般大的鈴鐺響聲較為清楚），作為遊戲時「動」與「停止」之聽覺線索。

步驟一：教學者將小朋友的四肢手腳都套上鈴鐺圈，由教學者喊口令「停」，學生以耳朵感覺「動」與「停止」之差別，練習分辨聽覺線索。

步驟二：練習聆聽指令與朗誦遊戲口訣。

㈠喊指令：教學者喊→示範同學喊→學生實際練習喊。

㈡遊戲口訣：「停」→「1、2、3 停」→「1、2、3 木頭人」。

步驟三：請示範同學緩慢進行木頭人的遊戲（圖二），做出連續動作讓學生學習遊戲方法，教學者輔以講解如何開始遊戲、何時要停止不動、如何分辨動與停止、如何救人等細部遊戲規則。

步驟四：由教學者示範扮演「鬼」，示範同學後退至學生身後，以口語和肢體動作協助學生進行木頭人的遊戲。

步驟五：示範同學逐漸褪除口語及肢體動作的協助，改以手勢提示學生聽指令做正確動作。

步驟六：由一位示範同學扮演「鬼」，其餘與學生一同遊戲，教學者以口語和肢體提示學生，輔助遊戲流暢進行。

步驟七：學生獨立玩木頭人遊戲，示範同學一起加入增加遊戲順暢度，教學者在旁輔以適當的口語、肢體、圖卡的提示，並逐漸褪除提示，直到學生能獨立進行並完成遊戲為止。

階段三：實際練習

準備活動

將增強系統、遊戲圖卡（圖二）張貼於活動白板上。

步驟一：以猜拳、抽籤或自願等方式選出「鬼」，其餘小朋友站在距離牆壁約十步遠的起點線後等待。「鬼」戴上頭套（圖一），手貼著牆壁上的手印，頭枕在手臂上開始進行遊戲。

步驟二：實際進行第一回木頭人的遊戲。

步驟三：教學者給與表現良好的學生適當增強與鼓勵，將觀察所見給與立即的回饋，再次教導與提示遊戲須注意的規則。

步驟四：由第一回合跑最慢的小朋友，扮演第二回合的「鬼」。

步驟五：第二回合遊戲結束後，教學者鼓勵學生找其他小朋友一起玩遊戲，練習表達邀請遊戲的語句，複習遊戲規則和方法，實際使用增強系統，並適時給與口頭稱讚、拍手鼓勵。

步驟六：教導遊戲類化，將「木頭人」的口訣加入「睡美人」和「稻草人」，依照學生對遊戲熟悉的程度，將口訣逐漸融入遊戲中，增加趣味性和困難度。

✪ 口訣：1、2、3 睡美人。

動作：雙手合十，放置一側臉頰旁，做出睡覺的姿勢。

✪ 口訣：1、2、3 稻草人。

動作：雙手橫開，與身體呈現十字架狀，單腳往內翹起。

附圖說明

圖一：鬼頭套

圖二：1、2、3 木頭人遊戲圖

單元主題 36：遊戲～老師說

賴盈如

理論基礎

社交互動困難是自閉症者的主要特徵之一，因為對同儕間的遊戲不感興趣、不理解繁複的遊戲規則，而減少了參與遊戲的機會。教導孩童間玩遊戲，有助於訓練聆聽專注力，提升同儕之間的互動，享受遊戲時的樂趣，更增進良好的人際關係。

教學目標

㈠會玩老師說的遊戲。
㈡能享受遊戲的樂趣。
㈢能融入同儕的遊戲活動。

適用對象

高功能自閉症者（幼稚園至國小階段）。

先備能力

㈠基本認知能力。
㈡理解常用動作的口令。
㈢會模仿簡單的動作。
㈣有口語能力。

教學材料

動作圖卡、圖卡（老師、老虎、獅子）、口令簿、手偶、貼紙。

教學策略

㈠示範：請示範同學做正確動作讓學生模仿，再帶領學生進行遊戲。

㈡提示：

1. 方式：適當給與口語、肢體、圖卡提示。
2. 次數：依據學生能力與學習狀況，增減提示的次數，並逐漸褪除提示。

㈢增強：

1. 口頭：「做對了」。
2. 手勢：拍手鼓勵、伸手豎起大拇指表示好棒。
3. 增強系統：能正確分辨指令者，可獲得一張貼紙，集滿十張貼紙，可上台當小老師發口令。

教學步驟

階段一：說明遊戲規則

步驟一：經由猜拳、抽籤或自願的方式選出小老師。

步驟二：小老師喊口令讓小朋友遵循動作。

步驟三：小朋友聽到「老師說坐下」，即要遵循口令做出反應，馬上坐下；若是聽到「老虎說坐下」、「獅子說坐下」，則不理會此口令。

步驟四：小老師辨別小朋友聽到「老師說坐下」之後，是否做出正確動作，大家都做對者，則繼續喊口令進行遊戲；若小朋友沒有做出動作或動作錯誤，則喊出他的名字，被喊到的小朋友將雙手交叉代表已經出局（如圖三），安靜等待其他小朋友完成遊戲。

步驟五：喊五次口令之後仍正確沒出局的小朋友代表過關，教學者給與一張貼紙，集滿十張貼紙，可上台當小老師發口令。

階段二：教導遊戲方法

認識動作→聽口令做動作→練習喊口令→辨識圖卡→辨識對的動作→辨識錯的動作→跟從老師說做動作→辨識老師說的口令→練習喊口令。

步驟一：將所有動作圖卡（圖一）逐一呈現於黑板上，教導認識動作的名稱，引導學生跟著唸讀。若是學生尚無反應，教學者以口語提示：「坐……」讓學生接續說出：「……下」或是直接小聲說：「坐下。」給與學生提示。待學生精熟口令與動作的對應後，教學者逐漸褪除口語提示。

步驟二：教學者重複閃示動作圖卡，給與學生精熟口令與動作的關係，時間延宕 3 秒鐘，若是學生尚無反應，改以口語提示學生：「坐下。」或請示範同學站在學生面前，提示學生模仿示範同學的動作，待學生精熟動作與口令的關係後，教學者逐漸褪除所有的提示。

步驟三：教學者喊：「坐下。」由學生找出正確的圖卡動作，先請示範同學協助學生找尋正確圖卡，以口語提示說：「哪一個是坐下？」或手指向坐下圖卡，待學生精熟辨別正確動作後，再逐漸褪除口語、手勢提示。

步驟四：教學者喊：「坐下。」由學生找出做對「坐下」動作的小朋友，先請示範同學協助學生找尋正確動作的小朋友，以口語提示說：「找坐下的人。」或拿著「坐下」圖卡來對應，待學生能辨別正確動作後，再逐漸褪除口語、圖卡提示。

步驟五：教學者喊：「坐下。」由學生找出做錯「坐下」動作的小朋友，先請示範同學協助學生找尋錯誤的小朋友，並喊出他的名字，說：「○○○，你做錯了。」錯誤的小朋友將雙手交叉代表出局（圖三），待學生能辨別錯誤動作後，逐漸褪除口語提示。

步驟六：教導學生辨識聽從「老師說」的動作，先讓學生重複聽正確口令「老師說坐下」、「老師說起立」、「老師說蹲下」、「老師說敬禮」，並做出指定的動作，若學生做對了，則口語稱讚學生說：「做對了！」和豎起大拇指表示好棒。

步驟七：教學者將手偶拿在手上（圖二），教導認識和辨別老師、獅子和老虎三種手偶，若學生答對則給與拍手鼓勵，並口頭稱讚學生的好表現。告知學生遊戲規則是聽「老師說」做出正確動作。

步驟八：辨識老師說的話。

㈠將三隻手偶拿到白板之後（類似布袋戲表演方式），教學者蹲著只露出拿手偶的單手，先露出老師的手偶說：「老師說坐下。」請示範同學站在學生身後提示學生：「老師說坐下。」

㈡再露出老虎的手偶說：「老虎說坐下。」請示範同學站在學生身後提示學生：「老虎說，不是老師說。」以肢體協助學生保持原樣，不做出坐下的動作。

㈢教學者再拿出獅子的手偶說：「獅子說坐下。」示範同學提示學生：「獅子說，不是老師說。」以肢體協助學生保持原樣，不做出坐下的動作。

㈣隨機出現手偶，重複練習辨識老師說的動作，直到學生能夠明確辨識。

步驟九：教學者逐漸只用口語喊口令，並減少手偶的出現頻率和時間，示範同學一樣先給與學生口語和肢體提示，待學生熟稔辨識老師說、老虎說、獅子說之後，逐漸褪除所有的提示。

步驟十：教導學生翻口令簿喊口令（圖四），唸出翻到的圖片內容，直到學生能夠看到圖片就直接喊口令，即可褪除口令簿的提示。喊完口令，由教學者協助學生辨識小朋友動作是否正確，教導學生每喊一次就撕下一張嘴巴卡片，當撕完五張代表此回遊戲結束，通過者由老師頒發一張貼紙。

階段三：實際練習

準備活動→

將老師圖卡、動物圖卡以及動作圖卡製作成口令簿（圖四），作為學生喊口令時的提示。

步驟一：經由猜拳、抽籤或自願的方式選出小老師。

步驟二：小老師喊口令開始遊戲，教學者站在學生身後適時給與提示與協助，進行第一回老師說的遊戲，喊五次口令之後仍正確沒出局的小朋友則代表過關，教學者發給一張貼紙。

步驟三：重複進行五回遊戲，讓學生精熟遊戲的規則與玩法。

步驟四：當學生累積十張貼紙換當小老師，學生翻著口令簿喊口令，教學者協助學生辨別小朋友的反應動作是否正確。每喊一次口令就撕下一張嘴巴卡片，喊五次之後仍正確的小朋友則遊戲過關，教學者發給貼紙。

步驟五：教學者鼓勵學生的遊戲表現，稱讚學生的好表現，並給與遊戲累積最多貼紙的小朋友拍手鼓勵，教學者鼓勵學生下課可以邀請小朋友一起玩。

附圖說明

圖一：動作圖卡

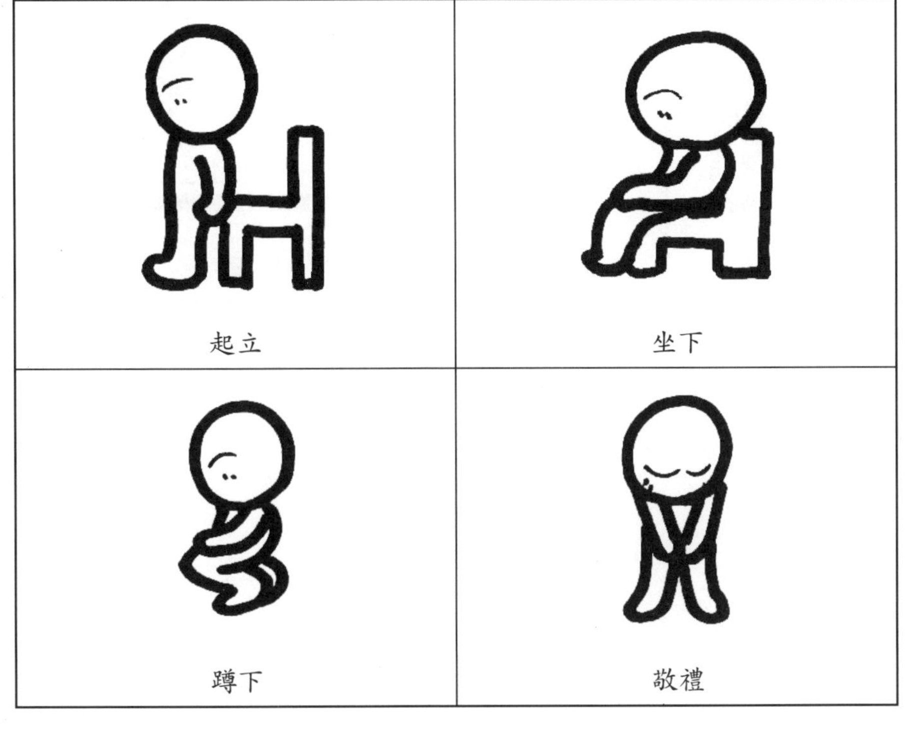

圖二：老師、老虎、獅子圖卡

圖三：出局動作

圖四：口令簿

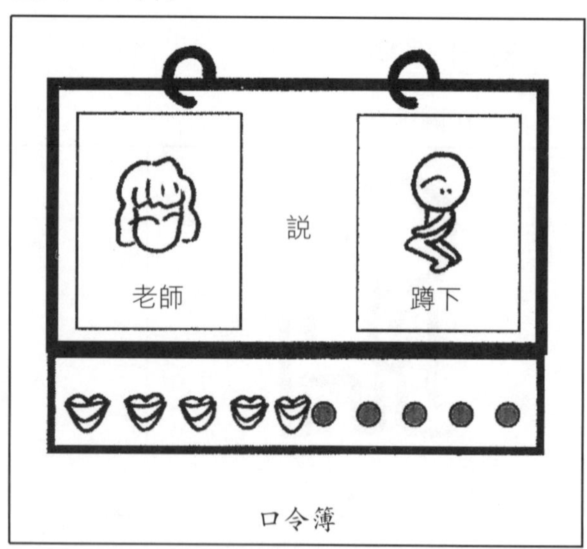

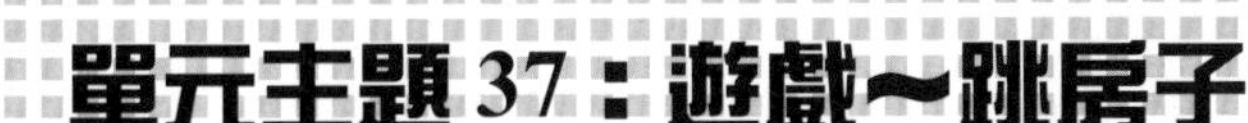

單元主題 37：遊戲～跳房子

賴盈如

理論基礎

社交互動困難是自閉症者的主要特徵之一，因為對同儕間的遊戲不感興趣、不理解繁複的遊戲規則，而減少了參與遊戲的機會。教導玩遊戲的技能，能訓練平衡感和反應力，建立良好的人際關係，增加同儕之間的互動機會。

教學目標

㈠會玩跳房子的遊戲。
㈡能享受遊戲的樂趣。
㈢能融入同儕的遊戲活動。

適用對象

高功能自閉症者（幼稚園至國小階段）。

先備能力

㈠基本認知能力（認讀數字 1 至 6、數字順序）。
㈡會單腳站立及跳躍。
㈢基本聽覺理解能力。
㈣會輪流等待。

教學材料

腳印、巧拼板、糖果卡片、糖果、個人照片、雷射筆。

教學策略

㈠示範：請示範同學先做正確動作讓學生模仿。

㈡提示：

1. 方式：適當給與口語、肢體、圖卡提示。
2. 次數：依據學生能力與學習狀況，增減提示的次數，並逐漸褪除提示。

㈢增強：

1. 口頭：「好棒」、「好厲害」。
2. 手勢：拍手鼓勵。
3. 增強系統：完成跳房子遊戲者，可先行休息並獲得一顆糖果。

㈣視覺線索：於方格中黏貼腳印、使用雷射筆作為視覺線索。

㈤類化：

1. 人物類化：能與手足、朋友、鄰居玩跳房子的遊戲。
2. 遊戲類化：類化遊戲方法於蝸牛形或類似跳房子的遊戲中。

教學步驟

階段一：說明遊戲規則

準備活動

將跳房子的遊戲方法和規則張貼於白板上。

步驟一：依照學生功能以猜拳或抽球（球上貼數字）決定遊戲順序，並在照片右上角黏貼輪流順序的數字（圖三），作為依序輪流的視覺線索。

步驟二：每一位小朋友開始都由方格 1 進行，丟擲自己的照片進入方格中，以數字為順序，1 丟完丟 2，2 丟完丟 3，依序丟擲，丟到 6 跳回來後，最後丟擲到天空，跳到第 6 格撿回自己在天空的照片，也撿起糖果卡片，再倒著依序跳回起點，即算完成跳房子遊戲，拿著糖果卡片向教學者換糖果一顆，並在休息區等待其

他小朋友完成跳房子的遊戲，直到巧拼板上的照片統統清光則遊戲結束。

步驟三：第一位小朋友站在起點腳印上，準備丟擲自己的照片方格進去方格 1 的巧拼板中，丟在格子內則繼續進行遊戲，單腳跳過方格 1，繼續往 2 至 6 格依序丟擲與跳躍，若 3、4 兩格同時出現腳印（上面都沒有照片），則兩腳同時要踩著巧拼板。若是沒有依序投進方格內（壓線重新再丟擲一次），則撿起自己的照片，放在前一格的位置，再走回到隊伍輪流等待。

步驟四：後面依序進行遊戲的小朋友，依照順序丟擲照片到巧拼板內，最後一個步驟為丟擲照片到天空，若格子內已經有其他小朋友的照片，則跳過那一格不踩，往下一個數字跳進。

階段二：教導遊戲方法

單腳跳→單、雙腳跳→依序丟擲→依序跳躍→觀察示範同學→模仿示範同學動作→獨立遊戲。

準備活動

將巧拼板依照數字順序拼湊完成，腳印黏貼在數字下，準備每個學生的照片作為遊戲時的位置視覺線索，白板上黏貼輪流順序的提示。

步驟一：練習單腳印跳躍。將腳印黏貼於巧拼板上，學生練習踩著腳印單腳跳躍，學生熟悉單腳跳躍後，教學者逐漸將巧拼板上的腳印視覺線索褪除，巧拼板排列在地板上，給與學生練習單腳跳躍（左右腳可輪替）。

步驟二：練習單腳加上雙腳交替跳躍，將腳印黏貼在巧拼板上，學生練習踩著腳印跳躍，學生熟悉雙片要兩腳一起跳躍後，教學者逐漸將巧拼板上的腳印視覺線索褪除，將巧拼板排列在地板上，以單片和雙片排列（圖一），給與學生練習單腳（左右腳可輪替）加上雙腳交替跳躍。

步驟三：教導學生站在起點進行丟擲的動作，先練習擲入較大範圍的區域，再逐漸縮小區域，學生能理解丟擲位置後，教學者於跳房子的巧拼板上依序貼數字 1 至 6（圖二），教學者以口語提示學生進行丟擲順序，由 1 開始依序丟擲到 6，6 丟完往半圓形的天空丟擲，依據個案學習狀況給與適當的肢體提示。

步驟四：學生練習單雙腳進行跳躍，依據學生學習能力給與適當的視覺線索提示，若學生無法完成跳至正確的巧拼板，先給與口語提示：「3 再來跳多少？」學生仍無法反應正確動作，則以雷射筆投射到正確的巧拼板上，給與學生視覺上的線索提示。

步驟五：第一位示範同學示範站在起點，將照片往方格 1 丟擲，依序跳完 2 至 6 格，轉身跳回數字 2，彎腰拿起自己的照片，跳回起點，繼續往第 2 格丟擲，若沒有丟進正確的格子內，教學者輔以口語、雷射筆提示，表示沒丟進去要暫停遊戲一次，回到隊伍中輪流等待。第二位示範同學接續進行跳房子遊戲，讓學生再次觀察遊戲規則與方法。

步驟六：指派一位示範同學在學生旁邊全程協助，學生依序丟擲與跳躍之後，皆由示範同學先跳一次讓學生跟著模仿動作，接著學生實際練習玩跳房子遊戲。

步驟七：逐漸褪除示範同學的肢體、口語協助，教學者觀察學生狀況，若無法做出反應，適當給與提示讓遊戲順利進行。

步驟八：加入三位示範同學一起玩，褪除示範同學的協助，由學生獨自遊戲，教學者設計將學生排在第三個，可觀察示範同學的玩法和適應遊戲規則，教學者適時給與口頭稱讚、拍手鼓勵和提示。

階段三：實際練習

準備活動

將遊戲圖卡貼在白板上，糖果貼紙放置天空格內，巧拼板依序排列在地板上（圖四），小朋友手中拿著自己的照片準備開始進行遊戲。

步驟一：依照學生功能以猜拳或抽球決定遊戲順序，並在照片右上角黏貼輪流順序的數字（圖三），作為依序輪流的視覺線索。

步驟二：實際進行一回跳房子的遊戲，教學者適當給與口語、肢體和雷

射筆提示。

步驟三：能將天空中的糖果卡片拿回的小朋友，獲得糖果一顆並先行休息，幫尚未完成遊戲的小朋友加油鼓勵，直到大家都完成遊戲。

步驟四：教學者依據學生表現給與適當的口頭稱讚、拍手鼓勵與糖果增強，將觀察所見給與學生回饋，再次教導遊戲須注意的規則。

步驟五：腳印、順序數字逐漸縮小，待學生熟悉遊戲方法和規則後，逐漸褪除所有的視覺線索，教學者和示範同學以口語提示學生進行遊戲。

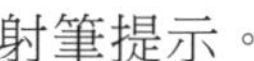

附圖說明

圖一：單雙腳跳躍

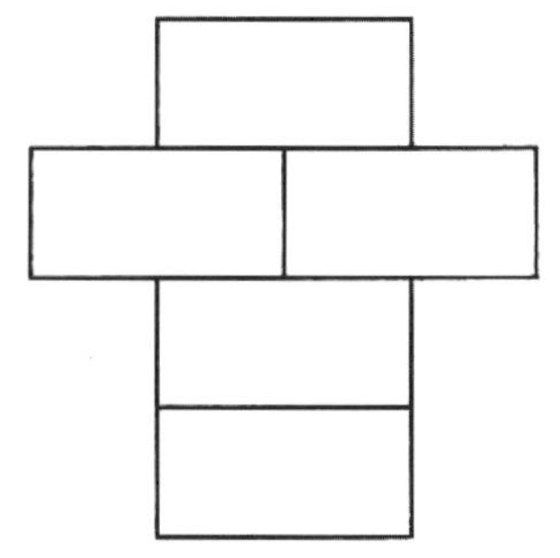

圖二：丟擲練習

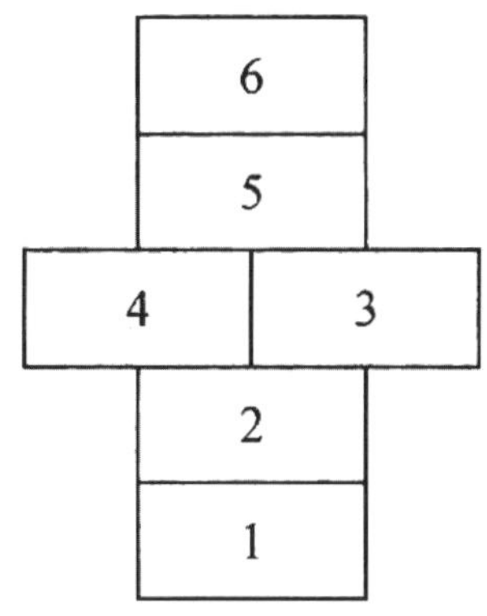

圖三：照片（加上輪流順序）

圖四：跳房子圖

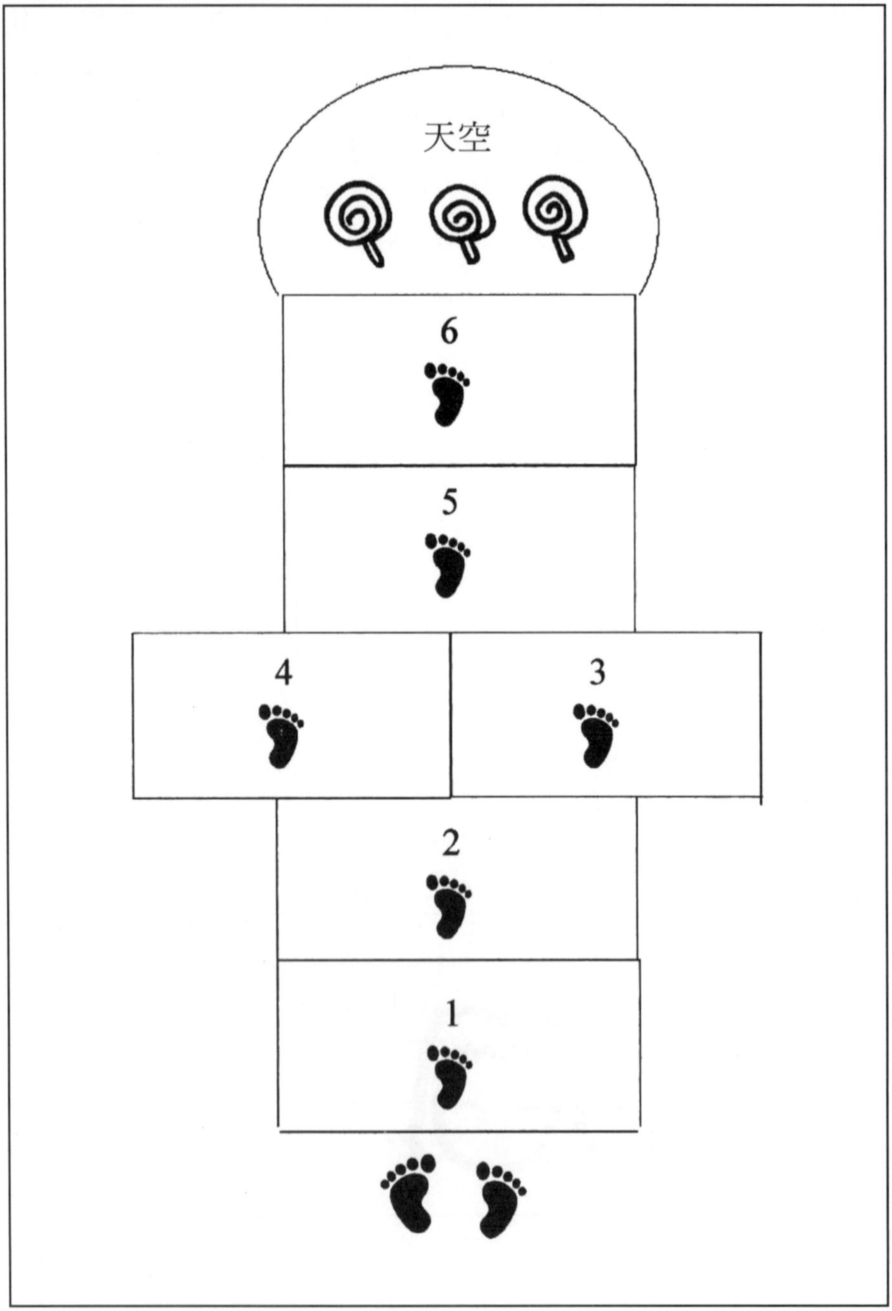

單元主題 38：遊戲～撲克牌抓鬼

賴盈如

理論基礎

缺乏社交互動是自閉症者的障礙之一，對同儕間的遊戲不感興趣、不理解抽象的遊戲規則，而減少了參與遊戲的機會。教導自閉症者學習受大眾歡迎的撲克牌遊戲，能訓練觀察力及反應動作，增進提升人際關係和同儕的互動。

教學目標

㈠會玩撲克牌抓鬼的遊戲。
㈡能享受遊戲的快樂。
㈢能融入同儕的遊戲活動。

適用對象

中、高功能自閉症者（幼稚園至國小階段）。

先備能力

㈠有基本認知能力。
㈡肢體動作協調正常。
㈢基本的聽覺理解能力。
㈣會輪流等待。

教學材料

特製撲克牌、貼紙、增強系統（印章、集點卡、萬用卡）。

教學策略

㈠示範：由教學者、示範同學先教導與示範正確遊戲方法。

㈡提示：

1. 方式：適當給與口語、肢體、手勢提示。
2. 次數：依據學生能力與學習狀況，增減提示的次數，並逐漸褪除提示。

㈢視覺線索：待學生熟稔遊戲規則與方法後，逐漸褪除視覺提示。

1. 輪流順序、放牌方框標示於桌面。
2. 數字、數量的對應與認讀。
3. 整理撲克牌時利用綠點來對應。

㈣增強：

1. 口頭：「好棒」、「好厲害」。
2. 手勢：拍手鼓勵。
3. 增強系統：結束一回撲克牌遊戲者，可蓋一格印章作為增強，累積十格印章，可換取一張萬用卡。

㈤類化：

1. 人物類化：能與手足、小朋友玩撲克牌的遊戲。
2. 遊戲類化：能玩正常的撲克牌遊戲（減少花色的混淆，先用單色或單一符號做實際練習，再逐漸加入不同的花色）。

教學步驟

階段一：說明遊戲規則

準備活動

輪流順序、放牌位置標示於桌面。

步驟一：以猜拳或抽籤的方式決定輪流順序，並依序坐在位置上。
步驟二：由第一位小朋友依照順序輪流發牌。
步驟三：由第一位小朋友依序輪流放牌。
步驟四：看到鬼牌出現，大家立即將手蓋到鬼牌上，蓋牌最慢、最上面的小朋友則輸了此回比賽。
步驟五：由輸的小朋友收拾桌面上的牌，拿給第一位小朋友依序再發一

次牌，重複步驟三到四的動作，重複進行遊戲。

階段二：教導遊戲方法

認識撲克牌→蓋鬼牌→辨識空白牌→鬼牌→認識數字牌→辨識數字牌→鬼牌→坐定輪流順序→發牌→開始遊戲→增強。

準備活動

將撲克牌的輪流規則以視覺提示的方法黏貼於桌面上（圖一）。

步驟一：介紹特殊卡片名稱是撲克牌、撲克牌中有鬼的圖案是鬼牌（圖二）。

步驟二：蓋鬼牌。

㈠先請示範同學做出正確動作讓學生模仿，再由示範同學退至學生身後，用五指抓握的方式（圖三），以肢體協助學生進行蓋鬼牌的動作。

㈡示範同學褪除肢體協助，改以口語提示學生蓋牌，減少提示的次數，於適當時間給與口頭增強，直到學生能獨立完成蓋鬼牌的動作。

步驟三：辨識空白牌→鬼牌。

㈠教學者將幾張空白撲克牌攙雜在鬼牌中。

㈡教導學生辨識鬼牌才可以蓋牌，空白牌不做蓋牌動作，先請示範同學做出正確動作讓學生模仿，再到學生身後給與手勢和口語的提示，並逐漸延長提示的時間，最後褪除所有提示。

步驟四：將空白的撲克牌更換為有數字及數量提示的撲克牌（圖四），教學者教導學生認讀卡片數字，尚無數字概念的學生，由示範同學以口語提示學生依循視覺線索數數。

步驟五：將數字撲克牌和鬼牌混合在一起，教導學生辨識鬼牌與數字牌，看到指定的鬼牌才能做出蓋牌動作，先請示範同學做出正確動作讓學生模仿，再到學生身後給與手勢和口語的提示，最後褪除所有提示。

步驟六：示範同學和學生共四人一起參與遊戲，經由猜拳或抽籤的方式決定輪流順序，並坐在指定的位置上，直到下一次更換輪流順序。

步驟七：發牌。

㈠由坐在第一位的小朋友發給大家撲克牌，示範同學以慢動作發牌給大家，依照輪流順序口中喊出：「1，2，3，4，1，2，3，4……」的發牌順序。

㈡若學生湊巧為第一位，由教學者坐至學生身後給與肢體發牌的協助，口語提示學生唸出發牌順序：「1，2，3，4，1，2，3，4……」聽覺線索可作為提示自己的聲音刺激。

㈢撲克牌發完後，教導學生將牌面上的圓點對齊，即完成整理工作（圖五），遊戲進行中教學者給與適當的口頭稱讚、拍手鼓勵。

步驟八：練習玩。

㈠由第一位開始進行遊戲，將手中最上面撲克牌放在方框內（圖六），其他人依序輪流將撲克牌疊上去。

㈡若學生尚不清楚輪流的觀念，教學者設計「放牌卡」（圖七），提示學生放牌的時機，當「放牌卡」在面前時，就要放一張牌，然後把「放牌卡」移給下一位小朋友以提示放牌動作。

㈢遊戲直到鬼牌出現，大家將手蓋住鬼牌，誰的手在最上面，即輸了此回遊戲，負責整理所有的撲克牌，再交給第一位小朋友。

㈣教學者在學生身旁給與適當的口語提示，並逐漸拉長提示時間，若學生超過 3 秒鐘尚未做出正確反應，才給與手勢的提示，待學生熟悉遊戲規則後，逐漸褪除所有的提示。

步驟九：結束一回遊戲後，以蓋印章作為增強，動作最慢蓋到鬼牌者為輸家，則不能蓋印章，其餘小朋友皆能在集點卡上累積一格印章。

階段三：實際練習

準備活動

將增強系統張貼於活動白板上。

步驟一：告知遊戲內容，選拔盟主爭奪戰，選出最會玩撲克牌的小朋友。
步驟二：以猜拳或抽籤的方式決定輪流順序，並依序坐在指定位置遊戲。
步驟三：實際進行爭奪戰遊戲，累積個人的印章數，最多者為盟主，接受大家的拍手鼓勵，並獲得萬用卡一份。

階段四：遊戲類化

準備活動

撲克牌一份。

步驟一：教學者將特殊設計的撲克牌褪除，逐漸使用一般撲克牌的花色（圖八），先試用一種花色和鬼牌，協助學生認識數字和數數，教導用相同的遊戲規則與方式再玩一回，先由一位示範同學在身後給與口語提示，並逐漸減少提示次數，最後褪除所有提示。
步驟二：學生能練習用正常撲克牌玩法後，再逐漸加入第二種花色，如同步驟一協助認識，再實際練習玩一回。
步驟三：增加撲克牌的張數，適應長時間玩遊戲，訓練專注力、觀察力，並逐漸適應一般正常遊戲的規則與方法。

附圖說明

圖一：輪流順序	圖二：鬼牌
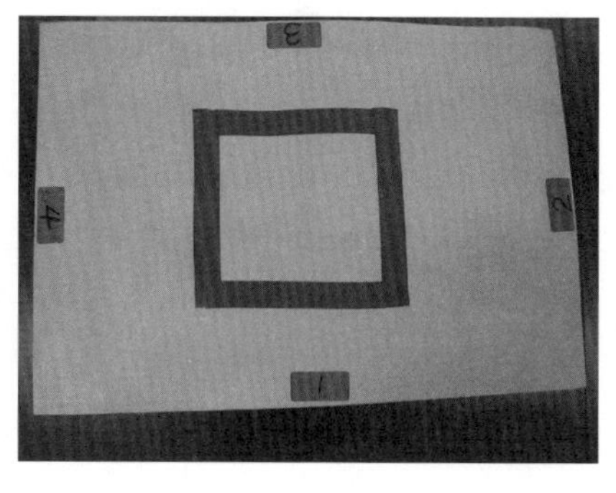	

圖三：五指抓握 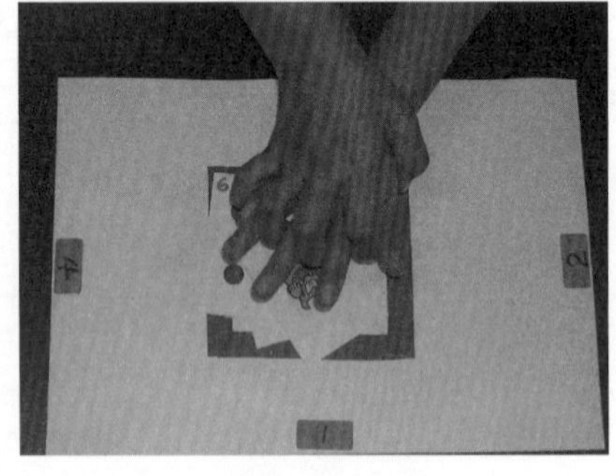	圖四：特製撲克牌 
圖五：撲克牌背面圓點對齊 	圖六：撲克牌放入方框中 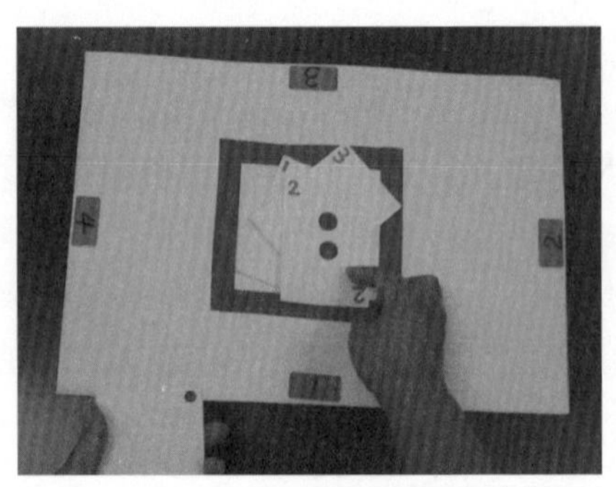
圖七：放牌卡 	圖八：撲克牌花色 

單元主題 39：遊戲～烏龜烏龜翹

賴盈如

理論基礎

社交互動困難是自閉症者的主要特徵之一，因為對同儕之間的遊戲不感興趣、不理解繁複的遊戲規則，而減少了參與遊戲的機會。教導孩童間受歡迎的遊戲，能融入同儕團體，訓練協調力與反應動作，更能提升社交互動的技能。

教學目標

㈠會玩烏龜烏龜翹。
㈡能享受遊戲的樂趣。
㈢能融入同儕的遊戲活動。

適用對象

高功能自閉症者（國小至國中階段）。

先備能力

㈠基本聽覺理解能力。
㈡有口語能力。
㈢會猜拳辨認勝負。
㈣會對應相同的顏色、數字。
㈤會輪流等待。

教學材料

色球、顏色卡、增強系統（烏龜貼紙、增強板）、圖卡。

教學策略

㈠示範：請示範同學先做正確動作讓學生模仿。

㈡提示：

1. 方式：適當給與口語、肢體提示、圖卡提示。
2. 次數：依據學生能力與學習狀況，增減提示的次數，並逐漸褪除提示。

㈢視覺線索：辨識對方是否跟自己做出一樣的動作，以顏色為對應之視覺線索，待學生熟稔遊戲規則後，逐漸褪除顏色對應之視覺線索。

㈣增強：

1. 口頭：「做對了」、「很棒」。
2. 手勢：拍手鼓勵。
3. 增強系統：能夠正確完成動作並獲勝者，給與一張烏龜圖卡，累積十張烏龜圖卡，可換取烏龜貼紙。

㈤遊戲類化：能以相同的規則與方法玩「手指」烏龜烏龜翹的遊戲。

教學步驟

階段一：說明遊戲規則

兩位小朋友面對面遊戲，猜拳贏者或抽到紅球者（不會猜拳的學生改用抽球方式）開始遊戲，贏者喊：「烏龜烏龜翹。」喊完兩人一起做動作，贏者辨識對方是否跟自己做出一樣的動作，翹起相同動作則獲勝，說出：「我贏了。」並獲得一張烏龜圖卡，若是動作不同則換另一人開始喊烏龜烏龜翹（若學生不懂輪流的順序，可以懸掛烏龜卡在頸部，拿到才可以喊遊戲口訣），一直到有人先獲勝為止。

階段二：教導遊戲方法

準備活動

在小朋友的手腳套上顏色圖卡（圖一），作為對應之視覺線索。

步驟一：學生練習口訣與動作的配合，喊完烏龜烏龜翹再做動作，教學者給與學生口語及肢體協助，先練習左右兩手的肢體動作（綠色和紅色），學生了解口訣與動作的配合之後，再加上雙腳（黃色和藍色），學生熟悉遊戲口訣與動作之後，褪除肢體提示，適當給與口語、圖卡提示，並適時口語稱讚學生的好表現。

步驟二：請兩位示範同學緩慢進行烏龜烏龜翹的遊戲，做出連續動作讓學生學習遊戲方法；教學者輔以講如何開始遊戲、如何對應相同的動作、如何分辨勝負、如何輪流進行等遊戲規則。

步驟三：學生站在示範同學左後方模仿其動作，教學者給與肢體協助，提示學生跟著喊口訣和模仿動作。

步驟四：示範同學後退至學生身後，手掌抓握住學生的手，作為發聲者並引導做出動作，以口語和肢體動作協助學生進行烏龜烏龜翹的遊戲。

步驟五：示範同學逐漸褪除口語及肢體的協助，改以手勢提示學生進行下一個動作。

步驟六：學生獨立與示範同學進行烏龜烏龜翹的遊戲，教學者輔以適當的口語、肢體、圖卡的提示，依學習程度逐漸褪除提示，直到學生可以獨立進行並完成遊戲為止。

階段三：實際練習

準備活動

將增強系統貼在活動白板上。

步驟一：每個人將自己的名字或照片放進籤桶內，依序上台抽籤決定對戰組合。

步驟二：按照組合順序上台挑戰，教學者適當給與口語、肢體提示，以及口頭稱讚、拍手鼓勵，贏者獲得烏龜貼紙一張。

步驟三：教學者給與演練回饋，再次教導遊戲進行須注意的內容。

步驟四：教學者鼓勵學生找小朋友一起玩遊戲，練習表達邀請遊戲的語句，複習玩烏龜烏龜翹的遊戲規則和方法，適當給與學生口頭稱讚、拍手鼓勵，實際使用增強系統。

附圖說明

圖一：烏龜烏龜翹顏色圖卡與動作

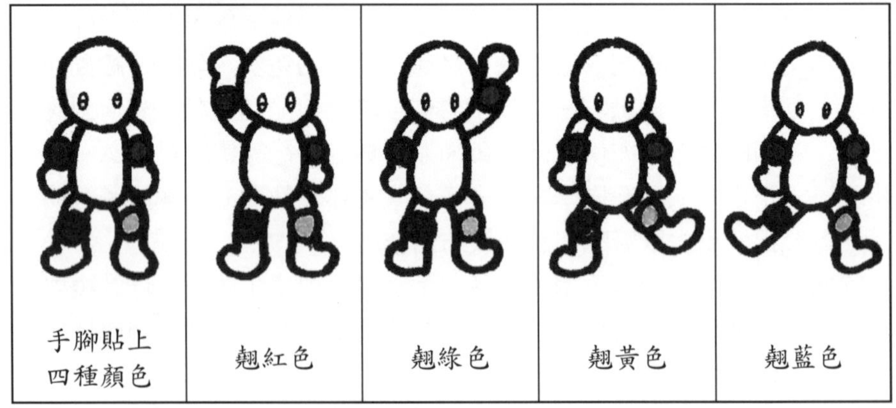

單元主題 40：遊戲～井字遊戲

賴盈如

理論基礎

社交互動困難是自閉症者的主要特徵之一，對於同儕間的遊戲不感興趣，不理解遊戲方式，有遵循遊戲規則的困難，而降低了參與遊戲的意願。教導玩益智遊戲，能訓練思考能力，也增加與同儕的互動機會。

教學目標

㈠會玩井字遊戲。
㈡能享受遊戲的樂趣。
㈢能融入同儕的遊戲活動。

適用對象

高功能自閉症者（國小至國中階段）。

先備能力

㈠基本聽覺理解能力。
㈡有口語能力。
㈢會對應相同顏色或符號。
㈣具有簡單的邏輯思考概念。

教學材料

凹陷棋格、紅綠圓球、連線棒、錄音機、增強系統（圓點貼紙、戳戳樂）。

教學策略

㈠示範：由示範同學做示範讓學生學習與模仿。

㈡提示：

1. 方式：適當給與口語、手勢提示。
2. 次數：依據學生能力與學習狀況，增減提示的次數，並逐漸褪除提示。

㈢增強：

1. 口頭：「你贏了」、「好厲害呀」。
2. 手勢：拍手鼓勵、伸手豎起大拇指表示好棒。
3. 增強系統：獲勝者給與兩張圓點貼紙，平手則一人獲得一張圓點貼紙，累積滿十張可以玩一次戳戳樂。

㈣聽覺線索：剛開始學習井字遊戲規則時，教學者將遊戲提示句錄音，作為提示學生的聽覺線索與刺激，待學生逐漸熟稔遊戲規則與能自我提示之後，再逐漸褪除提示句錄音的聽覺線索。

㈤視覺線索：凹陷棋格、連線棒、圓點作為剛開始學習時的視覺線索，待學生熟稔遊戲方法後，再逐漸褪除視覺線索。

㈥類化：

1. 人物類化：能邀請老師、家人和小朋友玩井字遊戲。
2. 遊戲類化：能玩紙筆式的井字遊戲、能玩九宮格賓果遊戲（圖五）。

教學步驟

階段一：說明遊戲規則

準備活動→

凹陷棋格放置於中央（圖一），準備兩組球（紅色與綠色）與連線棒（紅色與綠色），將錄音機放置桌子旁。

步驟一：以猜拳或抽球方式決定遊戲順序，贏者先選擇代表自己的顏色，將籃子拿到面前，並優先放第一顆。

步驟二：當發現同一直線都是自己的顏色，先將連線棒置於棋格上檢查，說出：「我連成一條線了。」連線成功即是優勝者，並結束一回遊戲。

步驟三：收拾凹陷棋格內的色球。

步驟四：繼續重複步驟一到三遊戲的動作，直到遊戲結束為止。

階段二：教導遊戲方法

找尋三個連線→決定順序→輪流放球→錄音機聽覺提示→放球→收拾色球。

步驟一：找尋三個連線。

㈠將棋格內的色球預先放好，教導學生三個連成一條線（圖二），先請示範同學使用連線條指出連成一線的紅色，並說出：「紅紅紅一條線。」

㈡換成學生練習，示範同學給與適當的肢體提示，口語提示說：「紅紅紅在哪裡？」

㈢將棋格的連線球變更為綠色，先由示範同學使用連線條指出連成一線的綠色，並說出：「綠綠綠一條線。」示範同學給與適當的肢體提示，口語提示說：「綠綠綠在哪裡？」多次練習中，示範同學逐漸褪除提示次數。

㈣學生能答對連線位置，教學者和示範同學適當給與口語、手勢增強，稱讚良好的表現。

㈤直到學生能夠獨立指出連線的顏色即停止此教學步驟。

步驟二：決定順序。

㈠以猜拳或抽球方式決定遊戲順序，猜拳贏者先選擇代表自己的顏色，優先放第一顆。

㈡不會猜拳的學生，藉由抽球決定先後順序，抽中綠球者則優先放第一顆。

步驟三：練習輪流依序放球。

㈠暫時不教導連線概念，練習輪流放球的規矩。

㈡示範同學給與口語提示說：「換我。」若學生無法了解代名詞「你、我、他」的概念，則用物品交換的方式（例如：娃娃、球），拿到物品才可以放球。

步驟四：錄音機聽覺提示＋放球。

㈠輪到學生放球時，教學者按下收音機預先錄製的提示句：1. 放在哪可以連成一條線；2. 擋住別人連成一條線。

㈡每個人的第一球例外，可任意放入喜歡的格子內，提示學生放中間，獲勝機率較高，若學生不理解中間的意思，先在棋格內貼上圓點做記號（圖三），之後再褪除視覺線索，剛開始聽完提示句才能放球。

㈢每次進行皆播放提示句，多次後教學者將錄音機音量逐漸降低，引導學生接續說出提示句，逐漸褪除錄音機提示，類化成遊戲時的學生能自我提示，最後褪除聽覺提示。

步驟五：收拾色球。

㈠教導遊戲結束收拾凹陷棋格內的色球，拿回自己的顏色球，放在籃子中，收拾方式可分開收拾（圖四）或同時間一起收拾。

㈡先請示範同學做出正確動作，給與學生模仿，再實際練習。

階段三：實際練習

準備活動→

將增強系統貼在活動白板上。

步驟一：由兩位示範同學先玩井字遊戲，讓學生在一旁觀察，教學者在遊戲過程中，適時請示範同學暫停動作，以便再次講解遊戲規則。

步驟二：請一位示範同學與學生實際進行五回井字遊戲，贏者給與圓點貼紙一張，並事先暗示同學不露痕跡地輸一回，給與學生連線成功的經驗，並適當給與口語、手勢增強，稱讚學生的優秀表現。由教學者當學生的小天使給與口語和手勢提示，示範同學在旁邊觀察如何協助學生進行遊戲，學習提示用語和協助的方式，教學者逐漸褪除協助的時間，給與學生有較多機會自己進

行遊戲。

步驟三：由小朋友和學生實際進行五回井字遊戲，由另一位示範同學當學生的小天使，並事先暗示小朋友至少不漏痕跡輸一回，給與學生連線成功的經驗，適當給與口語、手勢增強，稱讚學生的聰明表現。示範同學給與適當的口語和手勢提示，並逐漸褪除提示的次數。

步驟四：由示範同學和學生實際進行五回井字遊戲，由學生獨自進行井字遊戲，若學生尚未反應正確動作，教學者播放提示句做聽覺提示或以手勢提示。

步驟五：兩兩一對，以抽籤決定對戰組合，每組時間為 3 分鐘，時間到互換組合，贏者可得兩張圓點貼紙，平手一人一張貼紙，輸者則無法獲得貼紙。

步驟六：遊戲結束後累計個人的圓點貼紙，累積十張即可玩戳戳樂一次，獎勵結束後，鼓勵學生在下課時邀請小朋友、回家後找家人一起玩井字遊戲。

步驟七：學生邏輯推理能力較佳者，能類化此能力為紙筆式的井字遊戲，或者是九宮格賓果遊戲（格子內填寫 1 到 9 的數字）的進階練習。

附圖說明

圖一：井字遊戲材料	圖二：使用連線棒

圖三：凹陷棋格

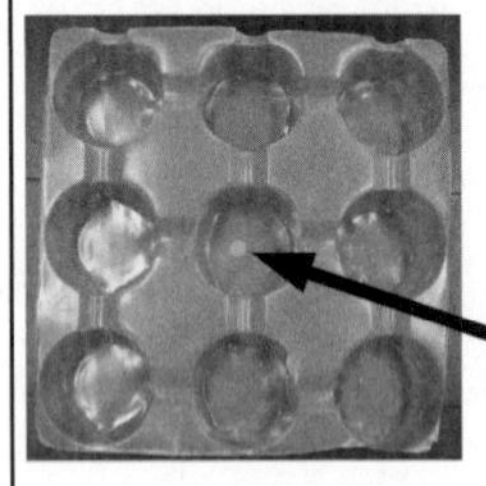

中間貼圓點，作為視覺線索

圖四：收拾色球

綠色先收

紅色再收

圖五

紙筆井字遊戲

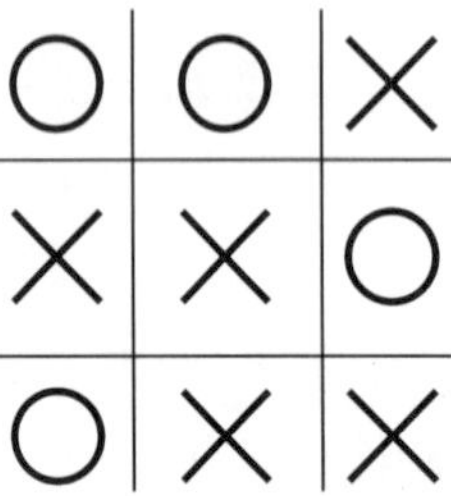

九宮格賓果遊戲

1	3	7
8	5	6
9	2	4

單元主題 41：邀請他人玩桌上玩具

賴盈如

理論基礎

社交互動困難是自閉症者的主要特徵之一，自閉症者不善與人互動，喜歡獨自遊戲，難以融入團體活動。教導遊戲的社交技能，能提升良好人際關係，也增進同儕之間的互動。

教學目標

㈠能禮貌地邀請別人一起玩。

㈡能享受遊戲時的歡樂。

㈢能與他人分享物品。

適用對象

高功能自閉症者（幼稚園至國小階段）。

先備能力

㈠基本聽覺、理解、溝通能力。

㈡具有低年級識字、閱讀與理解能力。

㈢會分辨好與不好的意思。

教學材料

社會故事、教學步驟圖卡、猴子打香蕉遊戲組、增強系統（香蕉糖果）。

教學策略

㈠示範：此單元為小團體教學，學生與示範同學人數比例為 1：3，教

學步驟由教學者先行示範，再請示範同學做正確動作給與模仿。

㈡提示：

1. 方式：適當給與口語、手勢和圖片提示。
2. 次數：依據學生能力與學習狀況，增減提示的次數，並逐漸褪除提示。

㈢增強：

1. 口頭：「答對了」、「你真棒」。
2. 手勢：愛的鼓勵、拍手。
3. 增強：實際演練能達到目標者可以玩打香蕉遊戲作為增強，打完香蕉，計算每人打到的香蕉數量，累積最多者給與香蕉糖果作為增強。

㈣社會故事：以敘述、引導句型將邀請他人玩的社交步驟與技巧融入社會故事之中。

㈤類化：能將此社交技能類化到其他玩具與遊戲情境之中。

教學步驟

階段一：教導學生唸讀與理解社會故事

步驟一：教學者教導學生唸讀內容，將不懂的國字加上注音或意思解釋，對於不懂的字句則加以簡單說明（符號或是簡圖）。

步驟二：以圖文講解加上動作示範，逐句教導動作技巧和臉部表情。

步驟三：將社會故事內容以舉○牌、╳牌的方式提供搶答。適當給與手勢的鼓勵與提示，提示次數依據學生對教材的熟悉度做調整。

> ✪一個人很無聊，可以找別人一起玩。
>
> ✪可以找認識的同學一起玩。
>
> ✪想找他一起玩，就跑去拉拉他。
>
> ✪要等他的眼睛也看到我，才能跟他說話。
>
> ✪要笑笑地跟他說話。
>
> ✪他說：「好。」就是我可以跟他一起玩。

步驟四：將社會故事內容改編成可以搶答的方式。適當給與口語、手勢的鼓勵與提示，根據學生對教材熟悉度逐漸減少提示的次數。

- ▣為什麼要找別人一起玩？
- ▣可以找誰一起玩？
- ▣想找他一起玩，應該要怎麼做？
- ▣跟他說話的時候，為什麼要看著他？
- ▣要說什麼話來邀請他一起玩？
- ▣他說什麼的時候，可以跟他一起玩？

階段二：情境類化

準備活動

挑選適合三人以上一起遊戲的玩具（圖一），也可以玩釣魚、積木疊疊樂等玩具。教學者安排學生坐在小朋友中間，以增進互動機會。

步驟一：教學者使用圖卡講解邀請的步驟（圖二）。

步驟二：教學者實際示範正確邀請方式，並輔以口語說明。

步驟三：請示範同學示範邀請的步驟，教學者給與回饋和適當的鼓勵。

步驟四：由學生實際練習，示範同學給與演練回饋和適當的鼓勵。

步驟五：實際演練達到目標者給與玩打香蕉遊戲作為增強，打完香蕉，計算每人打到的香蕉數量，累積最多者可以拿到香蕉糖果。

附圖說明

圖一：打香蕉遊戲玩具

圖二：教學步驟圖卡

動作一	動作二
 找到同學	  走到前面
動作三	動作四
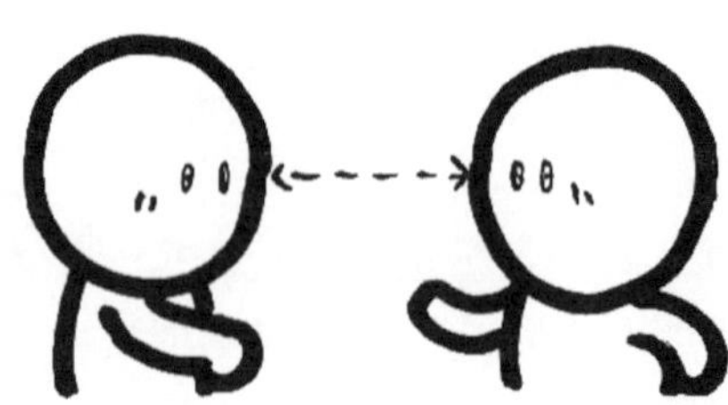 他看到我 我的眼睛看他	你要不要一起玩？  嘴巴笑笑地說 你要不要一起玩？
動作五	動作六
 等待「好」的回答	 一起玩

邀請他人玩遊戲～社會故事

一個人玩好無聊，

找認識的小朋友一起玩。

走到他的前面，

他沒有看見我，

我要安靜等待，

等到他的眼睛看著我，

嘴巴笑笑的，眼睛看他

說：「你要不要一起玩？」

他說：「好。」

我就可以跟他一起玩了。

單元主題 42：情緒控制

塗秋薇

理論基礎

應用認知行為學派的自我控制理論，訓練自閉症者自我控制情緒。自閉症者對於不預期事件所引發的情緒較無法控制，故藉由視覺線索及自我提示的學習，可減少不適當的情緒反應或縮短不當反應時間。

教學目標

㈠能在引導下放鬆自己的情緒。
㈡能說出自己及他人的情緒。
㈢能養成樂觀進取的態度。

適用對象

中、高功能自閉症者（幼稚園至高中階段）。

先備能力

能夠辨識基本喜、怒、哀、樂四種情緒。

教學材料

錄影機、錄影帶、句詞卡、自我指導短文、有情境的連環照片、工作序列卡、小白板。

教學策略

㈠示範：教學者先示範，再請能力佳的同學示範。
㈡提示：

1. 方式：口語、肢體動作、工作序列卡、故事短文。

2. 次數：依學生學習狀況，減少提示的次數與內容，並慢慢褪除。

㈢增強：增強系統、社會性增強。

1. 教學情境：當學生能做出教學者指示的動作或回應，立即給與獎勵貼紙，並同時給與社會性增強（如：你好棒！你會……）。
2. 一般情境：當學生能在提示下或獨自做出放鬆運動，立即給與社會性增強（如：好棒！你會……）。

㈣隔離：此策略只在學生無法控制情緒時暫時使用。

1. 地點：在教室角落設置安靜角，懸掛小白板，並將工作序列卡及短文教材放置在白板上。
2. 時機：當學生有情緒、無法自我控制時，立即帶至角落，引導學生依提示冷靜下來。
3. 時間：學生情緒達到控制，立即帶離。

㈤類化教學：當學生能做出放鬆運動後，指導學生將技巧應用在不同的情緒發生情境上（如：難過時、緊張時、不舒服時）。

教學步驟

準備活動

觀察學生教室活動情形，將常會引起學生負向情緒的情境加以記錄，拍攝成影帶或照片作為情境教材。

階段一：能說出自己的情緒

步驟一：㈠播放學生及其他同學生氣時所拍攝的影片。

㈡拿示範同學生氣的照片，教學者問示範同學：「這是誰？」「怎麼了？」

㈢若示範同學做出正確的回應，說「我在生氣！」立即給與增強。

步驟二：㈠拿學生生氣的照片，教學者問學生：「這是誰？怎麼了？」

㈡時間延宕 3 秒鐘，觀察學生是否有反應。

步驟三：㈠若學生做出正確的回應，說：「我在生氣！」教學者立即給

與增強。

㈡若學生無法做出正確的回應：

1. 教學者將學生生氣的表情定格，引導學生由臉部表情特徵，說出情緒。
2. 協助者在學生身後，用耳語給與口語協助，說：「我在生氣！」學生仿說：「我在生氣！」

階段二：能說出自己生氣的原因

步驟一：㈠教學者問示範同學：「為什麼生氣？」
㈡示範同學回答：「因為……所以他生氣了。」
㈢立即給與示範同學獎勵貼紙，並說：「好棒！你說出他生氣的原因。」

步驟二：㈠教學者問學生：「為什麼生氣？」
㈡時間延宕 3 秒鐘，觀察學生是否有反應。
㈢若學生做出正確的回應，教學者給與學生獎勵貼紙，並說：「好棒！你說出生氣的原因。」「因為……所以你生氣了。」
㈣若學生無法做出正確的回應：

1. 協助者在學生身後，用耳語給與口語協助，說：「因為……所以我生氣了。」學生仿說：「因為……所以我生氣了。」
2. 利用句卡，引導學生再說一次（圖一）。

階段三：以故事短文指導控制情緒的方法

步驟一：教學者拿出教材，請學生讀出內容（圖二）。
步驟二：先請示範同學唸讀，再由學生唸讀。
步驟三：完成後，立即給與獎勵貼紙，並說：「好棒！」

階段四：利用工作序列卡，進行放鬆運動

步驟一：㈠利用工作序列卡（圖三），教學者利用卡片指導動作，由協

助者做示範，並以口語自我引導：「生氣了，我會告訴別人自己的感覺，從 1 數到 10，深呼吸三次，做一件自己喜歡的事，這樣比較好。」

㈡教學者問示範同學：「生氣了，可以怎麼做？」

㈢示範同學做一次。立即給與示範同學獎勵貼紙，並說：「好棒！你會這樣做。」

㈣利用工作序列卡，再強調一次。

步驟二：㈠教學者問學生：「生氣了，可以怎麼做？」

㈡時間延宕 3 秒鐘，觀察學生是否有反應。

㈢若學生做出正確的回應，教學者給與學生獎勵貼紙，並說：「好棒！」

㈣若學生無法做出正確的回應：

1. 利用工作序列卡，教學者在前依序做動作，請學生仿作。

2. 由協助者在學生身後，給與動作及口語協助，再做一次。

階段五：情境類化

在其他情境下，當情緒激動或情緒無法控制時，能進行放鬆運動。

附圖說明

圖一

圖二

有些人讓我感到生氣，

有些人讓我感到傷心，

（接下頁）

（續上頁）

有些環境讓我感到緊張，

這些東西都會讓我感到不舒服，

我會告訴我的好朋友或家人我的感覺。

然後大口呼吸三次，從 1 數到 10，

讓自己  舒服。

這樣做  很棒。

圖三

生氣了

說出自己的感覺（因為……所以……）

深呼吸三次

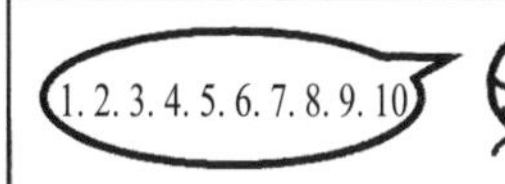

從 1 數到 10

單元主題43：放鬆情緒

塗秋薇

理論基礎

應用認知行為學派的自我控制理論，訓練自閉症者自我控制情緒。自閉症者對於不預期事件所引發的情緒較無法控制，故藉由視覺線索及自我提示的學習，可減少不適當的情緒反應或縮短不當反應時間。

教學目標

㈠能說出自己的情緒。
㈡能在提示下進行放鬆運動。

適用對象

低、中功能自閉症者（國小至高中階段）。

先備能力

㈠能使用圖卡。
㈡能聽簡單指令。
㈢能有模仿動作的能力。
㈣能辨認高興與生氣的圖片。

教學材料

圖卡、工作序列卡、小白板。

教學策略

㈠示範：請示範同學示範。
㈡提示：

1. 口語提示：教學者利用「放輕鬆」、「深呼吸」、「從 1 數到 10」等口語描述，提示學生進行放鬆運動。
2. 動作提示：教學者利用「深呼吸」（雙手畫大圓）、「從 1 數到 10」（手指數）的手勢或肢體協助給與學生提示。
3. 視覺提示：給與工作序列卡，提示學生依圖卡進行放鬆運動。

㈢增強：當學生反應正確時，給與增強鼓勵。

1. 實物增強：給與學生喜愛的物品如糖果、玩具。
2. 口頭增強：「好棒！」「好厲害唷！」

㈣隔離：此策略只在學生無法控制情緒時暫時使用。

1. 地點：在教室角落設置安靜角，懸掛小白板，並將工作序列卡及短文教材放置在白板上。
2. 時機：當學生有情緒、無法自我控制時，立即帶至角落，引導學生依提示冷靜下來。
3. 時間：學生情緒達到控制，立即帶離。

教學步驟

準備活動

㈠觀察學生教室活動情形，將常會引起學生負向情緒的情境加以記錄。

㈡拍攝學生生氣、難過或害怕等情緒的照片作為教材。

㈢教學時可依學生專注力，先採個別教學，待學生能力增加後，再採小組教學（一位自閉症兒童搭配一位能力較佳兒童），讓其模仿學習。

階段一：能辨識情緒

步驟一：描述表情的特徵。

㈠教學者在桌上擺放學生生氣及高興表情的照片。

㈡教學者描述生氣的表情特徵：「○○（學生）眉毛豎起來，嘴角向下」、「○○（學生）很生氣」。

㈢教學者描述高興的表情特徵：「○○（學生）嘴角向上，露出牙齒」、「○○（學生）很高興」。

步驟二：能聽指令拿起正確的表情照片。

㈠教學者在桌上擺放生氣及高興表情的照片。

㈡教學者說：「拿生氣的照片。」若學生做出正確的反應，立即給與增強。

㈢若學生無法做出正確的反應，則由協助者拿學生的手協助作答，教學者配合照片，再描述一次生氣的表情特徵。

步驟三：能聽指令拿起正確的表情圖卡。

㈠教學者在桌上擺放生氣及高興表情的圖卡（圖一）。

㈡教學者說：「拿生氣的圖卡。」若學生做出正確的反應，立即給與增強。

㈢若學生無法做出正確的反應，則由協助者拿學生的手協助作答，教學者配合圖卡，再描述一次生氣的表情特徵。

步驟四：能依情境拿起正確的表情圖卡。

㈠教學者在桌上擺放生氣及高興表情的圖卡。

㈡利用圖卡說明情境，教學者說：「他怎麼了？」若學生做出正確的反應，立即給與增強（圖二）。

㈢若學生無法做出正確的反應，則由協助者拿學生的手協助作答，教學者配合圖卡，強調：「不能看電視，很生氣」。

階段二：能進行放鬆運動

步驟一：利用工作序列卡，能進行放鬆運動。

㈠教學者示範（自我引導）：「生氣了，我可以大口呼吸三次，這樣比較好。」

㈡利用工作序列卡（圖三），教學者帶領學生進行活動：大口呼吸三次（雙手畫大圓），從 1 數到 10（雙手手指數數）。若學生反應正確，立即給與增強。

㈢若學生無法跟著教學者仿作活動，則由協助者給與肢體及口頭協助。

步驟二：能指出處理情緒的方式。

㈠利用工作序列卡，教學者示範（自我引導）：「生氣了，我

可以從 1 數到 10，大口呼吸三次，這樣比較好。」配合口語的提示，逐一拿起「大口呼吸三次」卡片進行活動，完成後貼在正確的位置上，再拿起「從 1 數到 10」卡片進行活動，完成後貼在正確的位置上，排出順序（圖四）。

㈡教學者問：「生氣，怎麼辦？」若學生做出正確、完整的反應（動作及卡片排列正確），即給與增強。

㈢若學生無法做出正確、完整的反應：

1. 若學生能完成動作或卡片排列其中一項，則給與提示，鼓勵其完成另一項。
2. 若學生兩項皆無法完成，則由協助者給與肢體與口頭協助，引導學生進行。

階段三：情境類化

在其他情境下，當情緒激動或情緒無法控制時，能進行放鬆運動。

假設情境

小明正在進行他喜愛的遊戲（排火車）。老師告知小明爸爸來接他回家了。小明因為想繼續玩遊戲，所以生氣了！小明大聲尖叫，不停的用手敲打自己的頭。

步驟一：帶離現場。拿「生氣」的圖卡，教學者解讀小明的情緒：「因為想玩遊戲，所以生氣了」。

步驟二：教學者口頭提示小明：「放輕鬆、不生氣」、「深呼吸三次」。

㈠若小明能做出深呼吸的動作（雙手畫圓），則立即給與口頭增強：「好棒！」並提示下一個動作。

㈡若小明情緒激動或情緒無法控制，無法進行放鬆運動，則先將小明帶離事件現場，暫時隔離於安靜角。給與小明工作序列卡，口頭提示其進行放鬆運動。

＊若小明無法自行依工作序列卡指示進行放鬆運動，則由協助者給與動作協助，引導小明進行活動。

附圖說明

圖一

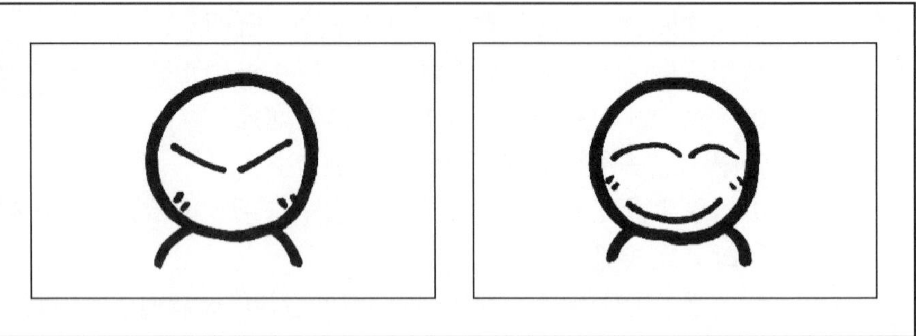

圖二

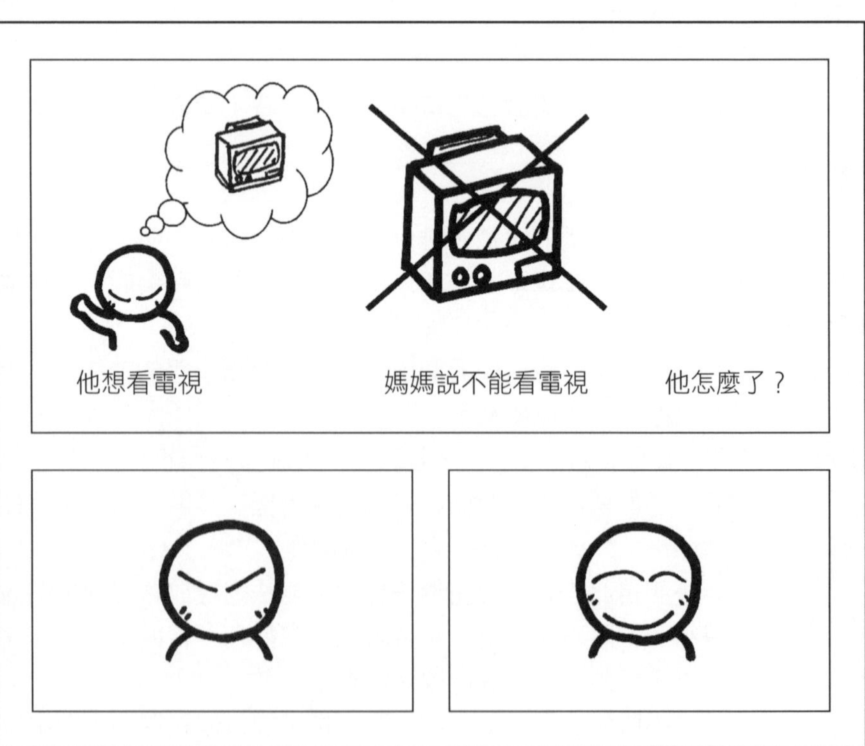

圖三

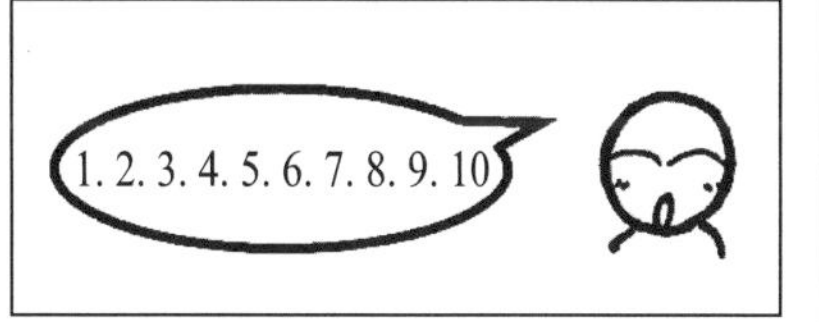

圖四

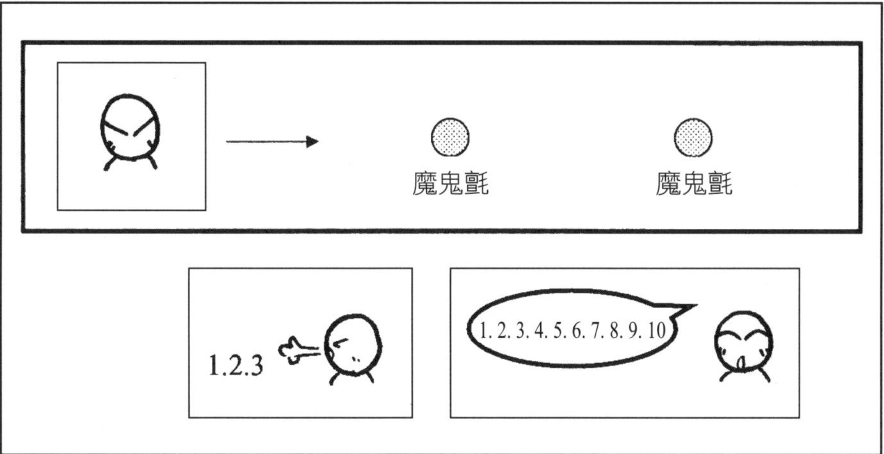

單元主題 44：認識及辨識高興的情緒

▶塗國欽◀

理論基礎

自閉症者社會能力不佳，除了溝通的技巧不足、不了解他人的想法之外，在情境中無法做適當的表達，都是造成與他人互動不佳的原因。本單元旨在教導自閉症者認識及辨識高興的情緒，以利增進了解他人情緒的能力。

教學目標

㈠能認識高興的情緒。
㈡能分辨高興的情緒。

適用對象

低、中、高功能自閉症者（幼稚園至國中階段）。

先備能力

㈠能看圖卡。
㈡能聽指令。
㈢能有指認圖卡的動作。
㈣能有模仿動作的能力。
㈤能分辨臉部五官，如眉毛、嘴巴。

教學材料

圖卡、工作序列卡、紙筆。

教學策略

㈠示範：請示範同學示範高興時的表情。

㈡提示：

1. 動作提示：

⑴教學者可利用「坐下來」（雙手向下壓）的手勢或肢體協助，給與學生提示，請學生坐好以方便進行教學。

⑵教學者可給與手勢或肢體的協助，提示學生指出高興的圖卡等。

2. 圖卡提示：給與圖卡，提示學生依圖卡畫出並做出高興的表情。

3. 口頭提示：教學者描述高興時的表情特徵，提示學生選擇高興的圖卡。

㈢增強：當學生正確反應時（如能正確選出高興的圖卡時），給與增強鼓勵。

1. 實物增強：適量給與學生喜愛的物品，如：糖果等。

2. 社會性增強：

⑴口頭：「好棒」、「讚」、「好厲害喔」等。

⑵手勢：比出大拇指表示好棒、摸摸學生的頭等。

教學步驟

準備活動

教學者準備情緒圖卡三到四張（包含高興圖卡）、紙筆，請學生在位子上坐好，將圖卡擺放在黑板或學生的桌子上。

階段一：教學者描述情境，請示範者做出高興的表情

步驟一：教學者描述先前遊戲時間的活動情境：「剛剛下課時，看到同學在玩球，大家都玩得很高興喔。」

步驟二：示範者示範高興的情緒表情。

㈠請示範者做出高興的情緒表情：「不知道剛剛玩球時，大家的心情是如何，我們請同學出來表演給大家看。」

㈡教學者引入課程主題：「哇，大家玩球玩得好高興！」「還有什麼事情會讓我們感到高興呢？今天我們要認識的情緒就是——高興。」

階段二：認識高興的情緒，並請學生依圖卡畫出高興的表情

步驟一：描述情境，認識情緒。

㈠教學者拿出遊戲情境的圖卡，描述情境：「哥哥在打球。」

㈡教學者描述圖片中人物的情緒：「哥哥在打球，心情很高興，他的嘴巴會向外張開並向上揚，有時會露出牙齒。」（圖一、圖五）

步驟二：看著圖卡描述高興表情的特徵。

㈠教學者描述圖片的情境，說明圖片中的人物是很高興的：「哥哥在打球，心情很高興。」

㈡教學者說明高興表情的特徵：「他的嘴巴會向外張開並向上揚，有時會露出牙齒。」

㈢教學者說明特徵時，讓學生依教學者的描述，沿著圖卡的線畫出嘴巴向外張開並上揚的圖。

㈣加入動作請學生一起做，以加深學生對表情特徵的印象，例如兩手在嘴巴的位置，從中間向外畫弧拉開，表示嘴巴向外張開並向上揚的意思。

補充說明：有口語仿說能力及能用簡單句表達的中、高功能自閉症者，教學者可引導回答問題，要求一同描述情境及在做動作時同時說出「高興」。

階段三：類化情境，能依其他情境圖卡表達高興的情緒

步驟一：說明圖片情境，教學者說明情境，如「哥哥在打球」（圖一至四）。

步驟二：做出動作，畫出表情。

㈠教學者詢問：「他的心情如何？」回答：「高興。」

㈡教學者說出「高興」時，請學生做出動作（階段二之步驟二－㈡）。

㈢做完動作後，請學生將表情特徵畫下。

㈣之後教學者說明特徵，請學生沿著線用手指再畫一次（階段二之步驟二－㈢）。

補充說明 1： 教學者可以問句方式，讓有口語仿說能力及能用簡單句表達的中、高功能自閉症者自行表達。

補充說明 2： 學生重複操作動作，待動作熟悉後，逐漸褪除動作提示及步驟二－㈡、㈢。

階段四：分辨情緒

步驟一：說明圖片情境，教學者說明情境「哥哥在打球」，流程如同階段三之步驟一。

步驟二：放入高興的情緒圖卡及另一張情緒圖卡做分辨，請學生回答問題。

㈠教學者詢問：「他的心情如何？」請學生回答，從兩張情緒圖卡中選出高興的圖卡（圖五、六）。

㈡在選取答案前，教學者可做出高興表情特徵的動作或描述特徵，提示學生作答。

㈢學生熟悉作答程序後，可適時的將兩張情緒圖卡調換位置，避免學生以圖卡位置作答，而非真正的了解。

補充說明 1： 教學者可用問句方式，讓有口語仿說能力及能用簡單句表達的中、高功能自閉症者自行表達。

補充說明 2： 提示以圖片答案為主，僅提示高興表情特徵，不描述其他表情，若先前有學過其他情緒表情特徵，再加以做特徵上的區別。

附圖說明

單元主題 45：表達高興的情緒

塗國欽

理論基礎

自閉症者社會能力不佳，除了溝通的技巧不足、不了解他人的想法之外，在情境中無法做適當的表達，都是造成與他人互動不佳的原因。本單元旨在教導自閉症者在適當情境內表達高興的情緒，以降低其利用不適當行為表達情緒的機會。

教學目標

㈠能分辨高興的情境。
㈡能依情境正確指出高興的情緒圖卡。
㈢能依情境正確做出高興的表情特徵。

適用對象

中、高功能自閉症者（幼稚園至國中階段）。

先備能力

㈠能看圖卡。
㈡能聽指令。
㈢能有指認圖卡的動作。
㈣能有模仿動作的能力。
㈤能分辨臉部五官，如嘴巴。
㈥能分辨及認識高興的表情。

教學材料

圖卡、學生高興時的照片、工作序列卡、鏡子。

教學策略

㈠示範：請示範同學示範高興時的表情。

㈡提示：

1. 動作提示：

⑴教學者可利用「坐下來」（雙手向下壓）的手勢或肢體協助，給與學生提示，請學生坐好以方便進行教學。

⑵教學者可給與手勢或肢體的協助，提示學生指出高興的圖卡等。

2. 圖卡提示：給與圖卡，提示學生依圖卡畫出並做出高興的表情。

3. 口頭提示：教學者描述高興時的表情特徵，提示學生選擇高興的圖卡。

㈢增強：當學生正確反應時（如能正確選出高興的圖卡時），給與增強鼓勵。

1. 實物增強：適量給與學生喜愛的物品，如：糖果等。

2. 社會性增強：

⑴口頭：「好棒」、「讚」、「好厲害喔」等。

⑵手勢：比出大拇指表示好棒、摸摸學生的頭等。

教學步驟

準備活動

教學者準備情緒圖卡數張（包含高興圖卡）及情境圖卡和鏡子，請學生在位子上坐好，將圖卡擺放在黑板或學生的桌子上。

階段一：教學者帶領小活動，請示範者做出高興的表情

步驟一：上課前，教學者帶領學生平常喜愛的小活動，如盪鞦韆、翻滾。

步驟二：示範者示範高興的情緒表情。

㈠請示範者做出高興的情緒表情：「剛剛在玩盪鞦韆時，大家的心情是如何，我們請同學出來表演給大家看。」

㈡教學者引入課程主題：「哇，大家玩得好高興！」我們請其

他同學跟我們一起分享他的心情。

階段二：請學生描述圖卡，並對著鏡子做出高興的表情

步驟一：學生描述情境圖卡，看著圖卡做出表情。

㈠教學者拿出情境圖卡，詢問學生剛剛在盪鞦韆時心情如何。

㈡教學者引導學生回答：「○○盪鞦韆很高興。」（補充說明1、2）（圖一、四）

步驟二：對著鏡子做出高興的表情特徵。

㈠教學者指著圖卡引導學生回答：「○○盪鞦韆很高興。」（補充說明2）

㈡教學者說明高興表情的特徵：「○○心情很高興，○○的嘴巴會向外張開並向上揚，有時會露出牙齒。」

㈢教學者說明特徵時，讓學生依教學者描述對著鏡子做出動作。兩手在嘴巴的位置，從中間向外畫弧拉開，表示嘴巴向外張開並向上揚的意思（補充說明2）。

㈣當學生對著鏡子做出高興表情的特徵，教學者立即說出「高興」，以增加學生的印象，若學生對著鏡子開懷的笑時，教學者應立即說明：「對，很好，這樣就是高興時的表情，嘴巴會向外張開並上揚，有時會露出牙齒。」

補充說明 1：無口語仿說能力的低功能自閉症者，教學者協助學生用手指著圖卡，由教學者描述，加深學生印象。

補充說明 2：有口語仿說能力及能用簡單句表達的中、高功能自閉症者，教學者可引導回答問題，要求一同描述情境及在做動作時同時說出「高興」。

階段三：分辨情緒，能從其他情緒圖卡中分辨出高興的情緒圖卡

步驟一：教學者說明圖片情境，「○○在盪鞦韆」，流程如同階段二之步驟一（補充說明3）。

步驟二：放入高興的情緒圖卡及另一張情緒圖卡做分辨，請學生回答問題。

㈠教學者詢問：「○○的心情如何？」請學生回答，從兩張情緒圖卡中選出高興的圖卡（圖四、五）。

㈡在選取答案前，教學者可做出高興表情特徵的動作或描述特徵，提示學生作答。

㈢學生熟悉作答程序後，可適時的將兩張情緒圖卡調換位置，避免學生以圖卡位置作答，而非真正的了解（補充說明4）。

補充說明3：教學者可用問句方式，讓有口語仿說能力及能用簡單句表達的中、高功能自閉症者自行表達。

補充說明4：教學者提示以圖片答案為主，僅提示高興的表情特徵，不描述其他表情。

階段四：類化情境

步驟一：說明圖片情境（教學者事先蒐集或拍攝學生高興時的表情）。

㈠教學者引述：「○○除了盪鞦韆會很高興外，我們來看看○○還有哪些時候心情會很——高興。」（補充說明 5）（圖二、三）

㈡教學者拿出拍攝學生的照片或影片說明情境，如：「○○在打球」。

㈢教學者可用問句方式，讓功能高、有簡單口語能力者自行表達。

步驟二：學生回答或做出表情特徵。

㈠教學者詢問：「○○的心情如何？」學生回答：「高興。」（補充說明6）

㈡教學者說出「高興」時，請學生做出動作（階段二之步驟二—㈡）。

㈢學生在重複操作，動作熟悉後，可逐漸褪除動作提示。

補充說明5：在說明中帶有「高興」字詞時，速度盡可能放慢，加強語調。

補充說明6：功能較高、有簡單口語能力者，可讓學生自行回答與仿說。

步驟三：實際情境演練。

㈠在課間或課餘時間，每當學生做完活動或遊戲時，教學者引

導學生表達情緒。

㈡方式 1：教學者描述：「○○在玩＃＃的時候，心情很高興。」請學生注意老師的描述，或依老師描述做出高興表情的特徵。

㈢方式 2：功能高者有簡單口語仿說能力者，教學者詢問學生：「○○在玩＃＃，○○的心情如何？」教學者帶著學生回答，學生嘗試以口語回答。

附圖説明

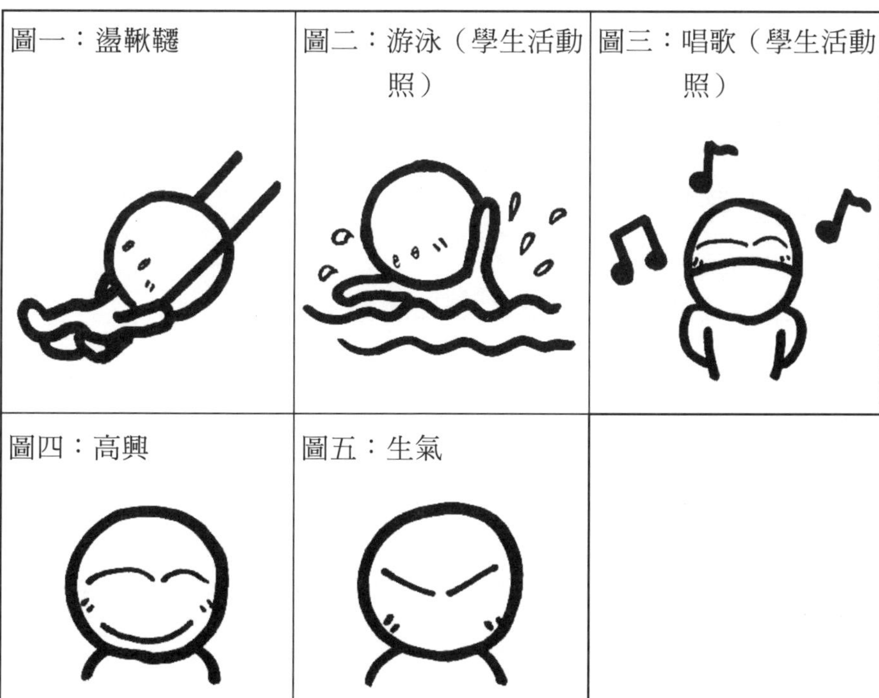

圖一：盪鞦韆

圖二：游泳（學生活動照）

圖三：唱歌（學生活動照）

圖四：高興

圖五：生氣

單元主題46：了解他人高興的情緒

塗國欽

理論基礎

自閉症者社會能力不佳，除了溝通的技巧不足、不了解他人的想法之外，在情境中無法做出適當的表達，都是造成與他人互動不佳的原因。本單元旨在教導自閉症者了解他人的高興情緒，以增進其設身處地為他人設想的能力。

教學目標

㈠能分辨高興的情緒特徵。
㈡能在情境中指出他人的情緒表現為高興。

適用對象

中、高功能自閉症者（幼稚園至國中階段）。

先備能力

㈠能有指認圖卡的能力。
㈡能有模仿動作的能力。
㈢能分辨臉部五官，如嘴巴。
㈣能認識與分辨高興的情緒。
㈤能在適當的情境表達高興的情緒。

教學材料

圖卡、工作序列卡。

教學策略

㈠示範：請示範同學示範高興時的表情。

㈡提示：

1. 動作提示：

⑴教學者可利用「坐下來」（雙手向下壓）的手勢或肢體協助，給與學生提示，請學生坐好以方便進行教學。

⑵教學者可給與手勢或肢體的協助，提示學生指出高興的圖卡等。

2. 圖卡提示：給與圖卡，提示學生依圖卡畫出並做出高興的表情。

3. 口頭提示：教學者描述高興時的表情特徵，提示學生選擇高興的圖卡。

㈢增強：當學生正確反應時（如能正確選出高興的圖卡時），給與增強鼓勵。

1. 實物增強：適量給與學生喜愛的物品，如：糖果等。

2. 社會性增強：

⑴口頭：「好棒」、「讚」、「好厲害喔」等。

⑵手勢：比出大拇指表示好棒、摸摸學生的頭等。

教學步驟

準備活動

教學者準備情緒圖卡三到四張（包含高興圖卡）及情境圖，請學生在位子上坐好，將圖卡擺放在黑板或學生的桌子上。

階段一：教學者描述情境，請示範者做出高興的表情

步驟一：教學者帶領活動。

㈠教學者於課前帶領遊戲，例如到公園盪鞦韆、溜滑梯等等。

㈡教學者可在遊戲活動過程中，將活動情形拍攝成照片或影像。

步驟二：教學者描述情境並請示範者示範高興的情緒表情。

㈠教學者描述剛剛活動情形，如：「大家剛剛到公園玩得好高興喔！有盪鞦韆、溜滑梯，還有好多好玩的遊戲喔！」

㈡教學者詢問示範者剛剛遊戲時在玩什麼？心情如何？如：「那現在我們來問問看剛剛大家都在玩什麼？心情如何？」

㈢由示範者回答問題並做出表情特徵，如：「玩盪鞦韆，心情很高興。」

階段二：描述一情境，請學生指出與分辨他們的情緒

步驟一：情境圖卡描述情境。

㈠教學者拿出公園遊戲的情境圖卡，或在遊戲時所拍攝的影像或照片。

㈡教學者描述圖片情境：「哥哥在盪鞦韆。」

步驟二：看著情境圖卡指出高興情緒或做出表情特徵。

㈠教學者在描述情境後，將高興與其他情緒圖卡放置桌上。

㈡請學生依情境圖卡的描述指出正確的情緒圖卡，如：「哥哥在盪鞦韆，哥哥的心情如何？」請學生從高興與悲傷的圖片中，正確指出高興的圖片。

㈢指出正確圖片後，請學生做出高興特徵的動作。

補充說明1：有口語仿說能力及能用簡單句表達的中、高功能自閉症者，教學者可引導回答問題，要求一同描述情境及在做動作時同時說出「高興」。

補充說明2：在階段二辨別情緒中，可採階段性的測試學生了解的程度，可從同一個人做一個活動時的心情（哥哥在打球）→同一個人做不同活動時的心情（哥哥在打球、盪鞦韆）→不同人做同一個活動時的心情（哥哥、妹妹在打球）做測試。

階段三：描述不同類別的情境請學生指出及分辨他們的情緒

步驟一：看著情境圖卡辨別情緒，依教學者的提示，指出正確情緒圖卡。

㈠教學者指著高興的情境圖片，詢問學生他（如哥哥）的心情如何，請學生指出正確的情緒圖卡（圖一至三）。

㈡教學者指著不是高興的情境圖片，詢問學生他（如哥哥）的心情如何，是高興嗎？並描述高興情緒的表情特徵，讓學生分辨該情境圖卡中的情緒不是高興的情緒。

步驟二：看著不同的情境圖卡指出該圖卡中正確的情緒。

㈠在學過其他情緒後，教學者可指著任一情境圖卡，詢問學生該人物的心情為何？

㈡請學生依照先前所學，指出相對應的情緒或做出特徵動作。

補充說明 1：當指著不是高興的情境圖時（如生氣），教學者不須加以說明該情緒，只須強調高興情緒特徵，分辨是不是高興的情境圖即可（先都問高興的，等精熟了後，再攙雜不是高興的讓他辨別）。

補充說明 2：教學者可以問句方式，讓有口語仿說能力及能用簡單句表達的中、高功能自閉症者自行表達。

階段四：實際情境類化運用

步驟一：在日常生活中，教學者描述情境「哥哥在打球」。

步驟二：說出情緒或做出表情特徵。

㈠教學者詢問學生：「哥哥的心情如何？」

㈡請學生說出情緒或做出表情特徵（圖四、五）。

補充說明 1：教學者可用問句方式如：「哥哥在做什麼？」讓有口語仿說能力及能用簡單句表達的中、高功能自閉症者自行表達。

補充說明 2：提示以圖片答案為主，僅提示高興表情特徵，不描述其他表情。

附圖說明

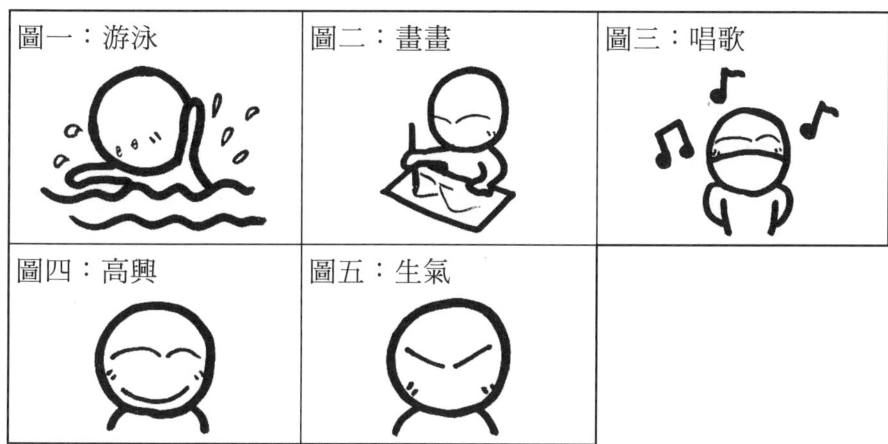

單元主題47：認識及辨識傷心的情緒

塗國欽

理論基礎

自閉症者社會能力不佳，除了溝通的技巧不足，不了解他人的想法之外，在情境中無法做出適當的表達，都是造成與他人互動不佳的原因。本單元旨在教導自閉症者認識及辨識傷心的情緒，以利增進了解他人情緒的能力。

教學目標

㈠能認識傷心的情緒。
㈡能分辨傷心的情緒。

適用對象

中、高功能自閉症者（幼稚園至國中階段）。

先備能力

㈠能看圖卡。
㈡能聽指令。
㈢能有指認圖卡的能力。
㈣能有模仿動作的能力。
㈤能分辨臉部五官，如眉毛、嘴巴。

教學材料

圖卡、工作序列卡、紙筆。

教學策略

㈠示範：請示範同學示範傷心時的表情。

㈡提示：

1. 動作提示：
   ⑴教學者可利用「坐下來」（雙手向下壓）的手勢或肢體協助，給與學生提示，請學生坐好以方便進行教學。
   ⑵教學者可給與手勢或肢體的協助，提示學生指出傷心的圖卡等。
2. 圖卡提示：給與圖卡，提示學生依圖卡畫出並做出傷心的表情。
3. 口頭提示：教學者描述傷心時的表情特徵，提示學生選擇傷心的圖卡。

㈢增強：當學生正確反應時（如能正確選出傷心的圖卡時），給與增強鼓勵。

1. 實物增強：適量給與學生喜愛的物品，如：糖果等。
2. 社會性增強：
   ⑴口頭：「好棒」、「讚」、「好厲害喔」等。
   ⑵手勢：比出大拇指表示好棒、摸摸學生的頭等。

教學步驟

準備活動

教學者準備情緒圖卡三到四張（包含傷心圖卡）、紙筆，請學生在位子上坐好，將圖卡擺放在黑板或學生的桌子上。

階段一：教學者描述情境，請示範者做出傷心的表情

步驟一：教學者描述先前發生過的情境：「在玩玩具時，弟弟的玩具壞掉了。」

步驟二：示範者示範傷心的情緒表情。

㈠請示範者做出傷心的情緒表情：「不知道玩具壞掉時，弟弟的心情是如何，我們請同學出來表演給大家看。」

㈡教學者引入課程主題：「嗚嗚，弟弟的玩具壞掉了，好傷心喔。」「還有什麼事情會讓我們感到傷心呢？今天我們要認識的情緒就是——傷心。」

補充說明：情境描述可依據學生較常發生傷心情緒的情境，進行情境布置。

階段二：認識傷心的情緒，並請學生依圖卡畫出傷心的表情

步驟一：描述情境，認識情緒。

㈠教學者拿出遊戲情境的圖卡，描述情境：「弟弟的玩具壞掉了。」

㈡教學者描述圖片中人物的情緒：「弟弟的玩具壞掉了，心情好傷心，他的嘴巴與眉毛會向下垂，有時會掉眼淚。」（圖一、三）

步驟二：看著圖卡描述傷心表情的特徵。

㈠教學者描述圖片的情境，說明圖片中的人物是很傷心的：「弟弟的玩具壞掉了，心情好傷心。」

㈡教學者說明傷心表情的特徵：「他的嘴巴和眉毛會向下垂，有時會掉眼淚。」

㈢教學者說明特徵時，讓學生依教學者的描述，沿著圖卡的線畫出嘴巴與眉毛向下垂的圖。

㈣加入動作請學生一起做，以加深學生對表情特徵的印象，例如兩手在嘴巴及眉毛的位置，從中間向下畫弧拉開，表示嘴巴與眉毛向下垂的意思，用手指從眼角向下畫，表示掉眼淚的樣子。

補充說明：有口語仿說能力及能用簡單句表達的中、高功能自閉症者，教學者可引導回答問題、要求一同描述情境及在做動作時同時說出「傷心」。

階段三：類化情境，能依其他情境圖卡表達傷心的情緒

步驟一：教學者說明情境，如：「弟弟的玩具壞掉了。」

步驟二：做出動作，畫出表情。

㈠教學者詢問：「他的心情如何？」回答：「傷心。」

㈡教學者說「傷心」時，請學生做出動作（階段二之步驟二－㈡、㈣）。

㈢做完動作後請學生將表情特徵畫下。

㈣之後教學者說明特徵，請學生沿著線用手指再畫一次（階段二之步驟二－㈢）。

補充說明 1：教學者可以問句方式，讓有口語仿說能力及能用簡單句表達的中、高功能自閉症者自行表達。

補充說明 2：學生重複操作動作，待動作熟悉後，逐漸褪除動作提示。

階段四：分辨情緒

步驟一：教學者說明情境「弟弟的玩具壞掉了」，流程如同階段三之步驟一。

步驟二：放入傷心的情緒圖卡及另一張情緒圖卡做分辨，請學生回答問題。

㈠教學者詢問：「他的心情如何？」請學生回答，從兩張情緒圖卡中選出傷心的圖卡（圖三、四）。

㈡在選取答案前，教學者可做出傷心表情特徵的動作或描述特徵，提示學生作答。

㈢學生熟悉作答程序後，可適時的將兩張情緒圖卡調換位置，避免學生以圖卡位置作答，而非真正的了解。

補充說明 1：教學者可用問句方式，讓有口語仿說能力及能用簡單句表達的中、高功能自閉症者自行表達。

補充說明 2：提示以圖片答案為主，僅提示傷心表情特徵，不描述其他表情，若先前有學過其他情緒表情特徵，再加以做特徵上的區別。

附圖說明

圖一：玩具壞掉了	圖二：球破掉了	圖三：傷心

圖四：高興		

單元主題 48：表達傷心的情緒

塗國欽

理論基礎

自閉症者社會能力不佳，除了溝通的技巧不足，不了解他人的想法之外，在情境中無法做出適當的表達，都是造成與他人互動不佳的原因。本單元旨在教導自閉症者在適當情境內表達傷心的情緒，以降低其利用不適當行為表達情緒的情形。

教學目標

㈠能分辨傷心的情境。
㈡能依情境正確指出傷心的情緒圖卡。
㈢能依情境正確做出傷心的表情特徵。

適用對象

中、高功能自閉症者（幼稚園至國中階段）。

先備能力

㈠能看圖卡。
㈡能聽指令。
㈢能有指認圖卡的能力。
㈣能有模仿動作的能力。
㈤能分辨臉部五官，如嘴巴。
㈥能分辨及認識傷心的表情。

教學材料

圖卡、各種傷心時的照片、工作序列卡、鏡子。

教學策略

㈠示範：請示範同學示範傷心時的表情。

㈡提示：

1. 動作提示：

⑴教學者可利用「坐下來」（雙手向下壓）的手勢或肢體協助，給與學生提示，請學生坐好以方便進行教學。

⑵教學者可給與手勢或肢體的協助，提示學生指出傷心的圖卡等。

2. 圖卡提示：給與圖卡，提示學生依圖卡畫出並做出傷心的表情。

3. 口頭提示：教學者描述傷心時的表情特徵，提示學生選擇傷心的圖卡。

㈢增強：當學生正確反應時（如能正確選出傷心的圖卡時），給與增強鼓勵。

1. 實物增強：適量給與學生喜愛的物品，如：糖果等。

2. 社會性增強：

⑴口頭：「好棒」、「讚」、「好厲害喔」等。

⑵手勢：比出大拇指表示好棒、摸摸學生的頭等。

教學步驟

準備活動

教學者準備情緒圖卡數張（包含傷心圖卡）及情境圖卡和鏡子，請學生在位子上坐好，將圖卡擺放在黑板或學生的桌子上。

階段一：教學者布置情境，請示範者做出傷心的表情

步驟一：上課前，教學者將學生喜愛的物品假裝弄壞，讓學生產生傷心的情緒，描述學生的情緒：「XXX的玩具壞掉了，XXX好傷心。」

步驟二：示範者示範傷心的情緒表情。

㈠請示範者做出傷心的情緒表情：「剛才XXX的玩具壞掉了，

他的心情如何？你從哪裡看出來的？請同學說說看。」

㈡教學者引入課程主題：「他好傷心喔！」我們請其他同學跟我們一起分享他的心情，並做出傷心時的表情。

補充說明：情境描述可依據學生較常發生傷心情緒的情境，進行情境布置。

階段二：請學生描述圖卡，並對著鏡子做出傷心的表情

步驟一：學生描述情境圖卡，看著圖卡做出表情（圖一、四）。

㈠教學者拿出情境圖卡，詢問學生剛剛玩具壞掉時心情如何？

㈡教學者引導學生回答：「XXX的玩具壞掉了，XXX好傷心。」

步驟二：對著鏡子做出傷心的表情特徵。

㈠教學者指著圖卡引導學生回答：「XXX的玩具壞掉了，XXX好傷心。」

㈡教學者說明傷心表情的特徵：「XXX的玩具壞掉了，XXX好傷心，XXX的嘴巴與眉毛會向下垂，有時會掉眼淚。」

㈢教學者說明特徵時，讓學生依教學者的描述，對著鏡子做出動作。兩手在嘴巴及眉毛的位置，從中間向下畫弧拉開，表示嘴巴與眉毛向下垂的意思，用手指從眼角向下畫，表示掉眼淚的樣子。

㈣當學生對著鏡子做出傷心表情的特徵，教學者立即說出「傷心」，以增加學生的印象，並說明：「對，很好，這樣就是傷心時的表情，嘴巴與眉毛會向下垂，有時會掉眼淚。」

補充說明 1：無口語仿說能力的低功能自閉症者，教學者協助學生用手指著圖卡，由教學者描述，加深學生印象。

補充說明 2：有口語仿說能力及能用簡單句表達的中、高功能自閉症者，教學者可引導回答問題、要求一同描述情境及在做動作時同時說出「傷心」。

階段三：分辨情緒，能從其他情緒圖卡中分辨出傷心的情緒圖卡

步驟一：教學者說明情境：「XXX的玩具壞掉了。」流程如同階段二之步驟一。

步驟二：放入傷心的情緒圖卡及另一張情緒圖卡做分辨，請學生回答問題

㈠教學者詢問：「XXX的心情如何？」請學生回答，從兩張情緒圖卡中選出傷心的圖卡（圖四、五）。

㈡在選取答案前，教學者可做出傷心表情特徵的動作或描述特徵，提示學生作答。

㈢學生熟悉作答程序後，可適時的將兩張情緒圖卡調換位置，避免學生以圖卡位置作答，而非真正的了解。

補充說明 1：教學者可用問句方式，讓有口語仿說能力及能用簡單句表達的中、高功能自閉症者自行表達。

補充說明 2：提示以圖片答案為主，僅提示傷心表情特徵，不描述其他表情，若先前有學過其他情緒表情特徵，再加以做特徵上的區別。

階段四：類化情境

步驟一：說明圖片情境（教學者事先蒐集或拍攝學生傷心時的表情）。

㈠教學者引述：「XXX玩具壞掉時會很傷心，我們來看看XXX還有哪些時候心情會很——傷心。」（圖一至三）

㈡教學者拿出拍攝學生的照片或影片說明情境，如：「XXX玩球時跌倒。」

㈢教學者可以問句方式，讓功能較高、有簡單口語能力者自行表達。

步驟二：學生回答或做出表情特徵。

㈠教學者詢問：「XXX的心情如何？」回答：「傷心。」

㈡教學者說出「傷心」時，請學生做出動作（階段二之步驟二—㈡）。

㈢學生重複操作，動作熟悉後，可逐漸褪除動作提示。

補充說明：在說明中帶有「傷心」字詞時，速度盡可能放慢，加強語調。而對於功能較高、有簡單口語能力者，可讓學生自行回答與仿說。

步驟三：實際情境演練。

㈠在課間或課餘時間，每當學生做完活動或遊戲時，教學者引導學生表達情緒。

㈡方式 1：教學者描述，請學生注意老師的描述，或依老師描述做出傷心表情的特徵。

㈢方式 2：功能高者有簡單口語仿說能力者，教學者以問句形式詢問學生，教學者帶著學生回答，學生嘗試以口語回答。

附圖說明

單元主題 49：了解他人傷心的情緒

▶塗國欽◀

理論基礎

自閉症者社會能力不佳，除了溝通的技巧不足、不了解他人的想法之外，在情境中無法做出適當的表達，都是造成與他人互動不佳的原因。本單元旨在教導自閉症者了解他人的傷心情緒，以增進其設身處地為他人設想的能力。

教學目標

㈠能分辨傷心的情緒特徵。
㈡能在正確情境內指出他人的情緒為傷心。

適用對象

中、高功能自閉症者（幼稚園至國中階段）。

先備能力

㈠能有指認圖卡的能力。
㈡能有模仿動作的能力。
㈢能分辨臉部五官，如嘴巴。
㈣能認識與分辨傷心的情緒。
㈤能在適當的情境表達傷心的情緒。

教學材料

圖卡、工作序列卡。

教學策略

㈠示範：請示範同學示範傷心時的表情。

㈡提示：

1. 動作提示：

⑴教學者可利用「坐下來」（雙手向下壓）的手勢或肢體協助，給與學生提示，請學生坐好以方便進行教學。

⑵教學者可給與手勢或肢體的協助，提示學生指出傷心的圖卡等。

2. 圖卡提示：給與圖卡，提示學生依圖卡畫出並做出傷心的表情。

3. 口頭提示：教學者描述傷心時的表情特徵，提示學生選擇傷心的圖卡。

㈢增強：當學生正確反應時（如能正確選出傷心的圖卡時），給與增強鼓勵。

1. 實物增強：適量給與學生喜愛的物品，如：糖果等。

2. 社會性增強：

⑴口頭：「好棒」、「讚」、「好厲害喔」等。

⑵手勢：比出大拇指表示好棒、摸摸學生的頭等。

教學步驟

準備活動

教學者準備情緒圖卡三到四張（包含傷心圖卡）及情境圖，請學生在位子上坐好，將圖卡擺放在黑板或學生的桌子上。

階段一：教學者描述情境，請示範者做出傷心的表情

步驟一：教學者於課前播放先前拍攝學生生活情形的影帶。

步驟二：教學者描述情境並請示範者示範傷心的情緒表情。

㈠教學者描述影帶中先前大家活動的情形，如：「XXX在玩玩具時，玩具壞掉了。」

㈡教學者詢問示範者：「XXX的心情如何？你從哪裡看出來

的？」

㈢由示範者回答問題並做出表情特徵，如：「XXX玩具壞掉了，心情很傷心。」

㈣還有哪些情形下我們會很傷心呢？讓我們一起來想想看。

㈤在描述該情境時可將影帶停格至所描述的情境，以增加印象。

階段二：描述一情境，請學生指出與分辨他們的情緒

步驟一：情境圖卡描述情境。

㈠教學者拿出情境圖卡，或在遊戲時所拍攝的影像或照片。

㈡教學者描述圖片情境：「弟弟的玩具壞掉了。」

步驟二：看著情境圖卡指出傷心情緒或做出表情特徵。

㈠教學者在描述情境後，將傷心與其他情緒圖卡放置桌上。

㈡請學生依情境圖卡的描述指出正確的情緒圖卡，如：「弟弟的玩具壞掉了，弟弟的心情如何？」請學生從傷心與高興的圖片中，正確指出傷心的圖片。

㈢指出正確圖片後，請學生做出傷心特徵的動作。

補充說明 1：有口語仿說能力及能用簡單句表達的中、高功能自閉症者，教學者可引導回答問題，要求一同描述情境及在做動作時同時說出「傷心」。

補充說明 2：在階段二辨別情緒中，可採階段性的測試學生了解的程度，可從同一個人做一個活動時的心情（弟弟的玩具壞掉了）→同一個人做不同活動時的心情（弟弟的玩具壞掉了、玩具不見了）→不同人做同一個活動時的心情（弟弟、妹妹的玩具壞掉了）做測試。

階段三：描述不同類別的情境請學生指出及分辨他們的情緒

步驟一：看著情境圖卡辨別情緒，依教學者的提示，指出正確情緒圖卡。

㈠教學者指著「傷心」的情境圖片，詢問學生他（如弟弟）的心情如何，請學生指出正確的情緒圖卡。

㈡教學者指著「不是傷心」的情境圖片，詢問學生他（如弟弟）的心情如何，是傷心嗎？並描述傷心情緒的表情特徵，讓學生分辨該情境圖卡中的情緒不是傷心的情緒（圖一至三）。

步驟二：看著不同的情境圖卡指出該圖卡中正確的情緒。

㈠在學過其他情緒後，教學者可指著任一情境圖卡，詢問學生該人物的心情為何（圖四、五）。

㈡請學生依照先前所學，指出相對應的情緒或做出特徵動作。

補充說明：當指著不是傷心的情境圖時（如高興），教學者不須加以說明該情緒，只須強調傷心情緒特徵，分辨是不是傷心的情境圖即可（先都問傷心的，等精熟了之後，再攙雜不是傷心的讓他辨別）。

階段四：實際情境類化運用

步驟一：在日常生活中，利用教學者描述情境：「弟弟的玩具壞掉了。」

步驟二：說出情緒或做出表情特徵。

㈠教學者詢問學生：「弟弟的心情如何？」

㈡請學生說出情緒或做出表情特徵。

補充說明 1：教學者可用問句方式，如：「弟弟發生什麼事？」讓有口語仿說能力及能用簡單句表達的中、高功能自閉症者自行表達。

補充說明 2：提示以圖片答案為主，僅提示傷心表情特徵，不描述其他表情，若先前有學過其他情緒表情特徵，再加以做特徵上的區別。

附圖說明

圖一：球破掉了	圖二：被媽媽罵	圖三：游泳

圖四：傷心	圖五：高興	

單元主題 50：如何安慰他人傷心的情緒

塗國欽

理論基礎

自閉症者社會能力不佳，除了溝通的技巧不足、不了解他人的想法之外，在情境中無法做出適當的表達，都是造成與他人互動不佳的原因。本單元旨在教導自閉症者在了解他人的傷心情緒後，能安慰他人，以利增進其社交能力。

教學目標

㈠能分辨傷心的情緒特徵。
㈡能在實際情境中正確指出他人的情緒為傷心。
㈢能安慰他人傷心的情緒。

適用對象

中、高功能自閉症者（幼稚園至國中階段）。

先備能力

㈠能有指認圖卡的能力。
㈡能有模仿動作的能力。
㈢具備簡單口語能力。
㈣能認識與分辨傷心的情緒。
㈤能在適當的情境表達傷心的情緒。

教學材料

圖卡、工作序列卡。

教學策略

㈠示範：請示範同學示範安慰他人時應有的動作。

㈡提示：

1. 動作提示：

⑴教學者可利用「坐下來」（雙手向下壓）的手勢或肢體協助，給與學生提示，請學生坐好以方便進行教學。

⑵教學者可給與手勢或肢體的協助，提示學生指出傷心的圖卡等。

2. 圖卡提示：給與傷心圖卡，提示學生做出安慰他人的動作。

3. 口頭提示：教學者以「安慰他」口語提示學生做出安慰他人的動作。

4. 動作提示：以手拍背表示安慰。

㈢增強：當學生正確反應時（如能正確選出傷心的圖卡時），給與增強鼓勵。

1. 實物增強：適量給與學生喜愛的物品，如：糖果等。

2. 社會性增強：

⑴口頭：「好棒」、「讚」、「好厲害喔」等。

⑵手勢：比出大拇指表示好棒、摸摸學生的頭等。

教學步驟

準備活動

教學者準備情緒圖卡三到四張（包含傷心圖卡）及情境圖，請學生在位子上坐好，將圖卡擺放在黑板或學生的桌子上。

階段一：教學者描述情境，請示範者做出安慰他人的動作

步驟一：教學者播放先前拍攝的影帶或描述先前下課時所發生的情境。

步驟二：教學者描述情境並請示範者示範安慰他人的動作。

㈠教學者描述影帶中先前大家活動的情形，如：「XXX在玩玩具時，玩具壞掉了。」

㈡教學者詢問示範者：「XXX的心情如何？你從哪裡看出來

的？」

㈢由示範者回答問題並做出表情特徵，如：「XXX玩具壞掉了，心情很傷心。」

㈣那你可以怎麼幫助他呢？教學者請示範者回答並做出動作，如：「『安慰他』，走到他旁邊跟他說『難過，不哭』。」

㈤還有哪些情形下我們會很傷心呢？讓我們一起來想想看。

㈥在描述該情境時可將影帶停格至所描述的情境，以增加印象。

階段二：描述一情境，請學生指出與分辨他們的情緒

步驟一：情境圖卡描述情境。

㈠教學者拿出情境圖卡，或在遊戲時所拍攝的影像或照片。

㈡教學者描述圖片情境：「弟弟的玩具壞掉了。」

步驟二：看著情境圖卡指出傷心情緒或做出表情特徵。

㈠教學者在描述情境後，將傷心與其他情緒圖卡放置桌上。

㈡請學生依情境圖卡的描述指出正確的情緒圖卡，如：「弟弟的玩具壞掉了，弟弟的心情如何？」請學生從傷心與高興的圖片中，正確指出傷心的圖片。

㈢指出正確圖片後，請學生做出傷心特徵的動作。

補充說明：有口語仿說能力及能用簡單句表達的中、高功能自閉症者，教學者可引導回答問題，要求一同描述情境及在做動作時同時說出「傷心」。

階段三：做出安慰他人的動作（圖一至六）

步驟一：請示範者表演剛剛的情境，並請學生說出情緒。

㈠請示範者當弟弟，將剛剛描述的情境重現。

㈡教學者詢問學生，「弟弟的情緒為何？」

步驟二：依指示做出安慰他人的動作。

㈠教學者提出問題：「弟弟好傷心喔，我們該怎麼辦？」讓學生有反應的時間後，教學者指出：「弟弟好傷心喔，我們可

以安慰他。」

㈡教學者帶領學生做出動作，並給與口頭提示，給弟弟安慰，「走到弟弟（示範者）旁邊，摸著肩膀或拍拍弟弟背，說傷心、不哭」。

㈢教學者帶領學生做到熟悉後，可改以順序圖卡提示學生做動作。

補充說明：教學者可以問句方式，讓功能較高、有簡單口語能力者自行表達，而口語能力較佳者，可讓學生在做動作時重複教學者的口語提示。

階段四：情境類化運用（圖七至九）

步驟一：提供情境圖片，請學生表達出圖片中的情緒。

㈠提供情境圖片，並詢問學生：「哥哥怎麼了？」教學者引導回答，如：「哥哥的球破掉了。」

㈡教學者詢問：「哥哥的心情如何？」請學生描述圖片中的情緒，說出或做出傷心的情緒特徵。

步驟二：利用順序圖卡，請學生做出安慰他人的動作。

㈠教學者加強描述情境圖卡，並利用口語提示，提示學生安慰他人。如：「哥哥的球破掉了，哥哥好傷心喔，XXX可以安慰哥哥嗎？」

㈡利用順序圖卡，提示學生在安慰他人時應有的動作。

階段五：實際情境類化運用

步驟一：在日常生活中，教學者描述情境：「弟弟的玩具壞掉了。」

步驟二：說出情緒或做出安慰他人的動作。

㈠教學者詢問學生：「弟弟的心情如何？」

㈡請學生說出情緒或做出表情特徵。

㈢利用順序圖卡，提示學生做出安慰他人的動作。

補充說明1：教學者可用問句方式，讓有口語仿說能力及能用簡單句表

達的中、高功能自閉症者自行表達。

補充說明 2：當學生對做出安慰他人的動作熟悉後，可漸漸褪除順序圖卡的提示。

附圖說明

圖一：玩具壞掉了	圖二：弟弟好傷心	圖三：走到旁邊
圖四：摸著肩膀	圖五：說	圖六：字卡提示 傷　心 不　哭
圖七：球破掉了	圖八：被媽媽罵	圖九：傷心

單元主題51：認識及辨識生氣的情緒

▶塗國欽◀

理論基礎

自閉症者社會能力不佳，除了溝通的技巧不足、不了解他人的想法之外，在情境中無法做出適當的表達，都是造成與他人互動不佳的原因。本單元旨在教導自閉症者認識及辨識生氣的情緒，以增進了解他人情緒的能力。

教學目標

㈠能認識生氣的情緒。
㈡能分辨生氣的情緒。

適用對象

中、高功能自閉症者（幼稚園至國中階段）。

先備能力

㈠能看圖卡。
㈡能聽指令。
㈢能有指認圖卡的能力。
㈣能有模仿動作的能力。
㈤能分辨臉部五官，如眉毛、嘴巴。

教學材料

圖卡、工作序列卡、紙筆。

教學策略

㈠示範：請示範同學示範生氣時的表情。

㈡提示：

1. 動作提示：

⑴教學者可利用「坐下來」（雙手向下壓）的手勢或肢體協助，給與學生提示，請學生坐好以方便進行教學。

⑵教學者可給與手勢或肢體的協助，提示學生指出生氣的圖卡等。

2. 圖卡提示：給與圖卡，提示學生依圖卡畫出並做出生氣的表情。

3. 口頭提示：教學者描述生氣時的表情特徵，提示學生選擇生氣的圖卡。

㈢增強：當學生正確反應時（如能正確選出生氣的圖卡時），給與增強鼓勵。

1. 實物增強：適量給與學生喜愛的物品，如：糖果等。

2. 社會性增強：

⑴口頭：「好棒」、「讚」、「好厲害喔」等。

⑵手勢：比出大拇指表示好棒、摸摸學生的頭等。

教學步驟

準備活動

教學者準備情緒圖卡三到四張（包含生氣圖卡）、紙筆，請學生在位子上坐好，將圖卡擺放在黑板或學生的桌子上。

階段一：教學者描述情境，請示範者做出生氣的表情

步驟一：教學者描述先前發生過的情境：「哥哥的玩具被別人搶走了。」

步驟二：示範者示範生氣的情緒表情。

㈠請示範者做出生氣的情緒表情：「不知道哥哥的玩具被搶走時，他的心情是如何？你從哪裡看出來的？請同學說說看。」

㈡教學者引入課程主題：「嗯，哥哥好生氣喔！所以我們不可

以隨便搶人家的東西喔！」「還有什麼事情會讓我們感到生氣呢？今天我們要認識的情緒就是——生氣。」

補充說明：情境描述可依據學生較常發生生氣情緒的情境，進行情境布置。

階段二：認識生氣的情緒，並請學生依圖卡畫出生氣的表情

步驟一：描述情境，認識情緒。

㈠教學者拿出事件情境的圖卡，描述情境：「哥哥的玩具被搶走了。」

㈡教學者描述圖片中人物的情緒：「哥哥的玩具被別人搶走了，他的心情很生氣，嘴巴會扁扁的，眉毛會皺在一起。」（圖一、三）

步驟二：看著圖卡描述生氣表情的特徵。

㈠教學者描述圖片的情境，說明圖片中的人物是很生氣的：「哥哥的玩具被別人搶走了，心情很生氣。」

㈡教學者說明生氣表情的特徵：「他的嘴巴會扁扁的，眉毛會皺在一起。」

㈢教學者說明特徵時，讓學生依教學者的描述，沿著圖卡的線畫出嘴巴會扁扁的，眉毛會皺在一起的圖。

㈣加入動作請學生一起做，以加深學生對表情特徵的印象，例如兩手在嘴巴的位置，從中間向外畫一橫線拉開，表示嘴巴扁扁的，手指眉毛往內擠，表示眉毛會皺在一起。

補充說明：有口語仿說能力及能用簡單句表達的中、高功能自閉症者，教學者可引導回答問題，要求一同描述情境及在做動作時同時說出「生氣」。

階段三：類化情境，能依其他情境圖卡表達生氣的情緒

步驟一：教學者說明情境，如：「哥哥的玩具被別人搶走了。」

步驟二：做出動作，畫出表情。

㈠教學者詢問：「哥哥的心情如何？」回答：「生氣。」

㈡教學者說出「生氣」時，請學生做出動作（階段二之步驟二－㈡）。

㈢做完動作後請學生將表情特徵畫下。

㈣之後教學者說明特徵，請學生沿著線用手指再畫一次（階段二之步驟二－㈢）。

補充說明 1：教學者可以問句方式，讓有口語仿說能力及能用簡單句表達的中、高功能自閉症者自行表達。

補充說明 2：學生重複操作動作，待動作熟悉後，逐漸褪除動作提示。

階段四：分辨情緒

步驟一：教學者說明情境：「哥哥的玩具被別人搶走了。」流程如同階段三之步驟一（圖一、二）。

步驟二：放入生氣的情緒圖卡及另一張情緒圖卡做分辨，請學生回答問題。

㈠教學者詢問：「哥哥的心情如何？」請學生回答，從兩張情緒圖卡中選出生氣的圖卡（圖三、四）。

㈡在選取答案前，教學者可做出生氣表情特徵的動作或描述特徵，提示學生作答。

㈢學生熟悉作答程序後，可適時的將兩張情緒圖卡調換位置，避免學生以圖卡位置作答，而非真正的了解。

補充說明 1：教學者可用問句方式，讓有口語仿說能力及能用簡單句表達的中、高功能自閉症者自行表達。

補充說明 2：提示以圖片答案為主，僅提示生氣表情特徵，不描述其他表情，若先前有學過其他情緒表情特徵，再加以做特徵上的區別。

附圖說明

圖一：玩具被別人搶走	圖二：被別人打	圖三：生氣

圖四：高興		

單元主題 52：表達生氣的情緒

塗國欽

理論基礎

自閉症者社會能力不佳，除了溝通的技巧不足、不了解他人的想法之外，在情境中無法做出適當的表達，都是造成與他人互動不佳的原因。本單元旨在教導自閉症者在適當情境內表達生氣的情緒，以降低其利用不適當行為表達情緒的情形。

教學目標

㈠能分辨生氣的情境。
㈡能依情境正確指出生氣的情緒圖卡。
㈢能依情境正確做出生氣的表情特徵。

適用對象

中、高功能自閉症者（幼稚園至國中階段）。

先備能力

㈠能看圖卡。
㈡能聽指令。
㈢能有指認圖卡的能力。
㈣能有模仿動作的能力。
㈤能分辨臉部五官，如嘴巴。
㈥能分辨及認識生氣的表情。

教學材料

圖卡、各種生氣時的照片及圖片、工作序列卡、鏡子。

教學策略

㈠示範：請示範同學示範生氣時的表情。
㈡提示：
1. 動作提示：
⑴教學者可利用「坐下來」（雙手向下壓）的手勢或肢體協助，給與學生提示，請學生坐好以方便進行教學。
⑵教學者可給與手勢或肢體的協助，提示學生指出生氣的圖卡等。
2. 圖卡提示：給與圖卡，提示學生依圖卡畫出並做出生氣的表情。
3. 口頭提示：教學者描述生氣時的表情特徵，提示學生選擇生氣的圖卡。
㈢增強：當學生正確反應時（如能正確選出生氣的圖卡時），給與增強鼓勵。
1. 實物增強：適量給與學生喜愛的物品，如：糖果等。
2. 社會性增強：
⑴口頭：「好棒」、「讚」、「好厲害喔」等。
⑵手勢：比出大拇指表示好棒、摸摸學生的頭等。

教學步驟

準備活動

教學者準備情緒圖卡數張（包含生氣圖卡）及情境圖卡和鏡子，請學生在位子上坐好，將圖卡擺放在黑板或學生的桌子上。

階段一：教學者描述情境，請示範者做出生氣的表情

步驟一：上課前，教學者播放先前拍攝學生生氣時的活動影像，或將學生手中的物品搶走，讓學生產生生氣的情緒。
步驟二：示範者示範生氣的情緒表情。
㈠請示範者做出生氣的情緒表情：「剛剛XXX的東西被搶走時，XXX的心情是如何？請你說說看，你怎麼知道的，表演

給大家看。」

㈡教學者引入課程主題：「嗯，XXX好生氣！」還有什麼情形我們會生氣，請其他同學跟我們一起分享他的心情。

補充說明：情境描述可依據學生較常發生生氣情緒的情境，進行情境布置。

階段二：請學生描述圖卡，並對著鏡子做出生氣的表情

步驟一：學生描述情境圖卡，看著圖卡做出表情（圖一、三）。

㈠教學者拿出情境圖卡，詢問學生剛剛東西被搶走時心情如何？

㈡教學者引導學生回答：「XXX東西被搶走很生氣。」

步驟二：對著鏡子做出生氣的表情特徵。

㈠教學者指著圖卡引導學生回答：「XXX東西被搶走很生氣。」

㈡教學者說明生氣表情的特徵：「XXX心情很生氣，XXX的嘴巴會扁扁的，眉毛會皺在一起。」

㈢教學者說明特徵時，讓學生依教學者的描述，對著鏡子做出動作。

㈣兩手在嘴巴的位置，從中間向外畫一橫線拉開，表示嘴巴扁扁的，手指眉毛往內擠，表示眉毛會皺在一起。

㈤當學生對著鏡子做出生氣表情的特徵，教學者立即說出：「生氣。」以增加學生的印象，並立即說明：「對，很好，這樣就是生氣時的表情，嘴巴會扁扁的，眉毛會皺在一起。」

補充說明 1：無口語仿說能力的低功能自閉症者，教學者協助學生用手指著圖卡，由教學者描述，加深學生印象。

補充說明 2：有口語仿說能力及能用簡單句表達的中、高功能自閉症者，教學者可引導回答問題，要求一同描述情境及在做動作時同時說出「生氣」。

階段三：分辨情緒，能從其他情緒圖卡中分辨出生氣的情緒圖卡

步驟一：教學者說明情境「XXX的東西被搶走了」，流程如同階段二之步驟一。

步驟二：放入生氣的情緒圖卡及另一張情緒圖卡做分辨，請學生回答問題。

㈠教學者詢問：「XXX的心情如何？」請學生回答，從兩張情緒圖卡中選出生氣的圖卡（圖三、四）。

㈡在選取答案前，教學者可做出生氣表情特徵的動作或描述特徵，提示學生作答。

㈢學生熟悉作答程序後，可適時的將兩張情緒圖卡調換位置，避免學生以圖卡位置作答，而非真正的了解。

補充說明1：教學者可用問句方式，讓有口語仿說能力及能用簡單句表達的中、高功能自閉症者自行表達。

補充說明2：提示以圖片答案為主，僅提示生氣表情特徵，不描述其他表情，若先前有學過其他情緒表情特徵，再加以做特徵上的區別。

階段四：類化情境

步驟一：說明圖片情境（教學者事先蒐集或拍攝學生生氣時的表情）。

㈠教學者引述：「XXX除了東西被搶走時會很生氣外，我們來看看XXX還有哪些時候心情會很——生氣。」

㈡教學者拿出拍攝學生的照片或影片說明情境，如：「XXX的東西被搶走了。」

補充說明：在說明中有「生氣」字詞時，速度盡可能放慢，加強語調。而對於功能較高、有簡單口語能力者，可讓學生自行回答與仿說。

步驟二：學生回答或做出表情特徵。

㈠教學者詢問：「XXX的心情如何？」回答：「生氣。」

㈡教學者說出「生氣」時，請學生做出動作（階段二之步驟二—㈡）。

㈢學生重複操作動作，待動作熟悉後，可逐漸褪除動作提示。

步驟三：實際情境演練。

㈠在課間或課餘時間，每當學生做完活動或遊戲時，教學者引導學生表達情緒。

㈡方式 1：教學者描述情境及情緒，請學生注意老師的描述，或依老師描述做出生氣表情的特徵。

㈢方式 2：功能高者有簡單口語仿說能力者，教學者以問句方式詢問學生心情為何，教學者帶著學生回答，學生嘗試以口語回答。

附圖說明

圖一：東西被搶走（學生活動照） 	圖二：沒有原因下被別人打（學生活動照） 	圖三：生氣 
圖四：高興 		

單元主題53：了解他人生氣的情緒

▶塗國欽◀

理論基礎

自閉症者社會能力不佳，除了溝通的技巧不足、不了解他人的想法之外，在情境中無法做出適當的表達，都是造成與他人互動不佳的原因。本單元旨在教導自閉症者了解他人的生氣情緒，以增進其設身處地為他人設想的能力。

教學目標

㈠能分辨生氣的情緒特徵。
㈡能在情境中指出他人的情緒表現為生氣。

適用對象

中、高功能自閉症者（幼稚園至國中階段）。

先備能力

㈠能有指認圖卡的能力。
㈡能有模仿動作的能力。
㈢能分辨臉部五官，如嘴巴。
㈣能認識與分辨生氣的情緒。
㈤能在適當的情境表達生氣的情緒。

教學材料

圖卡、工作序列卡。

教學策略

㈠示範：請示範同學示範生氣時的表情。

㈡提示：

1. 動作提示：

⑴教學者可利用「坐下來」（雙手向下壓）的手勢或肢體協助，給與學生提示，請學生坐好以方便進行教學。

⑵教學者可給與手勢或肢體的協助，提示學生指出生氣的圖卡等。

2. 圖卡提示：給與圖卡，提示學生依圖卡畫出並做出生氣的表情。

3. 口頭提示：教學者描述生氣時的表情特徵，提示學生選擇生氣的圖卡。

㈢增強：當學生正確反應時（如能正確選出生氣的圖卡時），給與增強鼓勵。

1. 實物增強：適量給與學生喜愛的物品，如：糖果等。

2. 社會性增強：

⑴口頭：「好棒」、「讚」、「好厲害喔」等。

⑵手勢：比出大拇指表示好棒、摸摸學生的頭等。

教學步驟

準備活動

教學者準備情緒圖卡三到四張（包含生氣圖卡）及情境圖，請學生在位子上坐好，將圖卡擺放在黑板或學生的桌子上。

階段一：教學者描述情境，請示範者做出生氣的表情

步驟一：教學者於課前播放先前拍攝學生生活情形的影帶。

步驟二：教學者描述情境並請示範者示範生氣的情緒表情。

㈠教學者描述影帶中先前大家活動的情形，如：「XXX在吃東西時，東西被搶走了。」

㈡教學者詢問示範者：「XXX的心情如何？你從哪裡看出來

的？」

㈢由示範者回答問題並做出表情特徵，如：「XXX在吃東西時，東西被搶走了，心情很生氣。」

㈣有哪些情形下我們會很生氣呢？讓我們一起來想想看。

㈤在描述該情境時可將影帶停格至所描述的情境，以增加印象。

階段二：描述一情境，請學生指出與分辨他們的情緒

步驟一：情境圖卡描述情境。

㈠教學者拿出情境圖卡，或在遊戲時所拍攝的影像或照片。

㈡教學者描述圖片情境：「哥哥的玩具被搶走了。」

步驟二：看著情境圖卡指出生氣情緒或做出表情特徵。

㈠教學者在描述情境後，將生氣與其他情緒圖卡放置桌上。

㈡請學生依情境圖卡的描述指出正確的情緒圖卡，如：「哥哥的玩具被搶走了，哥哥的心情如何？」請學生從生氣與傷心的圖片中，正確指出生氣的圖片。

㈢指出正確圖片後，請學生做出生氣特徵的動作。

補充說明 1：有口語仿說能力及能用簡單句表達的中、高功能自閉症者，教學者可引導回答問題，要求一同描述情境及在做動作時同時說出「生氣」。

補充說明 2：在階段二辨別情緒中，可採階段性的測試學生了解的程度，可從同一個人做一個活動時的心情（哥哥的玩具被搶了）→同一個人做不同活動時的心情（哥哥的玩具被搶走了、沒有原因地被別人打）→不同人做同一個活動時的心情（哥哥、姊姊的玩具被搶走了）做測試。

階段三：描述不同類別的情境請學生指出及分辨他們的情緒（圖一至三）

步驟一：看著情境圖卡辨別情緒，依教學者的提示，指出正確情緒圖卡。

㈠教學者指著「生氣」的情境圖卡，詢問學生他（如哥哥）的

心情如何，請學生指出正確的情緒圖卡。

㈡教學者指著「不是生氣」的情境圖卡，詢問學生他（如哥哥）的心情如何，是生氣嗎？並描述生氣情緒的表情特徵，讓學生分辨該情境圖卡中的情緒不是生氣的情緒。

步驟二：看著不同的情境圖卡指出該圖卡中正確的情緒。

㈠在學過其他情緒後，教學者可指著任一情境圖卡，詢問學生該人物的心情為何（圖四至六）。

㈡請學生依照先前所學，指出相對應的情緒或做出特徵動作。

補充說明：當指著不是生氣的情境圖卡時（如傷心），教學者不須加以說明該情緒，只須強調生氣情緒特徵，分辨是不是生氣的情境圖片即可（先都問生氣的情境，等學生精熟了之後，再攙雜不是生氣的情境讓他區辨）。

階段四：實際情境類化運用

步驟一：在日常生活中，教學者描述情境：「哥哥的玩具被搶走了。」

步驟二：說出情緒或做出表情特徵。

㈠教學者詢問學生：「哥哥的心情如何？」

㈡請學生說出情緒或做出表情特徵。

補充說明 1：教學者可用問句方式，如：「哥哥的心情如何？」讓有口語仿說能力及能用簡單句表達的中、高功能自閉症者自行表達。

補充說明 2：提示以圖片答案為主，僅提示生氣表情特徵，不描述其他表情，若先前有學過其他情緒表情特徵，再加以做特徵上的區別。

附圖說明

圖一：東西被搶走 （學生活動照）	圖二：沒有原因地被別人打 （學生活動照）	圖三：球破掉了 
圖四：生氣	圖五：高興 	圖六：傷心 

單元主題 54：認識及辨識害怕的情緒

塗國欽

理論基礎

自閉症者社會能力不佳，除了溝通的技巧不足、不了解他人的想法之外，在情境中無法做出適當的表達，都是造成與他人互動不佳的原因。本單元旨在教導自閉症者認識及辨識害怕的情緒，以增進了解他人情緒的能力。

教學目標

(一)能認識害怕的情緒。
(二)能分辨害怕的情緒。

適用對象

中、高功能自閉症者（幼稚園至國中階段）。

先備能力

(一)能看圖卡。
(二)能聽指令。
(三)能指認圖卡。
(四)能有簡單的單詞口語表達能力。

教學材料

圖卡。

教學策略

(一)示範：請示範同學示範害怕時的表情。

㈡提示：

1.動作提示：

⑴教學者可利用「坐下來」（雙手向下壓）的手勢或肢體協助，給與學生提示，請學生坐好以方便進行教學。

⑵教學者可給與手勢或肢體的協助，提示學生指出害怕的圖卡等。

2.圖卡提示：給與圖卡，提示學生依圖卡做出害怕的表情。

3.口頭提示：教學者描述害怕時的特徵，提示學生選擇害怕的圖卡。

㈢增強：當學生正確反應時（如能正確選出害怕的圖卡時），給與增強鼓勵。

1.實物增強：適量給與學生喜愛的物品，如：糖果等。

2.社會性增強：

⑴口頭：「好棒」、「讚」、「好厲害喔」等。

⑵手勢：比出大拇指表示好棒、摸摸學生的頭等。

教學步驟

準備活動

教學者準備情緒圖卡三到四張（包含害怕圖卡），請學生在位子上坐好，將圖卡擺放在黑板或學生的桌子上。

階段一：教學者描述情境，請示範者做出害怕的表情

步驟一：教學者描述情境。

㈠教學者拿出先前教過的情緒圖卡檢測學生學習狀況，之後拿出打雷閃電的圖卡詢問學生：「圖片裡的人心情如何？高興嗎？還是生氣？」

㈡教學者請示範同學回答：「他們的心情是害怕的。」

步驟二：示範者示範害怕的情緒表情。

㈠教學者請示範者做出害怕的情緒表情或動作。

㈡由示範者做出發抖的樣子，教學者同時口語提示表情特徵：皺眉頭、身體發抖等。

㈢教學者描述接下來所要上課的內容：「表演得很好，那接下來，我們就要介紹先前沒有教過的情緒——害怕。」

階段二：認識害怕的情緒，並請學生依圖卡表演害怕時的表情

步驟一：描述情境，認識情緒。

㈠教學者拿出情境的圖卡，描述情境：「下雨天的時候，有時會聽到天上傳來轟隆隆的聲音，還會出現閃電。」

㈡教學者描述圖卡中人物情緒：「轟隆隆的打雷聲，讓人覺得好害怕。」

步驟二：看著圖卡描述害怕表情的特徵。

㈠教學者描述圖卡的情境，說明圖卡中的人物是很害怕的：「打雷聲，讓人好害怕。」（圖一、四）

㈡教學者說明害怕的特徵：「害怕時會縮著身體，還會發抖，心跳會變快。」

㈢教學者說明特徵時，讓學生依教學者的描述，做出動作。例如：縮著身體→雙手緊靠身體於胸前、發抖→搖晃緊靠胸前的雙手、心跳會變快→雙手手掌重疊貼在胸前，上下快速搖晃移動。

補充說明 1：教學者可嘗試錄製打雷的聲音，讓學生加深印象，更容易了解圖卡。

補充說明 2：有口語仿說能力及能用簡單句表達的中、高功能自閉症者，教學者可引導回答問題、要求一同描述情境及在做動作時同時說出「害怕」。

階段三：類化情境，能依其他情境圖卡表達害怕的情緒

步驟一：教學者可利用會令人害怕的情境圖卡，說明情境，如「地震了，房子搖得好厲害」，讓學生重複練習，表達情緒（圖一至三）。

步驟二：做出動作。

㈠教學者詢問：「他的心情如何？」回答：「害怕。」

㈡教學者說「害怕」時，請學生做動作（階段二之步驟二－㈡、㈢）。

補充說明 1：每當教學者描述情緒特徵時，應伴隨著動作，加深學生印象，待學生熟悉後，可讓學生自行描述情境並做出動作。

補充說明 2：教學者可以問句方式，讓有口語仿說能力及能用簡單句表達的中、高功能自閉症者自行表達。

補充說明 3：學生重複操作動作，待動作熟悉後，逐漸褪除動作提示。

階段四：分辨情緒

步驟一：教學者說明情境「打雷了，轟隆隆的打雷聲」。流程如同階段三之步驟一。

步驟二：放入害怕的情緒圖卡及另一張情緒圖卡做分辨，請學生回答問題。

㈠教學者詢問：「他的心情如何？」請學生回答，從兩張情緒圖卡中選出害怕的圖卡（圖四、五）。

㈡在選取答案前，教學者可做出害怕表情特徵的動作或描述特徵，提示學生作答。

㈢學生熟悉作答程序後，可適時的將兩張情緒圖卡調換位置，避免學生以圖卡位置作答，而非真正的了解。

㈣學生熟悉作答後，可將情緒圖卡增加至兩張以上，加入先前所學的情緒一起複習。

補充說明 1：教學者可用問句方式，讓有口語仿說能力及能用簡單句表達的中、高功能自閉症者自行表達。

補充說明 2：提示以圖卡答案為主，僅提示害怕表情特徵，不描述其他表情，若先前有學過其他情緒表情特徵，再加以做特徵上的區別。

附圖說明

單元主題55：認識及辨識疲累的情緒

▶塗國欽◀

理論基礎

自閉症者社會能力不佳，除了溝通的技巧不足、不了解他人的想法之外，在情境中無法做出適當的表達，都是造成與他人互動不佳的原因。本單元旨在教導自閉症者認識及辨識疲累的情緒，以增進個人情緒表達的能力。

教學目標

㈠能認識疲累的情緒。
㈡能分辨疲累的情緒。

適用對象

中、高功能自閉症者（幼稚園至國中階段）。

先備能力

㈠能看圖卡。
㈡能聽指令。
㈢能指認圖卡。
㈣能有模仿動作的能力。
㈤能分辨臉部五官，如眉毛、嘴巴。

教學材料

圖卡。

教學策略

㈠示範：請示範同學示範疲累時的表情。

㈡提示：

1. 動作提示：

⑴教學者可利用「坐下來」（雙手向下壓）的手勢或肢體協助，給與學生提示，請學生坐好以方便進行教學。

⑵教學者可給與手勢或肢體的協助，提示學生指出疲累的圖卡等。

2. 圖卡提示：給與圖卡，提示學生依圖卡做出疲累的表情。

3. 口頭提示：教學者描述疲累時的特徵，提示學生選擇疲累的圖卡。

㈢增強：當學生正確反應時（如能正確選出疲累的圖卡時），給與增強鼓勵。

1. 實物增強：適量給與學生喜愛的物品，如：糖果等。

2. 社會性增強：

⑴口頭：「好棒」、「讚」、「好厲害喔」等。

⑵手勢：比出大拇指表示好棒、摸摸學生的頭等。

教學步驟

準備活動

教學者準備情緒圖卡三到四張（包含疲累圖卡），請學生在位子上坐好，將圖卡擺放在黑板或學生的桌子上。

階段一：教學者描述情境，請示範者做出疲累的表情

步驟一：教學者描述先前遊戲時間的活動情境：「剛剛下課時看到同學在玩球，大家都玩得很高興喔，流了好多汗。」

步驟二：示範者示範疲累的情緒表情。

㈠請示範者做出疲累的情緒表情：「哇，大家玩球後，流了好多汗喔，好累喔，我們請同學出來，讓大家看看好累會是什麼樣子。」教學者同時描述表情特徵。

㈡教學者引入課程主題：「很好！那還有什麼事情會讓我們感到好累呢？接下來，就是我們今天所要上課的內容。」

階段二：認識疲累的情緒，並請學生依圖卡做出好累的樣子

步驟一：描述情境，認識情緒。

㈠教學者拿出情境的圖卡，描述情境：「哥哥背好多東西。」

㈡教學者描述圖卡中人物的情緒：「哥哥背好多東西，流了好多汗，好累喔！」（圖一、三）

步驟二：看著圖卡描述疲累表情的特徵。

㈠教學者描述圖卡的情境，說明圖卡中的人物是很累的：「哥哥背好多東西，好累喔。」

㈡教學者說明疲累的特徵：「他的身體會沒有力氣、會流很多汗、張著嘴巴喘氣。」

㈢教學者說明特徵時，讓學生依教學者的描述，做出動作。例如，身體彎曲，兩手垂下，張著嘴巴喘氣。

補充說明：有口語仿說能力及能用簡單句表達的中、高功能自閉症者，教學者可引導回答問題，要求一同描述情境及在做動作時同時說出「好累」。

階段三：類化情境，能依其他情境圖卡表達疲累的情緒

步驟一：教學者說明圖卡情境，如：「哥哥在跑步。」

步驟二：做出動作。

㈠教學者詢問：「他的心情如何？」回答：「好累喔。」

㈡教學者說「好累」時，請學生做動作（階段二之步驟二－㈡、㈢）。

補充說明 1：教學者可以問句方式，讓有口語仿說能力及能用簡單句表達的中、高功能自閉症者自行表達。

補充說明 2：每當教學者描述情緒特徵時，應伴隨著動作，加深學生印象，待學生熟悉後，可讓學生自行描述情境並做出動作。

補充說明 3：學生重複操作動作，待動作熟悉後，逐漸褪除動作提示。

階段四：分辨情緒

步驟一：教學者說明情境：「哥哥背好多東西。」流程如同階段三之步驟一。

步驟二：放入疲累的情緒圖卡及另一張情緒圖卡做分辨，請學生回答問題。

㈠教學者詢問：「他的心情如何？」請學生回答，從兩張情緒圖卡中選出疲累的圖卡。

㈡在選取答案前，教學者可做出疲累表情特徵的動作或描述特徵，提示學生作答。

㈢學生熟悉作答程序後，可適時的將兩張情緒圖卡調換位置，避免學生以圖卡位置作答，而非真正的了解。

㈣學生熟悉作答後，可將情緒圖卡增加至兩張以上，加入先前所學的情緒一起複習。

補充說明 1：教學者可用問句方式，讓有口語仿說能力及能用簡單句表達的中、高功能自閉症者自行表達。

補充說明 2：提示以圖卡答案為主，僅提示疲累的表情特徵，不描述其他表情，若先前有學過其他情緒表情特徵，再加以做特徵上的區別。

附圖說明

圖一：背好多東西	圖二：跑步	圖三：好累

圖四：生氣		

單元主題 56：看醫生

塗秋薇

理論基礎

社區為社交技巧應用場所之一，然而自閉症者常會因為不預期的反應及活動，引起不適當的反應，表現出問題行為。故藉由事先告知及提供資訊，幫助自閉症者減少對不熟悉事物的焦慮，以達到適應社區生活的目的。

教學目標

㈠能進行看醫生的活動。
㈡能配合醫生的指令進行活動。
㈢能表現出適當的社交禮儀。
㈣能以適當方式抒發情緒。

適用對象

中、高功能自閉症者（國小至國中階段）。

先備能力

㈠能使用口語或圖卡表達。
㈡能使用「你好」、「謝謝」、「再見」等常用的社交用語。
㈢能聽簡單指令。

教學材料

圖卡、字卡。

教學策略

㈠提示：

1. 利用口語及視覺圖卡，提示學生正確的反應。
2. 在活動進行前，利用視覺圖卡，提示學生即將進行的活動。

㈡增強：當學生反應正確時，給與增強鼓勵。

1. 實物增強：給與學生喜愛的物品，如：糖果、玩具。
2. 口頭增強：「好棒！」「好厲害唷！」

㈢選擇：利用圖卡或字卡，給與學生選擇及表達情緒的機會，讓學生更快接受。

教學步驟

準備活動

拍攝學生常去的醫院外觀及醫生、護士的照片，作為教材。詢問家長，學生以往就醫的過程，記錄特別的反應。

階段一：利用圖卡配對，說出相關活動與指定地點的配對

步驟一：能說出社區中常見場所的名稱。

㈠教學者逐一拿起場所圖卡詢問學生：「這是哪裡？」若學生能做出正確的回應，立即給與增強（圖一）。

㈡若學生無法做出正確的回應，則逐一說明。

步驟二：能依需求，將場所與功能配對。

㈠拿起活動圖卡（圖二），教學者問：「小朋友在做什麼？」「在哪裡做這件事？」

㈡若學生能說出正確的圖卡內容且將圖卡放在正確位置上配對，立即給與增強。

㈢若學生無法做出正確的回應：

1. 若學生知道兩種圖卡內容，但無法將場所及活動配對，則由協助者以口語提示的方式，如：「生病了，要到醫院看

病。」協助學生完成。

2.若學生知道活動，不知道場所可進行的活動，則由協助者給與口語提示，如：「醫院是看病的地方。」並以動作協助學生將「看病」的活動卡片放置在適當的位置上。

階段二：能說出就醫的過程

步驟一：呈現社會故事（圖三）。

步驟二：利用圖卡排出就醫的順序。

㈠依據學生的就醫習慣，利用圖卡，逐一向學生說明就醫的順序（圖四）。

㈡教學者問：「看醫生的時候，可以怎麼做？」若學生能排出正確的順序，立即給與增強。

㈢若學生無法做出正確的回應，先考量其就醫習慣，再由協助者利用口語提示及動作協助，指導學生進行。

階段三：利用字卡，指導情緒的抒發

步驟一：能說出對醫院的喜惡。

㈠利用工作序列卡（圖四），教學者問：「看醫生，○○（學生）最不喜歡什麼？」

㈡回應學生對看醫生的想法。

1.若學生能取下與自己經驗相符合的卡片，則立即就其所選擇的內容再次強調，如：「小明不喜歡打針。」

2.若學生經說明後仍不了解問題，則利用圖卡逐一詢問：「打針，喜歡不喜歡？」

步驟二：呈現社會故事（圖五）。

附圖說明

圖一

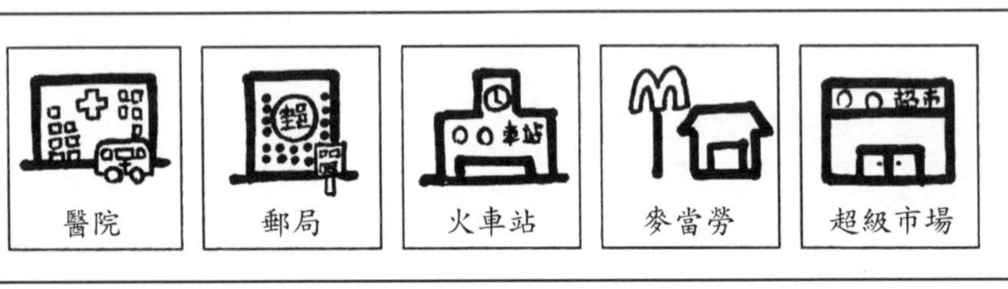
醫院
郵局
火車站
麥當勞
超級市場

圖二

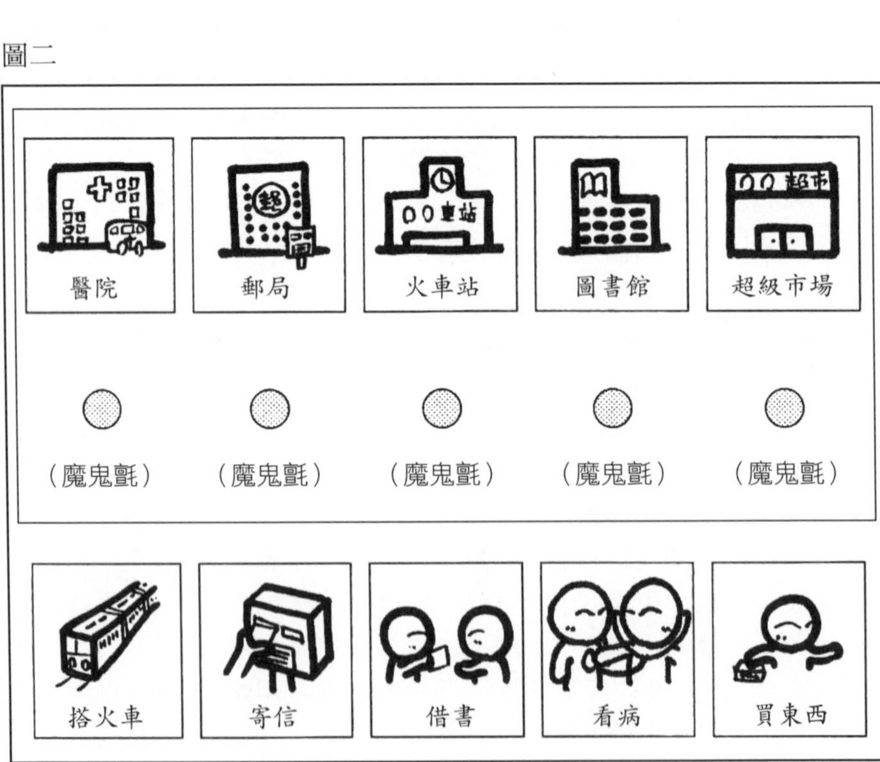
醫院
郵局
火車站
圖書館
超級市場
（魔鬼氈）
（魔鬼氈）
（魔鬼氈）
（魔鬼氈）
（魔鬼氈）
搭火車
寄信
借書
看病
買東西

圖三

當身體不舒服時，有時候我們需要醫生的幫助。

當我們到醫院看病的時候，

我們會坐在椅子上等待，護士小姐會叫我們的名字，請我們進去。

我們坐在椅子上，醫生會幫我們看病。

有時候醫生會說我們需要打針，

有時候醫生會說我們需要吃藥，

我會聽醫生的話。

圖四

坐在椅子上等

護士叫我進去

醫生幫我看病

打針

拿藥

回家休息

圖五

當我到醫院看病的時候，

有時候要打針，這讓我很害怕。

我可以做一些事，讓自己放輕鬆。

我可以深呼吸三次，讓自己放輕鬆；

我可以告訴家人自己的感覺，讓自己放輕鬆；

我可以想自己最喜歡的東西，讓自己放輕鬆。

這樣做很好，可以讓自己不緊張。

單元主題 57：社區購物(1)

▶ 塗秋薇 ◀

理論基礎

社區為社交技巧應用場所之一，然而自閉症者常會因為不預期的反應及活動，引起不適當的反應，表現出問題行為。故藉由事先告知及提供資訊，幫助自閉症者減少對不熟悉事物的焦慮，以達到適應社區生活的目的。

教學目標

㈠能進行購物的活動。
㈡能挑選自己預定購買的東西。
㈢能在公共場合中保持安靜。

適用對象

中、低功能自閉症者（國小至國中階段）。

先備能力

㈠能使用圖卡表達。
㈡能使用點頭表示「謝謝」。
㈢能聽簡單指令。

教學材料

圖卡、字卡。

教學策略

㈠提示：利用口語及視覺圖卡，提示學生正確的反應。

㈡增強：當學生反應正確時，給與增強鼓勵。

1. 實物增強：給與學生喜愛的物品，如：糖果、玩具。
2. 口頭增強：「好棒！」「好厲害唷！」

教學步驟

準備活動

調查學生居住的社區中，購物商店的類型與種類，作為教材準備。詢問家長，記錄學生喜愛的零食及常購買的物品。

階段一：利用圖卡配對，能做相關活動與地點的配對

步驟一：能分辨圖卡的內容。

㈠將二至三組特色分明的場地與活動圖卡，放置在桌上（圖一）。

㈡教學者問：「拿商店的圖卡給老師。」若學生能做出正確的反應，立即給與增強。

㈢若學生無法做出正確的反應：

1. 減少呈現的圖卡數量，並再詢問一次。確認學生反應錯誤的原因，是不知道，或是刺激物太多造成干擾。
2. 若學生無法找出正確的圖卡，則由協助者給與動作協助，引導學生拿「商店」的卡片，並給與口語說明：「買東西的商店。」

㈣重複活動㈠至㈢，直到確認學生能掌握每一個圖卡的內容。

步驟二：能依需求，將場所與功能配對。

㈠將二至三組特色分明的場地與活動圖卡，放置在桌上（圖一）。

㈡教學者問：「到哪裡買東西？」

㈢若學生能說出正確的圖卡內容且將圖卡放在正確位置上配對，立即給與增強。

㈣若學生無法做出正確的回應：

1. 若學生知道兩種圖卡內容，但無法將場所及活動配對，則由協助者以口語提示的方式，如：「買東西，要到商店買

東西。」協助學生完成。

2. 若學生知道活動，不知道場所可進行的活動，則由協助者給與口語提示，如：「商店是買東西的地方。」並以動作協助學生將「買東西」的活動卡片放置在適當的位置上。

階段二：能利用工作序列卡完成購物活動

步驟一：利用圖卡排出購物的順序。

(一)利用圖卡，教學者口述並操作圖卡：「將要買的東西找出來」「到商店」「拿籃子放東西」「拿要買的東西」「到櫃台付錢」「拿東西離開」。逐一向學生說明購物的順序（圖二）。

(二)教學者問示範同學：「買東西，怎麼做？」若示範同學排出正確的順序，立即給與增強。

(三)教學者問學生：「買東西，怎麼做？」若學生排出正確的順序，立即給與增強。

(四)若學生無法做出正確的反應，則由協助者利用口語提示及動作協助，指導學生進行。

步驟二：能列出自己想買的東西。

(一)利用超級市場的廣告單，裁製成一個個商品卡（圖三）。

(二)教學者問示範同學：「到超市，買一個你想要的東西。」

(三)示範同學選一個商品卡，貼在購物檢核表上。

(四)教學者立即給與增強，並說明：「到超市，○○（示範同學）要買一個棒棒糖。」

(五)教學者問學生：「到超市，買一個你想要的東西。」

(六)若學生做出正確的反應，立即給與增強。

(七)若學生沒有做出正確的反應：

1. 教學者問：「○○（學生）拿喜歡的東西。」若學生能做出反應，立即給與增強，並引導學生放置在購物卡上，說明內容：「到超市，○○（學生）要買一個棒棒糖。」

2. 若學生無法做出正確的反應，則由協助者給與肢體協助，引導學生拿取其喜愛的商品，協助完成，並給與口語指導：

「○○（學生）喜歡棒棒糖。」「到超市，○○（學生）要買一個棒棒糖。」

步驟三：能在工作序列卡的協助下，進行購物活動。

㈠在教室中，布置購物的情境。包含：購物區、結帳區、店員、入口處、購物籃。

㈡配合工作序列卡（圖二），教學者實地示範買東西的流程：拿著購物單→到商店（走進布置的購物區）→拿一個籃子→找要買的東西（找到了就將商品放進籃子，並將卡片撕下來）→到結帳區拿出錢和購物袋來（將籃子都放到櫃台上）→離開（拿回購物袋，將零錢、發票都放進去）。

㈢示範同學拿著自己的購物檢核表及購物袋進行一次，每做出一個正確的活動，立即給與增強。

㈣學生拿著自己的購物檢核表做一次。

1. 若學生能做出一個正確的活動，立即給與增強。
2. 若學生無法正確的進行活動，由協助者陪同進行，給與適當協助與增強。

㈤重複練習活動，當學生較熟悉時，轉換情境到學校的合作社或社區熟悉的小商店進行練習。

補充說明：㈠低功能或金錢概念不佳者，盡量有陪同者進行購物活動。

㈡由陪同者協助付錢，或準備整數金額，指導其將剩下的錢都收到袋子中。

附圖說明

圖一

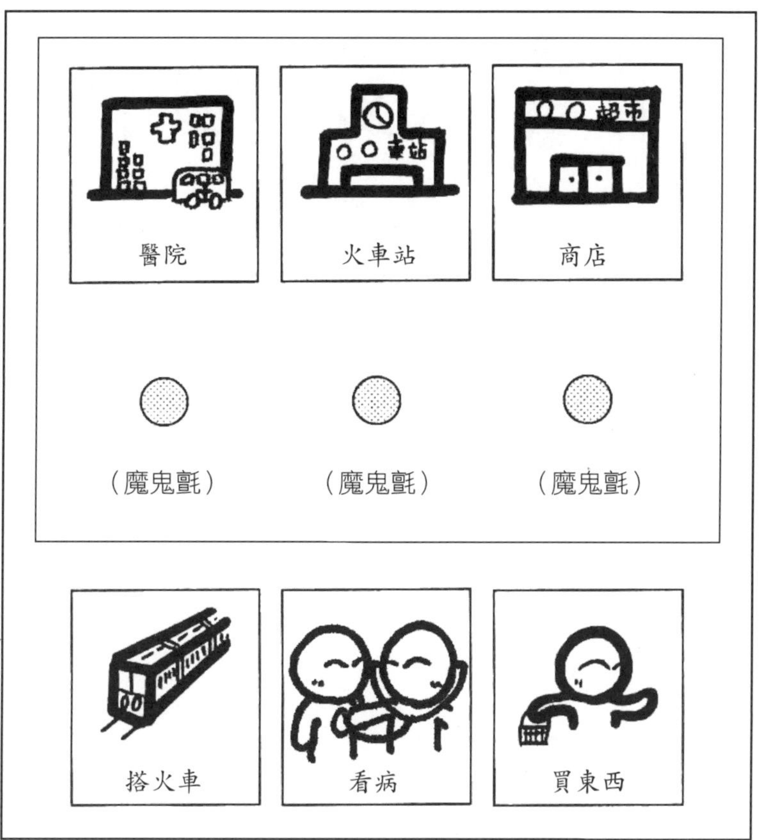
醫院
火車站
商店
超市
車站
(魔鬼氈)
(魔鬼氈)
(魔鬼氈)
搭火車
看病
買東西

圖二

列購物單
拿購物袋
到商店
超市
拿籃子
拿東西
結帳
離開

圖三

棒棒糖
$15

冰淇淋
$25

葡萄乾
$45

鮮奶
$25

帽子
$49

果凍
$65

球
$70

娃娃
$99

養樂多
$6

玩具車
$39

圖四

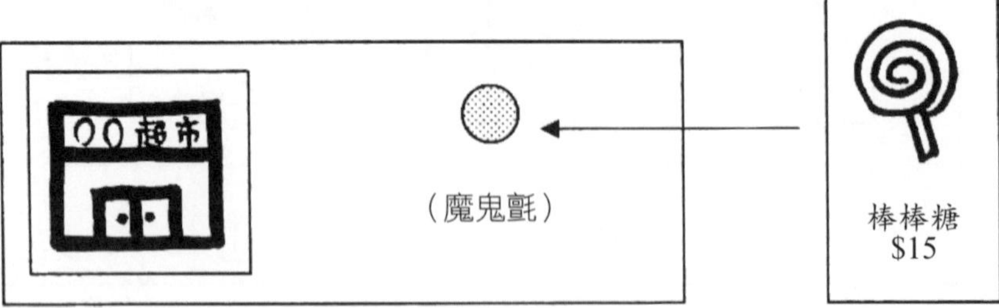

單元主題 58：社區購物(2)

塗秋薇

理論基礎

社區為社交技巧應用場所之一，然而自閉症者常會因為不預期的反應及活動，引起不適當的反應，表現出問題行為。故藉由事先告知及提供資訊，幫助自閉症者減少對不熟悉事物的焦慮，以達到適應社區生活的目的。

教學目標

㈠能進行購物的活動。
㈡能挑選自己預定購買的東西。
㈢能表現出適當的社交禮儀。

適用對象

中、高功能自閉症者（國小至國中階段）。

先備能力

㈠能使用口語或圖卡表達。
㈡能使用「你好」、「謝謝」、「再見」等常用的社交用語。
㈢能聽簡單指令。
㈣有數值大小的概念。

教學材料

圖卡、字卡。

教學策略

㈠提示：利用口語及視覺圖卡，提示學生正確的反應。

㈡增強：當學生反應正確時，給與增強鼓勵。

1. 實物增強：給與學生喜愛的物品如糖果、玩具。
2. 口頭增強：「好棒！」「好厲害唷！」

教學步驟

準備活動→

調查學生居住的社區中，購物商店的類型與種類，作為教材準備。詢問家長，記錄學生喜愛的零食及常購買的物品。

階段一：利用圖卡配對，說出相關活動與指定地點的配對

步驟一：能說出社區中常見場所的名稱。

㈠教學者逐一拿起場所圖卡詢問學生：「這是哪裡？」若學生能說出場所的名稱，做出正確的回應，立即給與增強（圖一）。

㈡若學生無法做出正確的回應，則逐一說明。

步驟二：能依需求，將場所與功能配對。

㈠拿起活動圖卡，教學者問：「小朋友在做什麼？」「在哪裡做這件事？」（圖一）

㈡若學生能說出正確的圖卡內容且將圖卡放在正確位置上配對，立即給與增強。

㈢若學生無法做出正確的回應：

1. 若學生知道兩種圖卡（場所與活動）內容，但無法將場所及活動配對，則由協助者以口語提示的方式，如：「買東西，要到商店買東西。」協助學生完成。
2. 若學生知道活動，不知道場所可進行的活動，則由協助者給與口語提示，如：「商店是買東西的地方。」並以動作協助學生將「買東西」的活動卡片放置在適當的位置上。

階段二：能說出購物的過程

步驟一：呈現社會故事（圖二）。

步驟二：利用圖卡排出購物的順序。

(一)利用圖卡，逐一向學生說明購物的順序（圖三）。

(二)教學者問：「買東西，怎麼做？」若學生能排出正確的順序，立即給與增強。

(三)若學生無法做出正確的回應，則由協助者利用口語提示及動作協助，指導學生進行。

階段三：情境類化

假設情境

小明有 50 元，他可以到商店買東西，但他不知道 50 元只能買一些東西，當他挑選物品的單價或總價超過，而無法帶走物品時，他非常生氣。

步驟一：利用超市廣告紙，指導學生書寫購物檢核表。

(一)利用圖卡，教學者說：「50元可以買什麼？」並將圖卡貼上。若學生能做出正確的反應，立即給與增強（圖四）。

(二)若學生無法做出正確的反應：

1. 若學生在單張商品圖卡選擇上，無法選出錢數少於 50 元的物品，則利用錢幣指導數值大小概念。
2. 若學生在兩張商品圖卡選擇上，無法選出錢數和少於 50 元的物品，則利用錢幣算出總和，再指導數值大小概念。

(三)將要買的東西寫在購物檢核表上。若學生能正確書寫出購物的地點、購買的物品、總錢數，立即給與增強（圖五）。

1. 若學生無法自己完成，則由協助者給與口語提示，指導學生完成內容。
2. 若學生無法書寫，可以圖卡的方式替代（圖六）。

步驟二：確定要購買的東西。

㈠利用購物檢核表確認欲買的東西。

㈡利用超市購物檢核表請學生找出要買的東西。

步驟三：利用工作序列表，指導購物的流程。

㈠排出正確的順序。

㈡在商店中，由教學者陪同進行。

附圖說明

圖一

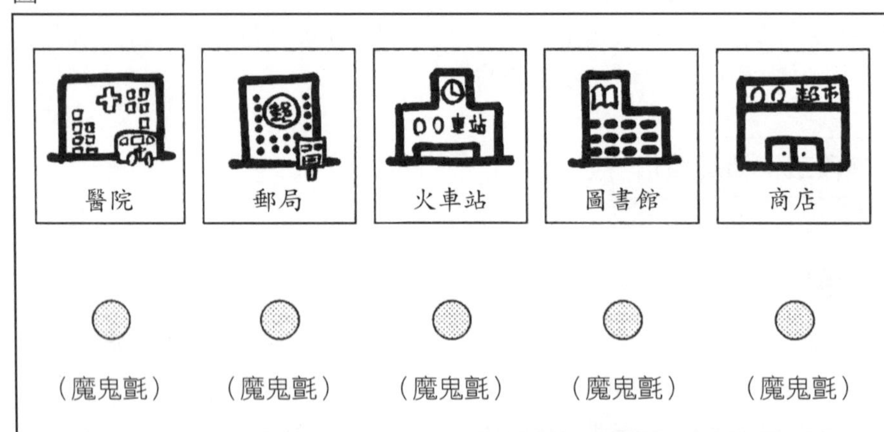

圖二

當我們需要某些東西時，就會到商店買東西。
我們會先將要買的東西寫在購物檢核表上，

拿著購物檢核表到商店買東西。

有時候我們會需要拿一個購物籃。

找出購物檢核表上的東西放在購物籃裡。

最後到櫃台結帳，

我會跟櫃台人員說謝謝。

圖三

寫購物單	到商店	拿籃子	拿東西	結帳	說謝謝

圖四

50 元可以買

（魔鬼氈）

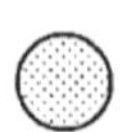

（魔鬼氈）

快樂超市　大特賣

棒棒糖 $15	冰淇淋 $25	葡萄乾 $45	鮮奶 $25	帽子 $49 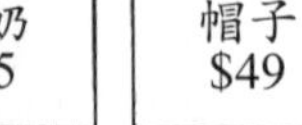

果凍 $65	球 $70	娃娃 $99	養樂多 $6	玩具車 $39

圖五

到 快樂超市 買東西
（地點）

我要買 ☐棒棒糖 一個
☐養樂多 一瓶

一共要 21 元

圖六

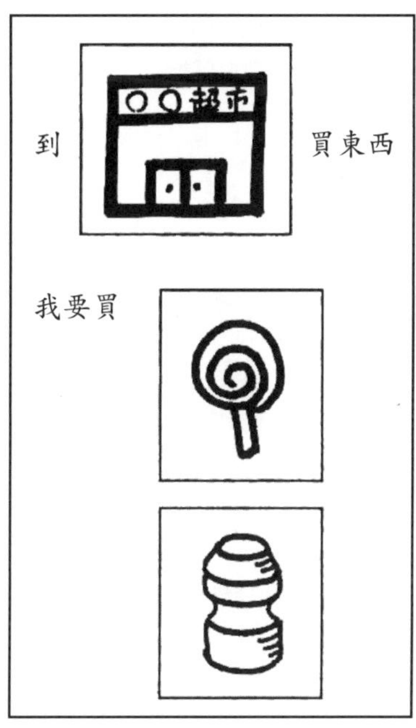

單元主題59：喜樂情緒的表達訓練

林淑娟

理論基礎

自閉症者通常對於玩樂、參與活動都是興致缺缺，甚至他們本身喜歡的情境及活動也是如此，並且非常被動，基於這個因素，使得自閉症者的社交溝通以及對周圍環境的了解有其顯著的困難性，如何讓自閉症者提高興趣，是改善自閉症者與他人溝通的重要工作。

教學目標

㈠能模仿拍手叫好的動作。
㈡能依照指示做拍手叫好的動作。
㈢能自己做出拍手叫好的動作。
㈣能類化開心的情緒於不同的情境下。

適用對象

低、中功能情緒表達欠缺的自閉症者（幼稚園至國中階段）。

先備能力

㈠具有聽覺理解能力。
㈡能仿做教學者的動作。

教學材料

㈠視覺刺激物（如食物、玩具、遊戲……）。
㈡高興表情圖卡（如圖表）。
㈢增強物（如食物、玩具、遊戲……）。

教學策略

㈠示範：教學者示範看到好吃冰淇淋的誇大表情。
㈡提示：用誇大語氣說出冰淇淋好好吃喔！
㈢模仿：要學生模仿老師拍手的動作。
㈣時間延宕：依學生能力給與適當時間，靜待學生表情或動作的出現。
㈤增強：適時給與學生增強物，以強化學生正確行為的產生。
㈥類化：看見其他喜歡的東西時，能表達其喜愛的情緒。

教學步驟

步驟一：教學者拿出冰淇淋給示範學生，並以高亢、興奮的聲調說：「哇！這是什麼東西啊？」吸引學生的注意力。
步驟二：由示範學生用力拍手叫好並說出：「好棒喔！是我最喜歡的冰淇淋喔！」
步驟三：教學者將冰淇淋給學生，並以高亢、興奮的聲調說：「哇！這是什麼東西啊？」吸引學生的注意力。
步驟四：握住學生雙手做拍手的動作並以口語提示：「好棒喔！是冰淇淋喔！」
步驟五：教學者再次拿冰淇淋給學生，慢慢褪除肢體協助，由學生自己拍手，教學者口頭提示說：「好棒喔！是冰淇淋喔！」學生做出正確的行為目標，就給與學生吃一口冰淇淋當作增強。
步驟六：最後褪除所有提示，時間延宕，看看學生會不會做出拍手的動作。
步驟七：拿出學生其他喜歡的東西放在冰淇淋旁邊，教學者示範做相同的動作和手勢，提示學生看到這些東西一樣可以做相同的情緒表達。

附圖說明

活動工作分析圖

表達高興狀態提示圖

教學者可以教學生不同的表達方式，但一次教學只選擇一種情緒表達以免學生混淆。

看見喜歡的食物就比手勢 Ya！

要上打擊樂就歡呼

看見好笑的電視會大笑

聽到好聽的歌會比讚的手勢

要去打籃球會鼓掌歡呼

喜歡的人出現會主動握手

提高孩子興趣及正確情緒表現的增強板

孩子看見喜歡的東西 ⇨ 孩子能做出下列的情況 ⇨ 給與此增強物

孩子看見喜歡的東西		孩子能做出下列的情況			給與此增強物
	⇨		○	微笑	⇨
	⇨		○	大笑	⇨
	⇨		○	拍手	⇨
	⇨		○	比手勢	⇨
	⇨		○	歡呼	⇨

增強物可以是孩子喜歡的食物、玩具、遊戲、歌曲或是親人及朋友的照片。

範例：當學生看到喜歡的漢堡出現在他面前時，他能夠表現出高興的狀態（下面五個狀態之一），先記錄其表現狀態，如拍手，就給與漢堡當作增強物。

提高孩子興趣及正確情緒表現的增強板

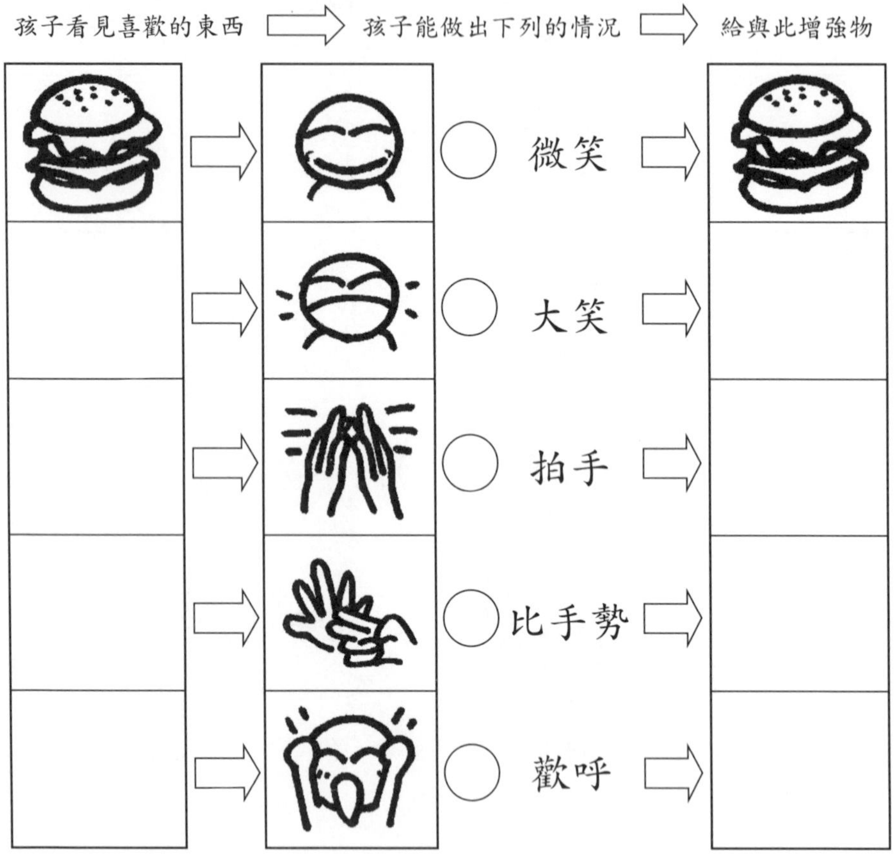

孩子看見喜歡的東西 ⇨ 孩子能做出下列的情況 ⇨ 給與此增強物

孩子看見喜歡的東西		孩子能做出下列的情況			給與此增強物
(漢堡)	⇨	(圖)	○ 微笑	⇨	(漢堡)
	⇨	(圖)	○ 大笑	⇨	
	⇨	(圖)	○ 拍手	⇨	
	⇨	(圖)	○ 比手勢	⇨	
	⇨	(圖)	○ 歡呼	⇨	

增強物可以是孩子喜歡的食物、玩具、遊戲、歌曲或是親人及朋友的照片。

單元主題 60：提升玩樂興趣的訓練

林淑娟

理論基礎

自閉症者對於人際社交技巧並不主動，有時還會抗拒，要改善他們的情況，不可以操之過急，必須一步一步慢慢來，以減少自閉症者的不安及焦慮，並且讓他們慢慢適應這些社交環境及對其他人的對應關係。

教學目標

㈠能聽教學者指令走到指定的地方。
㈡能在水盆中玩水。
㈢能與同學一起玩水。

適用對象

低、中功能無恐水症的自閉症者（幼稚園至國中階段）。

先備能力

㈠能看得懂老師手指的位置。
㈡會做攪動水的動作。

教學材料

㈠水盆或水槽一個（大約嬰兒洗澡的水盆）。
㈡能浮在水上的玩具數個。
㈢增強物。
㈣提示圖卡數張。

教學策略

㈠示範：教學者要示範同學做所有的動作。

㈡提示：教學者說：「到水盆那邊玩水。」並用手指指著水盆的方向。

㈢時間延宕：透過幾次時間延宕，觀察學生是否做出正確的動作。

㈣增強：學生做出正確動作就立即給與增強。

教學步驟

步驟一：教學者站在水盆邊對著示範同學說：「過來這邊玩。」並以雙手提示來這邊的手勢。

步驟二：接著由示範同學對著學生說：「過來這邊玩。」並以雙手提示來這邊的手勢。教學者站在學生旁邊，用手指著水盆，提示學生要走到水盆邊，時間延宕 3 秒鐘，學生如能走到水盆邊就立即給與增強，如果學生無法到達指定地點，教學者可以拉起學生的手，告訴學生說：「我們要到水盆旁邊。」並走向水盆邊，或是拿出走到水盆的圖卡提示學生。

步驟三：示範同學示範將手放進水中玩水，並做出玩水的動作。口語提示及動作協助要學生將手放入水盆中玩，時間延宕 3 秒鐘，如能做出動作，就立即給與增強，如果無法做出動作，教學者可以口語提示並握著學生的手放進水中。

步驟四：讓示範同學站在學生旁邊一起玩水。

步驟五：教學者示意示範同學短暫的輕碰學生的手，然後再延長雙手碰觸的時間。

步驟六：熟悉示範同學與他玩時，在水池中加入帆船或其他能浮在水面上的玩具。

步驟七：其他同學也可以用相同的方式，到水盆邊與學生玩。

步驟八：大約 20 分鐘之後，提示學生將玩具拿出，再將手擦乾，最後給他增強物。

附圖說明

1.  依指示走到水盆邊	2.  將手放入水中玩水	3.  輕碰學生的手	4.  與示範同學玩帆船
5.  加入其他玩具	6.  拿出玩具	7.  將手擦乾	8.  給增強物

單元主題61：增加對話資料

▶蘇日俊◀

理論基礎

自閉症者不善於與人交談，且肢體動作及臉部表情貧乏。藉由談話內容提示、練習臉部表情及肢體動作等方式，可讓自閉症者熟悉對話內容，且動作表情更豐富，有助於社交技能的建立。

教學目標

㈠能培養良好的溝通能力。
㈡能增進口語表達技巧。
㈢能建立適當的社交技能。

適用對象

高功能自閉症者（國小至國中階段）。

先備能力

能模仿口語溝通、認識基本文字。

教學材料

親友資料卡、照片。

教學策略

㈠提供情境：由示範同學扮演對話者，與學生一起練習不同的對話情境，提供學生練習的對話情境。
㈡同學示範：示範同學示範不同情境對話內容，讓學生模仿。
㈢褪除提示：逐漸褪除「同學示範」、「資料卡提示」，讓學生能在

不同對話情境獨立對話。

㈣資料卡提示：教學者準備親友資料卡，把學生周遭常見到的人的相關資料寫在資料卡中，提示學生對話內容。

㈤增強：適時給與學生增強，以強化學生正確行為（盡量採用社會性增強，如：鼓掌、輕拍肩膀等，或是使用代幣來增強）。

教學步驟

準備活動

教學者準備親友資料卡，把學生周遭常見到的人的相關資料寫在資料卡中，如家人、鄰居、同學、親戚等，也可以貼上照片提示學生親友長相；資料卡中列出名字（家人、親戚、鄰居、同學等）、興趣（運動、爬山、歌唱、電腦等）、職業（店員、設計師、司機、銀行行員等），或是其他如家庭成員、住址、常從事的活動等基本資料（如圖一）。

步驟一：示範同學示範請問姓名。兩位示範同學扮演對話者，示範如何問問題及回答問題，讓學生模仿，例如一位同學問：「你叫什麼名字？」另一位回答：「我叫林小明。」

步驟二：學生練習請問姓名。由一位示範同學與學生兩人互相問答，示範同學問：「你叫什麼名字？」讓學生回答：「我叫林小明。」剛開始練習時，請一位示範同學坐在學生旁邊回答：「我叫林小明。」讓學生模仿跟著說：「我叫林小明。」再慢慢延長延宕的時間，等待學生回答。

步驟三：如學生無法回答，則以手指資料卡姓名處，提示學生要回答的內容，同樣以時間延宕方式，心中數 001、002、003，約 3 秒鐘等待學生回答。學生能回答後，則立即給與鼓勵，增強學生動機，最後要慢慢褪除提示，讓學生能自己回答。

步驟四：學生能回答自己名字後，則互換角色，改讓學生問問題，示範同學回答，如此反覆練習，讓學生能獨立問問題及回答姓名。

步驟五：等學生能獨立問問題及回答姓名後，再逐漸增加職業、興趣、家庭情況等不同對話情境，增加話題，讓學生能學習更多不同的對話情境。

步驟六：除了練習對話之外，也可以教導學生臉部表情及肢體動作，配合圖卡提示，如眼神注視對方、微笑、舉起手打招呼等，讓學生在與人交談時能更有禮貌、更自然。

步驟七：在日常生活中安排自然對話情境，讓學生實際練習表達，把所練習的對話內容類化到不同情境。

附圖說明

圖一：親友資料卡

照片

姓名：＿＿＿＿＿＿

職業：＿＿＿＿＿＿

興趣：＿＿＿＿＿＿

其他：＿＿＿＿＿＿

＿＿＿＿＿＿

圖片提示

圖片提示

圖片提示

親友資料卡範例

國家圖書館出版品預行編目資料

自閉症教材教法／王大延等著；李佳錫繪圖.
--初版. --臺北市：心理，2010.05
冊；　公分. --（障礙教育系列；63099）
上冊：行為問題處理與社交技巧篇；
下冊：溝通訓練、休閒教育與職業訓練篇
ISBN 978-986-191-358-2（上冊：平裝）
ISBN 978-986-191-359-9（下冊：平裝）

1.學習障礙　2.自閉症　3.特殊教育

529.694　　99004612

障礙教育系列 63099

自閉症教材教法（上冊）——行為問題處理與社交技巧篇

策畫主編：王大延
作　　者：王大延、李　珣、李雅琳、林淑娟、林嘉齊、林慧甄、許惠媚、塗秋薇
塗國欽、楊馥如、雷雅萍、賴月汝、賴盈如、譚艾倫、蘇日俊
繪 圖 者：李佳錫
責任編輯：呂佳真
執行編輯：李　晶
總 編 輯：林敬堯
發 行 人：洪有義
出 版 者：心理出版社股份有限公司
地　　址：231 新北市新店區光明街 288 號 7 樓
電　　話：(02) 29150566
傳　　真：(02) 29152928
郵撥帳號：19293172　心理出版社股份有限公司
網　　址：http://www.psy.com.tw
電子信箱：psychoco@ms15.hinet.net
排 版 者：鄭珮瑩
印 刷 者：竹陞印刷企業有限公司
初版一刷：2010 年 5 月
初版八刷：2020 年 11 月
I S B N：978-986-191-358-2
定　　價：新台幣 550 元